AF343499

Les Noms de Lieux

des

Montagnes Françaises

par

LÉON MAURY

PARIS

1929

LES NOMS DE LIEUX

DES

MONTAGNES FRANÇAISES

Il a été tiré de cet ouvrage trente exemplaires
sur papier Hollande de van Gelder Zonen,
réimposés au format in-8° Jésus et numérotés
de 1 à 30.

Exemplaire N° 20

Les Noms de Lieux

des

Montagnes Françaises

par

LÉON MAURY

1929

A

LA MÉMOIRE

DE MES ANCÊTRES

LANGUEDOCIENS

ET

LORRAINS

INTRODUCTION

EPUIS déjà de nombreuses années, on adresse des critiques, souvent fort vives, à la nomenclature des cartes. Et comme, en France, il n'existe, en fait, pour la presque totalité du territoire, qu'une seule carte originale, la carte dite « de l'Etat-Major », c'est celle-ci qui est presque toujours visée — même lorsque les erreurs signalées ont d'autres origines.

En réalité, si la « Carte de l'Etat-Major » est une œuvre originale comme topographie, sa nomenclature, empruntée généralement au Cadastre, n'est, dans la plupart des cas, qu'un document de seconde main.

Il ne pouvait pas en être autrement étant donné l'époque à laquelle elle a été levée. La science toponymique, qui a pour objet l'étude systématique de l'orthographe des noms de lieux, n'existait pas alors.

Aujourd'hui, il n'en est plus de même. Mais les études des linguistes, qui, de toute façon, doivent servir de base, ne sont pas toujours directement utilisables. Les uns, les « romanistes », se sont surtout occupés d'histoire et d'étymologies. Les autres, qui à la suite de J. GILLIÉRON ont créé la « Géographie linguistique », ont à peu près uniquement eu en vue la notation, aussi uniforme que possible, et l'étude des sons émis par la voix dans la langue parlée.

Le problème toponymique qui se pose, lorsqu'on veut inscrire des noms de lieux sur une carte, est triple. Il s'agit d'abord d'établir quelles sont les véritables dénominations des divers objets (lieux habités, accidents du terrain, cours d'eau, surfaces), ensuite de déterminer comment ils doivent être orthographiés. — C'est la question la plus délicate et nous verrons comment elle doit être résolue. — Enfin, il faut trouver le meilleur procédé à employer pour amener les personnes ne connaissant pas la langue, suivant le phonétisme de la quelle sont orthographiés ces noms, à les prononcer aussi correctement que possible.

En plaine ou dans les régions moyennement accidentées, et dans un pays civilisé, on ne se trouve jamais bien loin d'une route ou d'un chemin, et il faut généralement le faire un peu exprès pour en arriver à s'égarer complètement. On aura rarement à demander son chemin et la carte la plus schématique pourra servir de guide. En montagne, au contraire, la planimétrie d'une carte sera d'un faible secours ; il faut par suite connaître les noms d'une quantité de points de repère et, lorsqu'on les désigne, être compris des habitants du pays.

Aussi, ne doit-on pas s'étonner que la discussion des problèmes de la toponymie ait été particulièrement vive pour les noms de lieux des régions de montagne. Il en est résulté que ce sont des Sociétés faisant de la montagne l'objet de leurs études : le *Club Alpin Français*, d'une part, la *Fédération des Sociétés Pyrénéistes*, de l'autre, qui, en France, s'en sont surtout occupé.

Elles avaient été précédées dans cette voie par les *Félibres*. Si l'on élimine les régions, de surface relativement faible, dont le dialecte autochtone est irréductible aux idiomes romans, ce sont en effet les pays de langue d'oc qui sont ceux dont la langue s'éloigne le plus du français officiel et dont, par suite, la toponymie avait été la plus déformée.

Le présent travail a pour objet essentiel la toponymie pratique, c'est-à-dire l'étude de la méthode à employer pour inscrire sur les cartes une nomenclature correcte. Nous rechercherons d'abord quels sont les résultats auxquels on en est arrivé actuellement. Nous essayerons ensuite de déterminer quelles conclusions on peut en déduire et dans quel sens ces travaux doivent être poursuivis.

Nous serons donc obligé d'adopter un mode d'exposition chronologique, ce qui entraînera inévitablement des redites. Mais celles-ci nous permettront de mieux expliciter notre pensée et, d'ailleurs, nous estimons qu'il est impossible de connaître une science expérimentale, si on n'en étudie pas l'histoire. Surtout lorsque l'on veut essayer de l'extrapoler, on ne construit pas une courbe à l'aide d'un seul point.

Il résulte de ce que nous venons de dire que nous n'avons pas eu la prétention illusoire de faire ce qu'on appelle quelquefois une œuvre originale, c'est-à-dire de chercher à ne rien devoir à nos devanciers. Tout au contraire ; les nombreuses citations que nous avons été amené à faire en sont la preuve. C'est pour nous un devoir agréable de rendre hommage aux auteurs que nous avons consultés et aux nombreuses personnes qui ont bien voulu répondre au questionnaire que nous leur avions envoyé au nom de la *Commission des Travaux Scientifiques* du *Club Alpin Français*.

Il nous faut, en particulier, signaler les nombreuses études faites par la *Commission de Topographie et de Toponymie* de la *Fédération des Sociétés Pyrénéistes*, sous la direction de M. Alphonse Meillon, et sans lesquelles le présent travail n'aurait probablement jamais vu le jour.

Nous devons aussi rappeler que si cette étude peut être publiée, c'est grâce au regretté Président de la *Commission des Travaux Scientifiques* du *Club Alpin Français*, Franz Schrader, qui, à l'*Assemblée des Délégués* de 1924, a suscité les souscriptions nécessaires.

Il nous faut aussi, au nom du *Club Alpin Français*, témoigner notre reconnaissance à M. le Général Bellot, Directeur du *Service Géographique de l'Armée*, qui a bien voulu consulter notre *Commission* et accepter, pour les nouvelles cartes des Alpes, la nomenclature et les orthographes qu'elle avait proposées. Nos travaux et nos méthodes reçoivent ainsi une première consécration officielle.

En terminant, nous tenons à dire qu'il convient, avant de lire le présent travail, de consulter au préalable les *Eléments de Linguistique romane* de M. E. Bourciez, ainsi que les divers ouvrages de M. A. Dauzat, particulièrement : *Les noms de lieux* et *Les patois*. Ces œuvres sont une introduction naturelle à notre étude.

Première Partie

LES ÉTUDES TOPONYMIQUES

ANTÉRIEURES A 1914

CHAPITRE PREMIER

Comment la question s'est trouvé posée

§ 1

Les premiers travaux de la « Commission de Topographie » du « Club Alpin Français »

LA *Commission de Topographie* du *Club Alpin Français* avait été constituée le 2 Février 1903 (1).

A sa deuxième Séance, le 27 Mars 1903, son Secrétaire, H. VALLOT, lui transmettait « deux « propositions relatives à la *nomenclature* des noms de « lieux ; l'une de M. H. DUHAMEL exprimant l'avis que la « *Commission* se considère comme saisie de toutes les « questions relatives à l'orthographe des noms de lieux, « dans les pays de montagnes ; que, dans chaque cas parti- « culier, elle fasse une enquête en s'entourant de tous les « avis autorisés, notamment des personnes les mieux quali-

(1) Le Président de la *Commission* fut, de l'origine à 1914, le Lt-Colo-nel PRUDENT, son Secrétaire, HENRI VALLOT. La *Commission des Travaux Scientifiques* a succédé, en 1923, à la *Commission de Topogra-phie*, qui avait cessé de se réunir depuis 1914.

« fiées, et qu'enfin elle adopte une orthographe *définitive*
« que tout le monde s'engagerait à respecter.

« La seconde proposition émanait de M. M. Paillon qui
« demandait : 1° que la nomenclature soit faite d'après un
« plan d'ensemble pour éviter les noms identiques ; 2° qu'il
« soit formé une Commission franco-italienne pour la déno-
« mination des points de l'arête frontière ; 3° qu'il soit créé
« au *Service Géographique de l'Armée* une « Commission de
« toponomastique », dans laquelle entreraient des membres
« du *Club Alpin Français.*

« La *Commission* reconnut l'importance de la question de
« nomenclature en pays de montagne et elle décida de
« s'y intéresser dans la forme présentée par M. Duhamel.

« Elle déclara qu'elle n'avait à prendre aucune initiative
« en ce qui concernait les questions qui étaient du ressort
« des Services Publics et qu'elle ne voyait pas la nécessité
« d'une entente avec les Italiens, car la majorité des mem-
« bres de la *Commission* déclarèrent qu'à leur avis, il
« n'y avait aucun inconvénient à ce qu'une même aiguille
« portât un nom en France et un nom différent en Italie » (1).

Ce n'était là qu'une décision de principe et la *Commission* n'allait pas tarder à constater que les études toponymiques offrent peut-être des difficultés plus grandes, quoique
d'un autre ordre, que les levés topographiques (2). Il fallait
trouver une méthode de travail et, aussi, des collaborateurs.

---

(1) *Procès-verbal de la Séance du 27 Mars 1903.* Assistaient à la
Séance : MM. le Commandant Bourgeois, P. Girardin, P. Helbronner,
Lᵗ-Colonel Prudent, Fr. Schrader, H. Vallot.

(2) Voir, en particulier, le *Procès-Verbal de la Séance du 19 Janvier 1906.*

§ 2

L'ouvrage de F. Arnaud :
« L'Ubaye et le Haut-Verdon »

Au commencement de l'année 1906, F. Arnaud, membre de la *Commission*, faisait paraître, sous les auspices du *Club Alpin Français*, un ouvrage intitulé : *L'Ubaye et le Haut-Verdon, Essai Géographique*. Comme l'indiquait le faux-titre, c'était essentiellement une étude toponymique de cette région.

L'auteur, notaire à Barcelonnette et enfant du pays, avait consacré, pendant près de quarante ans, tous ses loisirs, à cette étude. Des 735 noms de lieux donnés par la *Carte de l'Etat-Major*, il en rectifiait 106. Il en ajoutait 1960, recueillis à la suite d'une enquête sur place (1).

Dans la préface (2), on pouvait lire les lignes suivantes :

« Tous ceux qui parcourent la montagne, alpinistes, géo-
« logues, botanistes, simples touristes, se munissent de la
« carte de l'Etat-Major français au 80.000°.....

« A l'usage, ils s'aperçoivent bientôt combien elle est pau-
« vre en renseignements de première nécessité pour le tou-
« riste. Des espaces de 10 kilomètres carrés ne portent pas
« un seul nom.

(1) Relativement à l'orthographe adoptée par F. Arnaud, il y a lieu, dès à présent, de citer la phrase suivante du *Procès-Verbal de la Séance du 10 Juin 1904* : « Plusieurs membres de la *Commission*, notamment « MM. le Lt-Colonel Prudent, H. et J. Vallot, regrettent l'emploi « de l'orthographe *phonétique*, figurative de la prononciation, substituée « à celle des documents locaux. M. Belloc est cependant de l'avis de « l'auteur. »

(2) Publiée, en 1903, avec une lettre de M. M. Paillon, dans l'*Annuaire du Club Alpin Français pour 1902*.

« Il ne pouvait guère en être autrement : d'une échelle
« trop réduite, la carte de l'Etat-Major ne pouvait être
« surchargée, sous peine de devenir illisible, des nombreux
« sentiers facilitant les ascensions, des noms des torrents,
« de ceux des croupes qui les séparent, des crêtes qui les
« dominent, et des sources si précieuses aux touristes.

« Puis, s'ils essayent d'employer les noms portés sur la
« carte pour se renseigner auprès des indigènes, les alpinis-
« tes constatent avec peine que ces noms sont ou erronés,
« ou totalement inconnus des gens du pays... »

Suivaient un certain nombre de critiques relatives à la
topographie de la carte (1).

§ 3

Le « Vingt-cinquième Cahier »
du « Service Géographique de l'Armée »

La publicité donnée à ces critiques, résultant du fait que
l'ouvrage avait été édité aux frais du *Club Alpin Français*
et que sa préface avait paru dans son *Annuaire*, amena le

(1) Ces critiques étaient reprises par M. M. PAILLON. Dès la Séance du
10 Juin 1904, la *Commission de Topographie* faisait les plus expresses
réserves à ce sujet. On lit, en effet, dans le *Procès-Verbal :* « Quelques
« assertions inexactes, au sujet de [la] carte [de l'Etat-Major] sont signa-
« lées dans la préface, publiée en 1903, ainsi que dans la lettre de
« M. M. PAILLON qui l'accompagne. Cela tient à ce que l'immense ma-
« jorité des alpinistes, même des plus instruits, ignorent les détails tech-
« niques d'établissement de la Carte de France, de même aussi que l'or-
« ganisation et le fonctionnement des révisions faits par le *Service Géo-*
« *graphique de l'Armée*, ce qui parait être le cas des deux auteurs
« cités ». Assistaient à cette Séance : MM. H. BARRÈRE, BELLOC, DE
FLOTTE, EMM. DE MARGERIE, Lᵗ-Colonel PRUDENT, HENRI VALLOT,
JOSEPH VALLOT.

Général BERTHAUT, Directeur du *Service Géographique de l'Armée*, à répondre, dès la fin de 1906, par le *25ᵉ Cahier du Service Géographique,* intitulé : *Les erreurs de la Carte de France.* Les lignes suivantes de la conclusion indiquent le but que poursuivait le Général :

« Beaucoup d'officiers, surtout de jeunes officiers, ne sont
« que trop disposés à trouver [la carte de France au 80.000ᵉ]
« défectueuse, plutôt que d'avouer qu'ils n'en ont pas une
« pratique suffisante et qu'ils ne savent pas s'en servir ; le
« petit livre de M. ARNAUD, s'il tombe entre leurs mains, ne
« peut que contribuer à développer chez eux cette tendance
« fâcheuse ».

Le Général insistait relativement peu sur la toponymie qui, à juste titre, lui paraissait une question d'importance relativement secondaire. Il écrivait que, à l'époque où la carte avait été établie, « une partie des cols et des som-
« mets n'avaient pas de noms, ou du moins beaucoup de
« ces noms étaient vagues et contestables, à plus forte raison
« leur orthographe » (1). Et il ajoutait ce paragraphe, dont il conviendra de se souvenir :

« S'agit-il d'une de ces questions si controversées de topo-
« nymie, sur lesquelles il est difficile de mettre d'accord
« même les habitants du pays ? La plupart du temps nos
« reviseurs actuels n'ont aucun moyen d'établir la vérité ;
« à plus forte raison les topographes d'autrefois ne le pou-
« vaient-ils pas. Dans ce cas encore, les observations qu'on

(1) En réalité, ceci n'est rigoureusement exact que pour les hautes régions des Alpes, lesquelles, il est vrai, préoccupaient particulièrement les alpinistes qui, à cette époque, s'occupaient de nomenclature (voir en particulier, les études de MM. GODEFROY, FERRAND, PAILLON).

Mais, pour les régions moyennes des Alpes, pour la presque totalité des Pyrénées, pour le Massif Central, le Jura et les Vosges, la nomenclature était depuis longtemps fixée. Il est vrai qu'elle n'avait été relevée en détail que par les géomètres du cadastre, et cela d'une manière assez peu satisfaisante.

« nous présente sont toujours accueillies, et *lorsqu'il est*
« *reconnu qu'elles sont fondées*, nous sommes heureux de
« nous en servir pour améliorer la carte » (1).

§ 4

Coup d'œil rétrospectif
Le point de vue du « Dépôt de la Guerre »

Il ne faudrait pas croire, d'ailleurs, que le *Dépôt de la Guerre*, prédécesseur du *Service Géographique de l'Armée*, s'était, à l'époque de l'établissement de la Carte au 80.000ᵉ, désintéressé des questions de toponymie.

Dès 1838, le Général PELET, Directeur du *Dépôt de la Guerre*, écrivait :

> Je recommande expressément que l'on mette le plus grand soin à s'assurer de la véritable orthographe de tous les noms à insérer sur les minutes, en s'adressant aux autorités locales et en consultant des notaires ou des curés.

La dernière *Instruction d'ensemble pour les travaux topographiques de la Carte de France*, qui est antérieure aux levés des Alpes et à une grande partie des levés des Pyrénées, donne, relativement à cette question, les prescriptions suivantes :

> *Écritures, orthographe des noms.* — Les écritures, qui forment une partie importante de la carte, laissent à désirer

(1) Et le Général effleurait plus loin la grave question des noms *officiels*, qui ne pourra être — à peu près — résolue que beaucoup plus tard, après avoir cherché à définir ce que c'est qu'un nom officiel.

sous le rapport de l'exactitude des noms. On conçoit que, dans une masse de noms comme celle que renferme la Carte de France, il se glisse quelques erreurs, soit des omissions, soit des transpositions, soit des fautes d'orthographe. Quelquefois, les noms ne se trouvent pas écrits de la même manière sur les mappes et sur la mise au net, et le dessinateur qui les écrit sur le 8o.ooo⁰ est fort embarrassé, ne sachant si le nom de la mise au net est rectifié ou erroné. D'autres fois, faute d'indication faisant connaître l'importance des habitations isolées, le dessinateur, obligé de supprimer des noms, conserve le moins important. Il est donc essentiel que les officiers mettent à côté de ces noms les désignations de château, ferme, usine, tuilerie, cabaret, etc., ce qui mettra le dessinateur à même de faire un choix.

A l'avenir, pour éviter les inconvénients que l'on vient de signaler, les officiers devront faire un calque de leurs écritures, bien vérifié, sur lequel les dessinateurs se guideront pour l'orthographe des noms. A côté du nom, on devra écrire la désignation de hameau, château, ferme, etc.

Pour améliorer autant que possible la nomenclature de la carte, les officiers devront non seulement collationner tous les noms de leur travail avec ceux des parcellaires, mais encore, lorsqu'il y aura doute, s'informer de leur véritable orthographe auprès des autorités ou des personnes instruites de la localité.

Les noms des points donnés par la géodésie sont quelquefois erronés ; les officiers devront non seulement corriger ces erreurs, mais encore les signaler à leurs chefs de brigade, ainsi que les points qu'ils auront reconnus faux, afin que la rectification soit faite au bureau géodésique sur le tableau des coordonnées.

Commentant cette Circulaire, le Colonel Blondel, qui venait d'être nommé Directeur du *Dépôt de la Guerre*, écrivait, le 21 Août 1852, aux chefs de subdivision :

... Il a été constaté que certaines feuilles contiennent, sous le rapport [de la recherche des noms de lieux], des fautes très nombreuses ; elles sont infiniment regrettables et prouvent la négligence et l'irréflexion des officiers, car je ne peux pas en accuser leur ignorance (1).

Les mappes du cadastre sont de médiocres documents.

Trois choses peuvent servir de guides dans la recherche de l'orthographe des noms : la connaissance des altérations apportées aux mots français par le patois ou la langue du pays et réciproquement ; les étymologies latines ou d'époque plus récente ; les rapports des noms avec la forme ou l'aspect du terrain (ainsi : les *Condé* sont des confluents de rivières ; les *Dun* sont des sommets élevés ; les *Aix* sont des lieux d'eaux thermales, etc., etc.) Après ces indications premières, on doit consulter les autorités et les gens instruits du pays ; toute petite ville a son académie ou sa société d'érudits, il faut les voir ; les chefs-lieux de département et d'arrondissement ont des nomenclatures qui peuvent encore fournir d'utiles lumières ; rien de cela ne doit être négligé, et *la recherche des noms exacts ne demande pas moins de soin que la recherche des formes exactes du sol...* (2).

Enfin, pendant l'exécution des levés de la Savoie et du Comté de Nice, le L\u1d57-Colonel Borson, Inspecteur des travaux géodésiques et topographiques (3), édictait les prescriptions suivantes dans une *Note* du 1ᵉʳ Avril 1864 :

... La dénomination des pics et sommets de ces hautes vallées devra aussi attirer l'attention spéciale des officiers, qui recueilleront avec soin sur les lieux toutes les indications utiles. Sans parler de l'intérêt scientifique qui s'attache aujourd'hui aux nomenclatures topographiques au point

(1) Cependant, on aurait peut-être bien pu « en accuser leur ignorance ». Et ils n'en n'étaient guère responsables, n'étant pas les seuls à être ignorants en cette matière. *(Note de L. Maury).*

(2) C'est nous qui soulignons. *(Note de L. Maury).*

(3) Le L\u1d57-Colonel Borson, ancien officier de l'Etat-Major sarde, avait opté pour la France après l'annexion de la Savoie.

de vue de l'histoire et de l'usage qui est fait de la Carte de
France pour la rédaction des dictionnaires des lieux des
départements, il suffit d'observer que les renseignements ou
les vérifications qui sont transmis au *Dépôt de la Guerre* par
les autorités locales (1) ne peuvent concerner que les
lieux habités. Pour ce qui est des régions reculées et
des pays alpestres, l'officier d'Etat-Major qui parcourt
le terrain peu à peu est seul à même de s'entourer de
toutes les sources d'informations. Il devra donc interroger
fréquemment les gens du pays, dont le dialecte fournit la clef
d'un grand nombre de dénominations, sans cela incompré-
hensibles. Les indications de la carte de l'Etat-Major Sarde,
très précieuses sous beaucoup de rapports, offrent ici bien
des noms erronés et altérés qu'il importe de rectifier (2).

Il y avait certainement, dans ces instructions, d'excellents
conseils. Mais jusqu'à quel point les officiers, chargés de
l'exécution des levés pouvaient-ils les suivre ? Sans même
tenir compte du fait que le temps leur était trop parcimonieu-
sement mesuré, il ne faut pas oublier que, comme l'a fait
observer AUGUSTE LONGNON, dans sa leçon d'ouverture du
5 Décembre 1889, au Collège de France, « ce n'est guère
« avant le milieu du xix⁰ Siècle qu'on a commencé à faire
« une étude spéciale des noms de lieux ».

(1) « Vers 1850 », écrit le Général BERTHAUT, « dans le but d'améliorer
« la nomenclature de la Carte de France, on prit le parti de dresser, par
« communes et cantons, des tableaux de tous les noms et de les adresser
« aux préfets, en les priant de les faire examiner au besoin par les per-
« sonnes les plus compétentes du pays. Mais, malgré les recommanda-
« tions expresses du Ministre de l'Intérieur, les rectifications qu'on
« attendait de ce travail n'ont pas donné d'aussi bons résultats qu'on
« croyait pouvoir l'espérer. »

(2) Ces citations sont extraites de l'ouvrage du Général BERTAUT, *La
Carte de France.*

CHAPITRE II

Les travaux personnels
des membres
de la « Commission de topographie »
du « Club Alpin Français »

§ 1

L'étude de J. RONJAT

Si la *Commission de Topographie* se trouvait, dans les premières années de son existence, obligée d'attendre pour mettre en train l'étude toponymique des régions montagneuses, ceux de ses membres les plus qualifiés pour s'en occuper essayèrent pendant ce temps de résoudre un certain nombre de questions de principe sur lesquelles il convenait de se mettre tout d'abord d'accord.

Dans les numéros d'Août et de Septembre 1908 de *La Montagne*, J. Ronjat, félibre majoral, attaquant la question la plus délicate et la plus controversée, celle des orthographes, publiait une importante étude sur *Les noms de lieux dans les montagnes françaises*.

Ronjat constatait d'abord que « l'étude méthodique des
« noms de lieux avait été jusque là assez négligée par les
« alpinistes français ».

Il se voyait, en outre, obligé de remarquer que les travaux
publiés sur cette question, même par des spécialistes, étaient
souvent sujets à discussion et faisait siennes, à ce propos, les
critiques adressées par M. M. Grammont, Professeur à l'Université de Montpellier, à l'*Atlas linguistique de la France* (1).

Il étudiait ensuite le sort fait aux divers idiomes locaux
par les administrations publiques : « Nos administrations »,
concluait-il, « se trouvent gênées pour franciser des appel-
« lations nées dans un idiome par trop éloigné du français
« (Flandre flamingeante, Bretagne armoricaine, pays basque);
« elles hésitent souvent à franciser d'autres appellations qui
« avaient déjà reçu sous un régime précédent (pour la Corse,
« la domination génoise) une forme officielle, soit en accord
« avec le langage naturel du pays, comme... pour la Corse
« et... pour le Roussillon, soit en désaccord avec lui, comme...
« pour Nice et ses dépendances. Il y a là une combinaison
« variable de routine administrative et de respect instinctif
« pour des *langues* plus ou moins officiellement consa-
« crées... » (2).

Laissant de côté le flamand, le breton, le basque, ainsi que

(1) M. G. Millardet, également Professeur à l'Université de Montpellier, a repris en détail ces critiques dans son récent ouvrage : *Linguistique et dialectologie romanes. Problèmes et méthodes.* Il convient de
s'y reporter.

(2) Il semble bien que, jusqu'à présent, le *Dépôt de la Guerre*, ultérieurement le *Service Géographique de l'Armée*, soit la seule des administrations de l'Etat qui ait eu le souci de la toponymie. C'est ce qui explique, étant donné l'état longtemps rudimentaire de ces études, qu'il
n'aït pas pu obtenir, jusqu'à ces derniers temps, des résultats satisfaisants. Le *Dictionnaire des Postes et Télégraphes*, dont l'édition de 1913
renferme plus de 200.000 noms de communes et d' « écarts » est une simple nomenclature, ne concernant que les lieux habités, et faite sans
aucun esprit critique.

les dialectes d'Alsace, et après s'être élevé contre la « signifi-
« cation méprisante et, par là même anti-scientifique » que
beaucoup de personnes instruites donnent au mot : *patois* (1).
Ronjat indiquait ce qu'il faut entendre par *langues romanes* (2) et cherchait comment on doit grouper leurs parlers
naturels en familles linguistiques. Il définissait alors,
« comme constituant une même *langue naturelle,* tout
« ensemble de parlers, tels qu'un individu connaissant l'un
« de ces parlers, *a*, comprenne un individu en parlant un
« autre, *b*, pour peu que l'un et l'autre y mettent quelque
« bonne volonté et qu'aucune idée préconçue en eux ou sug-
« gérée par autrui ne vienne faire obstacle à leurs efforts
« mutuels pour se comprendre ».

L'application de ce critère au territoire français de langue
naturelle romane... conduit à constater l'existence de parlers
français proprement dits dans le Nord et le Centre, — de
parlers *franco-provençaux* en Lyonnais, Forez, Bresse, Bugey,
partie de la Franche-Comté, Savoie, Dauphiné septentrional,
— de parlers *provençaux* (dans le sens général de *langue d'Oc,*
comprenant les parlers de la Gaule méridionale et de la
Catalogne, tout en reconnaissant la personnalité secondaire
des familles de parlers gascons et catalans en particulier) au
Sud d'une ligne délimitée *grosso modo* par le bord septentrional des plateaux limousins et auvergnats, passant ensuite
au Sud de Saint-Etienne et du Mont-Pilat, vers le confluent
du Rhône et de l'Isère, coupant le Vercors en deux, puis
passant au Nord du Monestier-de-Clermont et de Valbonnais,

(1) Ce qui a amené, par représailles, les diatribes des méridionaux
contre les « francimans ».

(2) « Au point de vue supérieur de l'évolution continue, le latin n'est
« pas mort, il vit et vivra longtemps encore ; il *se continue* dans nos
« langues *romanes, néo-latines* ou *novo-latines,* produits de sa transfor-
« mation inconsciente, lente et graduelle dans nos bouches françaises,
« italiennes, roumaines, etc. *Nous parlons latin,* a fortement dit Gaston
« Paris ; non pas le *latin classique,* plus ou moins archaïsant et artificiel
« que Cicéron ou Virgile écrivaient, mais nous continuons le *latin vul-
« gaire,* et qu'eux-mêmes parlaient, au moins dans une certaine mesure ».

au Sud du Bourg-d'Oisans, au Nord de la Grave et du Monêtier-les-Bains, pour atteindre, vers le Thabor, la chaîne des
Alpes (frontière purement politique entre la France et l'Italie), — de parlers *italiens* en Corse.

... Les parlers français rejaillissent sur... une faible partie
de la Suisse romande ; les franco-provençaux, sur presque
toute la Suisse romande et les hautes vallées italiennes jusque vers le Thabor ; au sud du Thabor, les vallées Vaudoises
et leurs voisines (Oulx, Pragelas, Saint-Martin, etc., beaucoup d'entre elles n'ayant été politiquement séparées du
Briançonnais que par le traité d'Utrecht, en 1713) parlent
des dialectes nettement provençaux ; Vintimille parle italien,
Menton, un dialecte de transition au moins autant provençal
qu'italien, et Nice est aussi provençale que Marseille. Les
Pyrénées ne forment pas plus que les Alpes une limite linguistique : à l'Ouest le basque, à l'Est le catalan s'avancent
assez loin au Nord de la ligne de faîte, le val d'Aran et deux
points limitrophes au delà de la ligne de faîte parlent gascon,
et le parler de Benasque présente quelques traits gascons sur
un fond catalano-aragonais.

Il résulte de l'existence, en France, de *parlers* nettement
différents les uns des autres que, pour « étudier les noms de
« lieux, *ou même simplement en saisir exactement les sons*,
« [on] devra... connaître, pour chacun des domaines linguisti-
« ques considérés, au moins un parler de la famille qui...
« serve de base d'opérations, d'instrument de mesure. La
« *langue littéraire française* ne peut être cette base d'opé-
« rations, cet instrument de mesure, sauf peut-être pour les
« parlers français proprement dits, relativement peu impor-
« tants au point de vue qui nous occupe, et non, en tous
« cas, pour les parlers franco-provençaux et provençaux, d'où
« sont issus environ les neuf-dixièmes des noms de lieux des
« montagnes françaises » (1).

(1) C'est ce qui explique la difficulté spéciale de l'établissement cor-
rect de la toponymie d'une carte. Un topographe, si expert soit-il dans
son métier propre, est inhabile à déterminer la vraie forme des noms de

Après avoir dit quelques mots des origines diverses qu'il y a lieu d'attribuer aux noms de lieux de la France, Ronjat étudiait systématiquement les déformations survenues aux noms de lieux, lors de leur transcription dans les documents administratifs (1), et il était obligé de constater que cette transcription avait été faite d'une manière tout à fait incohérente.

§ 2

L'étude de H. VALLOT

Dans le numéro de *La Montagne* de Novembre 1909, Henri Vallot, utilisant l'expérience qu'il avait acquise à l'occasion des levés du massif du Mont-Blanc, étudiait le cas particulier de *l'attribution des noms nouveaux en haute montagne*. Il constatait « que les *grimpeurs* de profession « n'ont pas toujours été bien inspirés dans le choix des noms « qu'ils croient pouvoir appliquer aux sommets dont ils ont « les premiers (autant qu'on peut le savoir) foulé la cime... » Il ajoutait qu' « il n'est pas inutile de faire remarquer que le « cartographe dispose d'une puissance avec laquelle il faut « bien compter et qui assurera probablement le triomphe « définitif de sa nomenclature : cette puissance, c'est *la* « *carte*, la carte que tout le monde possède, lit ou consulte, « que tout le monde copie... » (2).

lieux qu'il porte sur sa minute si, ce qui est le cas général dans les travaux officiels, il est ignorant du dialecte local. *(Note de L. Maury).*

(1) Cette étude, déjà très condensée, ne peut pas être résumée. Nous ne pouvons que renvoyer au texte lui-même.

(2) « On sait..... combien grande et persistante est l'influence de la « carte, surtout de la carte officielle, et chacun pourrait citer maints « exemples de cas où cette influence s'est exercée à rebours pour propa- « ger des dénominations notoirement inexactes qu'il est ensuite fort dif-

Il estimait que « le topographe, par suite de son contact
« permanant et prolongé avec les habitants du pays, est
« mieux placé que quiconque pour attribuer à chaque objet
« le nom qui lui convient... »

Au point de vue pratique, Henri Vallot préconisait « une
« entente commune entre les intéressés, alpinistes et carto-
« graphes. Cette entente résulterait de l'organisation de
« groupements locaux formés entre les spécialistes les plus
« qualifiés d'une même région... ».

Il citait comme exemple l'organisation de la *Commission
de Topographie et de Toponymie* de la *Fédération des
Sociétés pyrénéistes* et était obligé de reconnaître que, dans
les Alpes, rien de semblable n'avait été fait jusqu'alors.

Il exprimait ensuite une opinion particulièrement autorisée, relativement aux critiques adressées fréquemment à la
nomenclature des cartes officielles :

> Nous avons fait allusion à la *cartographie officielle* : tout le
> monde sait de quelles critiques, souvent très vives, parfois
> méritées, mais parfois aussi injustes, elle a été l'objet en ce
> qui concerne les noms de montagne. Sans revenir sur ce sujet,
> ce qui nous paraîtrait aujourd'hui hors de propos, nous
> ferons simplement remarquer que, si la cartographie offi-
> cielle devait, à l'heure actuelle, s'inspirer des études privées
> en haute montagne, elle se trouverait justement en présence
> de l'état cahotique auquel nous cherchons à remédier : dis-
> sémination des renseignements dans une foule d'articles et
> de brochures, contradictions et désaccords fréquents entre
> les intéressés, difficultés d'interprétation provenant de l'im-
> précision des auteurs alpinistes dans leurs descriptions topo-
> graphiques, erreurs d'identification des objets tenant à ce
> que, dans l'immense majorité des cas, ces auteurs ont publié
> des nomenclatures sans schémas ou accompagnées de sché-

« ficile de déraciner, notamment pour le cas où on ne dispose que du
« *livre*, qui, à ce point de vue, est un moyen d'action bien inférieur à la
« *carte* ».

mas inexacts, parce qu'ils ne reposaient pas sur une topographie originale.

En présence de cet état de choses, nous sommes donc amené à conclure, inversement à ce qu'ont fait beaucoup de nos collègues, qu'il est désirable que la question de la toponymie de haute montagne ne soit pas soulevée, *en ce qui concerne les cartes officielles,* avant que n'intervienne, dans les Alpes notamment, une organisation sérieuse englobant toutes les régions, groupant toutes les capacités et les bonnes volontés, centralisant tous les résultats, afin que les administrations publiques se trouvent pour chaque cas d'espèce, en face d'une solution *unique* à laquelle la majorité des intéressés se sera d'avance ralliée (1) ; et cette solution devrait se traduire non pas seulement sous la forme de répertoires, toujours insuffisants, mais sous forme de *cartes* ou tout au moins d'*esquisses orographiques* à grande échelle, appuyées sur des canevas trigonométriques serrés et précis (2).

En ce qui concerne les méthodes proprement dites de la toponymie, HENRI VALLOT ne traitait que la question du

(1) Un exemple de la justesse des observations de H. VALLOT est donné par la révision de 1900 de la feuille du 80.000ᵉ *Luz N. O.* (Région d'Eaux-Bonnes). L'officier qui fit cette révision eut le souci visible d'améliorer la nomenclature. Mais, à défaut d'organisme compétent préexistant, il dut se contenter de consulter des individualités qui semblent s'être réduites à une seule. La nomenclature s'est bien accrue, d'une manière heureuse, mais des noms exacts ont été changés ou bien leur ortographe fâcheusement déformée. *(Note de* L. MAURY).

(2) HENRI VALLOT espérait que les alpinistes arriveraient à exécuter, dans un délai assez court, le levé à grande échelle de la totalité des principaux massifs des montagnes françaises — tout au moins sous la forme d'*esquisses orographiques.* — Envisageant d'ailleurs presque exclusivement la nomenclature des très hautes régions, et particulièrement des crêtes, il ne paraît pas avoir pensé que la *carte,* sur laquelle pourrait être établie, par l'organisation qu'il envisageait, la toponymie des montagnes, serait, dans le cas général, la *carte officielle* elle-même. *(Note de* L. MAURY).

« choix des noms entièrement nouveaux » et il formulait à ce sujet les règles suivantes :

Lorsqu'il s'agit de dénommer un sommet ou un col, ce qui est le cas le plus fréquent, on doit autant que possible tenir compte de sa situation : par exemple, chercher à lui appliquer le nom du hameau, du lieu-dit, de la « montagne », du torrent situé au pied et d'où cet objet est visible ; car, souvent, c'est ainsi que les indigènes ont procédé, et il est tout naturel de suivre leur manière de faire. Un col, dans les hautes crêtes, emprunte quelquefois le nom de la sommité voisine.

L'aspect, la forme, la couleur d'une sommité peut aider à la dénommer, à la condition de compléter la désignation par l'adjonction d'un nom de lieu, car les qualificatifs rond, carré, blanc, rouge, noir, etc., sont tellement répandus qu'ils ne sauraient suffire à caractériser les objets auxquels on les applique ; et il serait préférable, justement à cause de leur profusion, d'en user à l'avenir le moins possible.

Lorsqu'on est obligé d'introduire un nom complètement étranger et sans aucun rapport avec la situation ou l'aspect de l'objet, ce nom résulte parfois d'un incident d'ascension, parfois aussi de la simple fantaisie ; assurément, c'est un pis aller que l'on accepte faute de mieux.

Enfin, on emploie fréquemment, aujourd'hui surtout, le procédé usité pour désigner les rues dans les villes, c'est-à-dire les noms d'hommes dont on veut honorer et perpétuer la mémoire, soit d'alpinistes célèbres, soit du premier qui a gravi la cime ou le col en question. Cette manière, quoique critiquée par quelques-uns, est cependant défendable et, dans tous les cas, assez usitée.

§ 3

Les propositions du Capitaine GODEFROY
et de M. H. METTRIER

A la suite de la publication de cet article, le Capitaine GODEFROY exposa, dans une note lue à la Séance de la *Commission de Topographie* du 26 Janvier 1910, quelle était la méthode qui lui paraissait devoir être employée *pour placer sur une topographie établie, la toponymie qui s'y rapporte :*

Des *esquisses* (échelle de 1/20.000ᵉ autant que possible) seraient établies par massifs (groupes naturels ou fractions de groupes naturels). Les objets à nommer y seraient désignés par des nombres 1, 2, 3, etc. Un *tableau* à trois colonnes, portant des titres : *objets numérotés* [colonne 1], *noms proposés* [colonne 2], *références et justifications* [colonne 3], accompagnerait chaque esquisse ; il reproduirait les désignations numériques dans la première de ses colonnes.

Esquisses et *tableaux (photos* jointes autant que possible) seraient envoyées, en double, à une personne P_1 et, en simple, à un certain nombre d'autres personnes P_2, P_3, P_4, etc., indiquées par P_1 ; l'une au moins devrait être familière avec le parler local ou un parler voisin et se trouver en mesure d'enquêter sur place. Les personnes P rempliraient les colonnes 2 et 3 du tableau et renverraient ce document à P_1. Cette personne, ou celle P_n, reconnue et indiquée par P_1 comme particulièrement qualifiée, comparerait les propositions et, ce travail achevé, *établirait* la toponymie en l'inscrivant sur une esquisse qui devrait parvenir à la *Commission de Topographie* à une date D...

A la Séance du 16 Mars 1910, H. VALLOT communiquait

une lettre de M. Mettrier qui apportait les précisions suivantes sur la manière de conduire l'enquête toponymique :

L'organisation proposée par le Capitaine Godefroy me
parait de tout point excellente, et le choix d'une personne
chargée de centraliser et de comparer les renseignements
recueillis de côté et d'autre est sans doute la meilleure
manière d'aboutir à des résultats définitifs dans un délai plus
ou moins éloigné.

Les monographies de massifs alpestres publiées jusqu'ici
ont été souvent viciées, au point de vue de la nomenclature,
par ce fait que beaucoup d'entre elles étaient des compilations livresques, des travaux de cabinet, qui ne s'appuyaient,
ni sur une connaissance suffisante du terrain, ni sur une
enquête toponymique poursuivie dans le pays même... Pour
ma part, j'attribue la plus grande importance aux enquêtes
conduites sur les lieux, sans m'en dissimuler d'ailleurs les
difficultés. Il y aurait tout avantage à ce qu'elles fussent faites, non par un alpiniste de passage, mais par une personne
de la région ayant la pratique de la montagne, connaissant le
parler local, et qui recueillerait les renseignements émanés
de certaines individualités, telles que maires, curés, instituteurs d'une part ; bergers, guides et chasseurs de l'autre. Les
mappes cadastrales devraient être aussi consultées...

En résumé, la nomenclature à adopter doit avoir pour base
le système de noms usité dans le pays ; c'est là une vérité
tellement évidente qu'il serait inutile de la rappeler si elle
n'avait été souvent méconnue. Par suite, il conviendra
d'abord de rechercher si le point auquel il s'agit de donner
un nom n'en a pas déjà un pour les habitants de la localité,
et ce n'est que lorsque cette condition ne sera pas remplie
que le géodésien, le topographe ou l'alpiniste pourront,
devront même (après entente avec les personnes compétentes) lui en attribuer un de leur propre autorité.

Mais pour savoir si tel lieu non dénommé sur la carte de
l'Etat-Major l'est cependant dans le pays, ou encore si le
nom marqué sur cette carte est conforme à celui dont se
servent les habitants, il faut naturellement un certain temps,
car même les alpinistes un peu familiers avec une région sont

loin de posséder une connaissance des noms locaux aussi approfondie que les naturels du pays. Ce n'est donc pas en s'adressant uniquement à ces alpinistes que l'on arrivera à des résultats satisfaisants. Il faut enquêter dans la localité elle-même, et cette enquête, pour des raisons que connaissent tous ceux qui ont l'expérience de la montagne... et des montagnards, n'est pas toujours facile à conduire ; d'où la nécessité de disposer d'un délai suffisant.

§ 4

L'étude du Capitaine GODEFROY

Enfin, dans le numéro d'Avril 1910 de *La Montagne*, le Capitaine GODEFROY exposait, en se plaçant au point de vue du *géographe*, comment il comprenait l' « *établissement* « *méthodique de la nomenclature d'une haute région mon-* « *tagneuse, pourvue ou non d'un certain nombre de noms* « *locaux* ».

Après avoir remarqué que « le *nom distinctif* de chacun « des êtres géographiques se compose normalement d'un « *terme générique*, qui le classe avec ses pareils, et de *ter-* « *mes complémentaires*, qui l'individualisent parmi eux », il posait les règles suivantes, se défendant d'ailleurs de vouloir leur attribuer un caractère absolu : (1)

(1) Nous aurions un certain nombre d'objections à faire à ces règles. Mais il nous parait inutile de les formuler dès à présent, devant développer notre manière de voir dans la *Deuxième Partie* de notre étude. Nous ne ferons, pour l'instant, qu'une remarque. A notre avis, les *noms locaux,* c'est-à-dire ceux usités par les habitants du pays, doivent, en tout état de cause, être conservés, d'abord, parce que ce sont les seuls connus, ensuite, parce qu'autrement, il n'y aurait aucune limite aux fantaisies individuelles.

a) Noms à conserver ou à utiliser

Les noms en service inscrits sur les cartes officielles sont généralement à conserver. Une modification s'impose quand il y a erreur flagrante dans l'application de nom à objet ; elle peut être opportune quand l'erreur ne porte que sur la forme toponymique...

Les noms locaux, simples et typiques, doivent être conservés.

Les noms locaux non typiques (termes génériques le plus souvent), *mais pourvus d'une forme spéciale d'altération qui les sauve de la banalité, doivent être conservés...*

Les noms locaux non typiques, non pourvus d'uné forme spéciale qui les singularise, équivalants, par suite, à de simples désignations, sans valeur hors de leur domaine restreint, *peuvent être conservés, à condition d'être complétés...*

Les noms locaux, trop vagues ou trop difficiles à compléter, ou mauvais, doivent être rejetés...

La forme du langage local n'est à conserver qu'exceptionnellement... (1)

La transcription des noms ne peut être faite avec sécurité que par uné personne familière avec l'idiome dont on les extrait....

b) Noms à créer

Le terme générique choisi doit être celui qui correspond le mieux, par le sens qui s'y attache habituellement, aux conditions de la réalité...

Les termes complémentaires doivent être choisis en faisant appel aux considérations d'ordre naturel (situation, constitution, forme, couleur, particularités physiques) *et non aux considérations d'ordre artificiel, c'est-à-dire personnel ou passager* (noms d'hommes ou de faits étrangers à la région, incidents de voyage, etc.).

---

(1) Nous nous contenterons, pour l'instant, de dire : pourquoi ? *(Note de* L. MAURY).

Règles spéciales

Eléments de fond et de versants : Vallée, glacier (de vallée, de plateau, de cirque), cours d'eau, lac, source, habitation.

Les noms doivent être empruntés aux appellations existantes, complétées s'il en est besoin. Autant que possible, il ne faut utiliser qu'un seul nom propre pour dénommer tous les éléments importants d'une même vallée.

Le nom d'un glacier doit être formé de celui du torrent d'écoulement principal ou de l'alpe sous-jacente, à moins qu'il ne soit emprunté au massif dont le glacier fait partie...

Eléments de crête : glacier (en calotte), crête, sommet, col

Les noms doivent être indépendants des versants ou dépendants de tous.

Il y a souvent dissymétrie. Tel versant se trouve, par suite, avoir beaucoup plus de droits qu'un autre d'intervenir dans la dénomination.

En conséquence :

Les noms des éléments de crête que les conditions de distribution du relief (rapprochement, dégagement des vues, etc.), rattachent très différemment aux vallées voisines peuvent être tirés convenablement de celui des versants auquel, par le fait, ces éléments appartiennent davantage...

En particulier :

Le nom d'un col, lorsqu'on le fait dépendre des versants, peut être formé rationnellement par l'assemblage de deux noms géographiques empruntés symétriquement aux vallées adjacentes (vallées, paturages, habitations, etc.), si le col présente un intérêt pratique, aux crêtes (sommets s'élevant de part et d'autre), *si le col présente seulement un intérêt alpiniste. Des deux noms, c'est celui du lieu situé au Sud-Ouest, à l'Ouest, au Nord-Ouest, au Nord de l'autre qui serait écrit le premier...*

Massif, ou groupe naturel dans un grand massif

Là où sommets, cols, glaciers, se serrent en quelque sorte les uns contre les autres, il est désirable qu'un nom général, véritable nom de famille, *soit appliqué uniformément à tous les individus qui composent le groupe. Ceux-ci se distingueraient entre eux par des qualificatifs simples,* des prénoms, *tirés des conditions de situation, forme, couleur, grandeur relative* (septentrional, central, méridional, grand, petit, gros, etc.)...

On se heurte à une difficulté toute spéciale lorsqu'on cherche à dénommer les *éléments de détail d'un massif d'exploration ancienne* ou les *éléments importants d'un massif d'exploration récente.* Il peut arriver que le langage du pays ou les conditions locales ne fournissent pas de ressources suffisantes pour la composition des termes complémentaires entrant dans les dénominations à créer, celles des sommets et des cols en particulier. Pour ces deux cas, j'énoncerai les règles suivantes :

Massifs d'exploration ancienne...

Des noms d'hommes, choisis exclusivement parmi ceux des personnes notoires par leur rôle dans l'exploration locale, peuvent être attribués exceptionnellement à des détails d'intérêt alpiniste, dentelures, couloirs, brèches, mais non à des sommets ou à des passages d'une certaine importance.

Pour désigner les découpures d'une crête, il convient d'utiliser dans le sens Ouest-Est et Nord-Sud, les lettres successives, majuscules pour les sommets (dentelures), minuscules pour les cols (échancrures), à l'exception des lettres E, N, O, S, W, e, n, o, s, w, qui ont un sens d'orientation...

Massifs d'exploration récente...

Les noms propres doivent être réduits au minimum.

Des noms d'hommes, choisis exclusivement parmi ceux des explorateurs notoires de la région, peuvent être attribués provisoirement à des massifs, sommets ou cols, les autres éléments géographiques recevant de simples désignations les fixant par rapport aux premiers...

Comme conclusion, on ne saurait perdre de vue que nombre de points topographiques sont actuellement pourvus de noms médiocres ou mauvais, qu'il paraît dangereux, qu'il sera probablement difficile de remplacer ou seulement de corriger un jour. Quelque fâcheuse que soit, ici et là, la terminologie existante, elle pèsera souvent sur l'attribution des appellations nouvelles. Il n'en importe que davantage de rompre avec les errements anciens et d'entrer sans retard dans la voie de la simplicité méthodique, indiquée par les règles que je viens d'exposer. En résumé, *la nomenclature géographique rationnelle doit provenir de source géographique (ou exceptionnellement et provisoirement de source historique); elle doit être intrinsèque, désignative, minimale et déductive...*

CHAPITRE III

Les travaux de la « Commission de Topographie et de Toponymie » de la « Fédération des Sociétés pyrénéistes »

§ 1

Les origines de la Commission

ous avons vu que Henri Vallot avait cité, comme exemple d'organisation de travaux toponymiques, celle réalisée par la *Fédération des Sociétés pyrénéistes*.

Au Congrès de Bordeaux de cette *Fédération*, à la Séance du 18 Mars 1906 (1), M. A. Meillon signala « les graves

(1) Assistaient à la Séance : MM. Arné, Baysselance, Beneven, Bernard, Boubés, Camboué, de Saint-Saud, Durègne, Faurens, Forsans, Fallot, Gaurier, Jaegi, Labadie, Le Bondidier, Ledormeur, Maxwell, A. Meillon, Privat, Ribaut, représentant les sections du C. A. F. du Sud-Ouest, de Pau, de Tarbes, de Bagnères-de-Bigorre, des Pyrénées Centrales ; les Sociétés d'Excursionnistes du Béarn, de Tarbes, de Bagnères-de-Bigorre ; les Pyrénéistes du Lavedan, la Société Ramond, l'Association pour l'Aménagement des Montagnes.

« inconvénients occasionnés par l'ignorance des parlers ré-
« gionaux et des lois de la phonétique dialectale. Il appela
« l'attention du Congrès sur les anomalies que l'on rencon-
« tre dans la cartographie pyrénéenne, dans laquelle les mots
« sont déformés par une orthographe des plus singulières, au
« point de perdre toute leur signification. D'où l'utilité d'un
« organisme de révision et de correction de la toponymie
« pyrénéenne, lequel régulariserait, autant que possible,
« l'orthographe des noms de lieux, afin de faire cesser le
« désordre orthographique qui règne dans les cartes, les
« publications, les guides ».

Le Congrès décida de demander à chacune des Sociétés
affiliées de former une Commission locale pour exécuter le
travail de rectification. Chacune de ces Commissions devait
désigner l'un de ses membres qui ferait partie d'une Commission permanente.

La *Commission permanente* se réunit pour la première
fois à Bayonne, le 17 Mars 1907 (1).

M. A. MEILLON proposa « comme travail préparatoire » la
rédaction de fiches. « Chaque fiche contiendrait une seule
« dénomination »... « La *Commission permanente* examine-
« ra... chaque fiche et concluera sur la correction à adopter ».

Ce procédé fut admis et, après discussion, la *Commission*
reconnut que les études n'étaient pas encore assez avancées
pour que l'on put indiquer les règles qui permettraient de
déterminer les orthographes les meilleures.

A la Séance du 10 Août 1907, tenue à Lourdes (2), la *Com-*

(1) Assistaient à la Séance : MM. E. BARRÈRE, BERNARD, CAMBOUÉ,
FORSANS, LABROUCHE, LE BONDIDIER, A. MEILLON, DE SAINT-SAUD.

(2) Assistaient à la Séance : MM. BERDOU, BERNARD, CAMBOUÉ, DURÈ-
GNE, LABROUCHE, LE BONDIDIER, MAUSSIER, A. MEILLON, DE SAINT-SAUD,
DE SALIGNAC-FÉNELON, M. PARANT, SEYRÈS.

mission adopta un type de fiches toponymiques, présenté
par M. A. MEILLON. Elles devaient porter d'abord l'indication
des orthographes employées jusque là sur les cartes et dans
les ouvrages, puis l'exposé des propositions de l'auteur de la
fiche relativement à la dénomination elle-même, à son étymologie et à son orthographe. Au verso seraient inscrites les
remarques faites par les divers membres de la *Commission*,
enfin sa décision.

Sur la proposition de M. DE SALIGNAC-FÉNELON, la *Commission* résolut de rechercher des collaborateurs, particulièrement idoines, dans chacune des vallées pyrénéennes.

§ 2

La première organisation de la Commission

Ce fut au Congrès de Perpignan, en Mars 1908, que la
question de l'organisation régionale se précisa (1).

Sur la proposition faite par M. l'Abbé MARSAN dans un
Mémoire envoyé à la *Commission* et après Rapport con-
forme de M. A. MEILLON, il fut décidé de former autant de
sections qu'il existe, le long de la chaîne pyrénéenne, de par-
lers nettement différents. Ces sections furent dénommées
provisoirement : *Section Basque, Section Béarnaise, Section
Bigourdane, Section Gasconne, Section Languedocienne,
Section Catalane.* Furent désignés pour faire partie de la
Section Béarnaise : M. ARÊAS ; de la Section Bigourdane :
M. l'Abbé CAILLABÈRE, M. CAMELAT, félibre majoral,
M. l'Abbé MARSAN, M. RONDOU, lauréat de l'Escole Gastou-

(1) Assistaient aux Séances : MM. BENABEN, CAMBOUÉ, J. CASAS-CARBO,
DELPON, FAYON, FORSANS, GUIU, LABADIE, LE BONDIDIER, LEDORMEUR,
LEFRANÇOIS, LLAGOSTERA, A. MEILLON, NŒTINGER, J. PENA Y COSTA,
DE SAINT-SAUD, SOULLIER, VERGÈS DE RICAUDY, P. VIDAL.

Febus. M. Vidal, bibliothécaire de la ville de Perpignan et
M. Vergès de Ricaudy, Président de la Société d'Etudes
Catalanes, furent chargés d'organiser la Section Catalane.

§ 3

Les décisions prises au Congrès de Tarbes
de 1908

Un échange de vues entre les membres de la *Commission*
lui permit, à la Séance du 8 Août 1908, tenue à Tarbes (1),
de commencer l'étude systématique des règles orthographiques à adopter.

M. A. Meillon lut un rapport exposant les raisons pour
lesquelles il convenait, selon lui, d'adopter l'orthographe
dialectale.

Après une discussion, dans laquelle M. Le Bondidier sou-
tint le point de vue des touristes, ignorants des parlers
locaux, lesquels sont surtout désireux de ne pas voir modifier les formes orthographiques auxquelles ils sont habitués,
la *Commission* considérant en particulier que, si beaucoup
de noms sont mal orthographiés, d'autres sont déjà correctement écrits et qu'il ne peut être question de déformer ceux-ci,
prit les décisions suivantes :

« 1° *L'orthographe dialectale ancienne ou moderne et*
« *celle-ci seule sera employée pour les noms géographiques*
« *rectifiés ou reconstitués ;*

(1) Assistaient à la Séance : MM. Blanch, Cabarbaye, Camboué, Car-
tig, Dencausse, Lataste, Le Bondidier, Abbé Marsan, L. Maury,
A. Meillon, M. Parant, Pédebidou, Prunet, de Roquette-Buisson,
Roturier, de Saint-Saud, de Salignac-Fénelon.

« *2° Les formes orthographiques anciennes qui se seront*
« *conservées dans les cartes seront respectées et maintenues,*
« *à l'exclusion des formes modernes, même dialectales ;*
« *3° Toute figuration de sons romans au moyen de*
« *valeurs françaises, non consacrée par l'usage, c'est-à-*
« *dire toute notation de prononciation figurée, devra être*
« *rejetée* ».

§ 4

L'organisation définitive de la Commission
et les décisions prises au Congrès
de Toulouse de 1909

Au Congrès de Toulouse, le 3o Mars 1909, la *Commission*
fut définitivement constituée de la manière qui avait été ébau-
chée au Congrès de Perpignan (1). Abandonnant l'idée primitive de former une Commission locale dans chacune des
Sociétés fédérées, on décida d'organiser une *Commission*
unique, se recrutant par cooptation et divisée en autant de
Sections qu'il existe de parlers différents et de Sous-sections
qu'il y a de dialectes distincts (2).

A la même réunion, on précisa un point qui n'avait pas été
élucidé à Tarbes : fallait-il employer l'orthographe dialectale
ancienne ou l'orthographe dialectale moderne. La question
pouvait prêter à controverse, d'une part, parce qu'un certain

---

(1) Assistaient à la Séance : MM. BERNARD, CAMBOUÉ, DESCOMBES, LE
BONDIDIER, A. MEILLON, M. PARANT, DE SAINT-SAUD, DE SALIGNAC-FÉNE-
LON, SCHRADER, SOULLIER, TORRAS.

(2) La *Commission*, présidée par M. DE SAINT-SAUD, eut deux vice-
présidents, l'un M. L. MAURY, pour les questions topographiques, l'autre M. A. MEILLON, pour les questions toponymiques. Nous ne nous
occupons ici que de la toponymie.

nombre de noms de lieux se sont conservés, sur les cartes, avec l'orthographe dialectale ancienne, d'autre part, parce que, dans certaines écoles félibréennes gasconnes, l'orthographe moderne, sous l'influence des patoisants restait quelquefois irrégulière (1).

Après lecture d'un rapport de M. A. MEILLON, et conformément à ses conclusions, il fut décidé :

« a) *De respecter jusqu'à nouvel ordre les noms dont la* « *signification serait inconnue ou incertaine ;*

« b) *De respecter les noms corrects, écrits avec des for-* « *mes orthographiques anciennes ;*

« c) *De respecter les noms qui peuvent être considérés* « *comme des désignations administratives et, par consé-* « *quent officielles* (2) *;*

« d) *De corriger ensuite les noms de lieux dont la signi-* « *fication pourra être parfaitement établie ;*

« e) *D'employer uniquement, pour les noms à redresser,* « *l'orthographe dialectale moderne* ».

Enfin M. A. MEILLON fit adopter le principe de l'établissement, pour chaque vallée, d'un *glossaire topographique*, conformément au vœu formulé par le Colonel DE ROCHAS dès 1874.

---

(1) Nous aurons l'occasion de revenir sur cette question.

(2) En fait, on ne se rendait pas encore bien compte du sens qu'il convient de donner au terme : *désignation officielle*.

§ 5

Les décisions prises
au Congrès de Bagnères-de-Bigorre de 1909

Les principes généraux de transcription étant ainsi déterminés, la *Commission* put commencer à s'occuper de ce qui était l'objet principal de ses études, c'est-à-dire l'établissement de la toponymie des diverses régions des Pyrénées.

A la séance du 1ᵉʳ Août 1909, tenue à Bagnères-de-Bigorre (1), elle entama la discussion des fiches toponymiques de la région d'Orédon, établies en vue de la publication de la carte que préparait M. L. MAURY. Ces fiches avaient été étudiées antérieurement par tous les membres de la *Commission* connaissant les dialectes bigourdan et aurois.

Cette étude lui permit de préciser quelques points de détail :

1°) Sur la proposition de M. L. MAURY, il fut décidé que, pour les *articles*, on adopterait les règles suivantes :

« a) *Si le nom générique qui précède l'article est un nom*
« *français :* Pic, Montagne, Col, *etc., on adoptera l'*article
« français, *la forme romane commençant au nom propre*
« *lui-même ;*

« b) *Si le nom générique qui précède l'article est un nom*
« *roman :* Soum, Hourquète, Tuco, *etc., comme il serait*
« *illogique d'intercaler un article français entre deux*
« *noms romans,* on adoptera l'article roman, en em-

---

(1) Assistaient à la Séance : MM. BELLOC, GAIDOZ, MARCHAND, Abbé MARSAN, L. MAURY, A. MEILLON, J. NOGUÈS, REVERDY, DE ROQUETTE-BUISSON, DE SAINT-SAUD, DE SALIGNAC-FÉNELON, SANSOT, SEAUVE.

« ployant celui qui est le plus usité dans la région con-
« sidérée ».

2°) Sur la proposition de MM. E. Belloc et L. Maury, on
décida de voir s'il serait possible de marquer d'un signe spécial la *voyelle tonique,* afin de rendre la prononciation plus
facile pour les personnes qui ignorent les dialectes méridionaux.

3°) Enfin, sur la proposition de M. A. Meillon, il fut
résolu, à l'unanimité, d'adopter, pour le Béarn et le Lavedan, l'orthographe de l'*Escole Gastou Febus,* de Pau, et
pour le Comminge, les Quatre-Vallées, le Nébouzan et le
Couserans, l'orthographe de l'*Escolo deras Pirenéos,* de
Saint-Gaudens.

§ 6

Les décisions prises
au Congrès de Bordeaux de 1910

La discussion des fiches de la région d'Orédon fut reprise
et terminée le 21 Mars 1910, au Congrès de Bordeaux (1).

Sur la demande de M. B. Sarrieu, il fut décidé que la section que M. A. Meillon avait proposé d'appeler *gasconne*
serait dénommée *commingeoise,* car le Béarn et la Bigorre
sont également gascons. En outre, sur avis conforme de
M. C. Jullian, les Quatre-Vallées furent rattachées à la section commingeoise.

(1) Assistaient à la Séance : MM. E. Barrère, Ed. Bourciez, Descombes, Durègne, l'Abbé Gaurier, Camille Jullian, L. Maury, A. Meillon, de Saint-Saud, B. Sarrieu, E. Seyrès.

Les règles orthographiques que M. A. Meillon avait formulées dans la préface de son *Essai de glossaire de la région montagneuse des Hautes-Pyrénées*, alors en cours d'élaboration, approuvées par MM. Bourciez et C. Jullian furent adoptées.

Nous les résumons ci-après :

1°) *le l mouillé et l'n mouillé se noteront* lh *et* nh ;

2°) n *guttural ou dental s'écrira toujours* n ;

3°) *les diphtongues* au, eu, iu, ou, *dans lesquelles* u *est semi-consonne, s'écriront :* au, eu, iu, òu *et non aou, eou, iou, oou.*

4°) *les dipthongues* ay, ey, *s'écriront :* ay, ey, *et non ai, ei, ou aï, eï (Ex. :* aygue).

5°) *en ce qui concerne l'accentuation des voyelles :*

a) *l'è et l'ò ouverts ne seront accentués que s'ils sont toniques (Ex. :* Nèu, Bòlou).

b) *l'é fermé ne sera accentué que dans les cas où il sera tonique (Ex. :* Hourquéte) *et dans ceux où, quoiqu'atone, il pourrait être confondu avec un* e *muet (Ex. :* Bédoura) (1).

---

(1) Quelques décisions de détail furent prises, en outre, à l'occasion de l'examen définitif des noms de la région d'Orédon. Elles découlent pour la plupart de la règle que l'on aurait adoptée d'employer l'orthographe dialectale régulière *moderne :*

a) On maintint les orthographes : *Mount, Soum, Turoun,* pour ces termes si fréquents dans l'onomastique pyrénéenne ;

b) On décida d'écrire avec un accent aigu les finales — ét, — éte (é fermé et correspondant aux finales françaises : — *et,* — *ette),* mais avec un accent grave la finale — èt, ailleurs — èth, — ètch (è ouvert, correspondant à la finale française, *eau).*

Enfin, on résolut pour les noms composés, d'écrire chacun des termes avec une majuscule mais sans trait d'union.

§ 7

Les travaux de la Commission
de 1910 à 1914

Les règles de transcription étaient désormais définitivement fixées. L'activité de la *Commission pyrénéenne* se porta désormais sur des études de détail. Jusqu'en 1914, elle examina successivement la toponymie de la vallée de Barège, étudiée par M. Rondou, et la nomenclature de la région de Gavarnie, que lui avait soumise M. Schrader, en vue de la publication de sa carte au 20.000ᵉ. Enfin, elle mena à bien la publication commentée du *Mémoire de Roussel et La Blottière* (1), relatif à la Carte des Pyrénées. Sous ses auspices, M. A. Meillon publia l'*Essai de Glossaire des noms topographiques les plus usités dans la vallée de Cauterets et la région montagneuse des Hautes-Pyrénées*, dont il a déjà été parlé.

L'étude de la nomenclature de la carte de M. Schrader amena la *Commission* à répondre aux principales objections qui peuvent être faites aux méthodes de transcription qu'elle avait adoptées (2). Nous reviendrons sur cette question dans

(1) Le commentaire, qui avait été commencé, pour la partie catalane, par M. Vergez de Ricaudy, fut fait : pour le Comté de Foix, le Couserans et le Comminge, par M. Sarrieu ; pour les Quatre-Vallées, par M. l'Abbé Marsan ; pour la Bigorre, par M. A. Meillon ; pour le Béarn, par M. l'Abbé Gaurier ; pour le Pays Basque, par M. de Saint-Saud.

(2) La toponymie de la région de Gavarnie fut étudiée par MM. Bourciez, Professeur à l'Université de Bordeaux, Grammont, Professeur à l'Université de Montpellier, L. Maury, A. Meillon, Millardet, Professeur à l'Université de Montpellier, Rondou, Ronjat, félibre majoral, de Roquette-Buisson, Rouch, de Saint-Saud, Sarrieu, félibre majoral.

la *Troisième Partie* de cette étude. Disons simplement ici que M. Schrader accepta la presque totalité des corrections faites par la *Commission* à ses propositions initiales, en particulier en ce qui concerne l'emploi de la diphtongue *au* et de l'*lh* (1).

Il ne nous reste pour terminer l'exposé de l'activité de la *Commission de toponymie pyrénéenne,* pendant la période antérieure à 1914, qu'à exposer les objections faites par M. A. Meillon à certains passages de l'étude du Capitaine Godefroy dont nous avons cité plus haut l'essentiel (2).

Après avoir indiqué qu'il avait correspondu à ce sujet avec le Commandant Godefroy, relativement aux points en litige, M. A. Meillon s'exprimait ainsi :

> D'une façon générale, M. Godefroy avait reconnu qu'il faut conserver les noms locaux, les simples et typiques surtout. Sa règle est la notre... Mais comment écrire ces noms locaux ?
>
> C'est sur la forme à leur donner, sur la transcription de ces termes, que porte la principale difficulté qui nous arrête. Il faut accorder sans hésitation à M. Godefroy que « cette « transcription ne peut être faite avec sécurité que par une « personne familière avec l'idiome dont on les extrait ». « Mais », ajoute-t-il, « la forme du langage local n'est à con- « server qu'exceptionnellement ».
>
> Ici, nous avons marqué notre hésitation. Que veut dire exactement M. Godefroy ? Il est bien certain que l'on n'é- crira pas dans une nomenclature française, sur une carte

(1) Sur un total de 81 noms étudiés, 8 n'ont pas été reproduits sur la carte. Parmi les 73 autres, il y avait initialement accord pour 27 et désaccord pour 46. M. Schrader s'est rangé 39 fois à l'avis de la Commission et ne s'en est écarté que 7, généralement pour des noms très connus et qu'il n'a pas cru devoir modifier. Il faut remarquer qu'une fois il s'est montré plus intransigeant que les spécialistes, n'ayant pas voulu, comme cela lui était proposé, adopter l'*e* muet pour transcrire l'*o* final atone bigourdan.

(2) *Congrès de Cauterets,* 3 Septembre 1911.

française, *Toulouso*, par exemple, mais bien *Toulouse*. [D'ailleurs le mot Toulouse est déjà une forme à demi locale, car la forme française est *T(h)olose*]. On ne dira pas, non plus, *Nesto*, ni *Nesta*, mais *Neste*. Dans les exemples que cite M. Godefroy, on ne mettra pas, en effet, *Riou de la Loouʒièra* (1), mais Riu ou R. de la Louzière. De même, nous rejetons, avec M. Godefroy : *Coumbal de Boouchousa* (1) et nous dirons Coumbal de Bouchouse. Ces transcriptions sont conformes à notre méthode.

Dans sa lettre, M. Godefroy insiste et dit qu'il n'accepte pas la forme du langage local « dans les noms de détail que « le souci de l'extrême documentation amène à rechercher « de plus en plus aujourd'hui ». Telle est l'opposition de nos points de vue. Il nous semble, au contraire, que c'est pour les détails... que la forme du langage local peut et doit être conservée. Quelle manière de désigner autrement que par la forme du langage local, par exemple, les noms de lieux suivants : Sarroudjès, Sesmacadés, Coume det Cácou, etc ? Il est vrai, dit M. Sarrieu, que pour les mots féminins, on transcrira bien *Satùó* par Satoue, *Coumo Longuo* par Coume Loungue. En Béarn, on gardera également les termes consacrés : Issor, Lagor, Lescar, quoique les Béarnais disent aujourd'hui *Issó, Lagó, Lesca*. Mais très généralement, il faudra garder la forme locale.

Quant à la traduction des noms, là où la forme du langage local n'est pas à conserver, nous sommes de l'avis de M. Godefroy, qu'elle doit être faite par un vrai connaisseur de l'idiome en question. Mais, selon nous, la traduction ne doit être employée que très exceptionnellement et beaucoup moins que la transcription. Est-il possible, en effet, de traduire Et Senhadé par *Le Signoir* (l'endroit où l'on fait le signe de la croix) ? Comment traduire aussi le mot Sescamadés, « endroits où le bétail peut gambader, faire quelques pas » ?

En somme, ces dernières règles de M. Godefroy doivent être interprétés d'une manière large et nous ne les acceptons

---

(1) Comme l'avait proposé F. Arnaud dans son ouvrage : *L'Ubaye et le Haut-Verdon. (Note de* L. Maury).

que dans cet esprit de largeur. Toutefois, ce que nous nous
permettons de faire remarquer, c'est que les patois méridionaux, même ceux de la partie Nord des Alpes, qui sont issus
du franco-provençal, appartiennent *à une autre langue* que le
français. Par suite, nos termes géographiques, surtout ceux
de la Provence, du Dauphiné méridional, des Cévennes, du
Limousin, des Pyrénées principalement, ne se prêtent pas
toujours à une transcription en français.

Pour la traduction, comme souvent la même racine ne se
retrouve pas dans les mots français correspondants ou, du
du moins, ne s'y laisse pas reconnaître, cette traduction est
ordinairement impraticable chez nous, dans les pays de langue
franco-provençale et surtout dans ceux de langue d'oc.

En déterminant avec exactitude la forme locale actuelle
des noms de lieux, quelle que soit l'étymologie de ces noms
géographiques, en constatant aussi les formes anciennes,
quand c'est possible, nous prêtons une base solide, la seule
solide, à toute discussion ultérieure sur les transcriptions
françaises et les étymologies.

CHAPITRE IV

La toponymie de la feuille de Tignes du nouveau 5o.ooo^e français

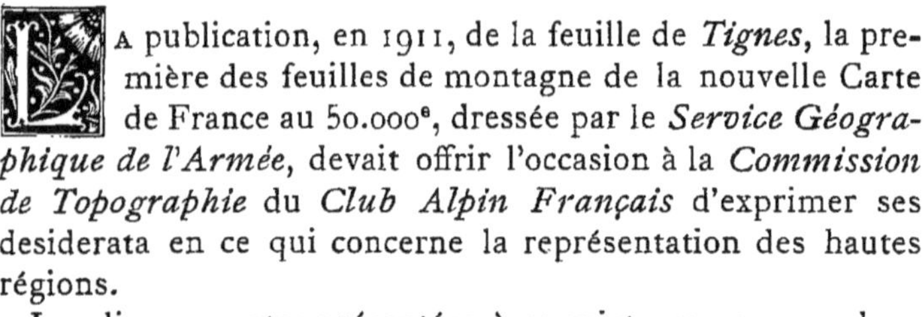

§ 1

L'étude de la feuille de Tignes par la « Commission de Topographie » du « Club Alpin Français »

LA publication, en 1911, de la feuille de *Tignes*, la première des feuilles de montagne de la nouvelle Carte de France au 5o.ooo^e, dressée par le *Service Géographique de l'Armée*, devait offrir l'occasion à la *Commission de Topographie* du *Club Alpin Français* d'exprimer ses desiderata en ce qui concerne la représentation des hautes régions.

Les diverses notes présentées à ce sujet par ses membres furent lues et discutées à la Séance du 8 Mars 1912 (1).

(1) Des notes avaient été envoyées par MM. ENGELBACH, E. GAILLARD, P. GIRARDIN, R. GODEFROY, EMM. DE MARGERIE, L. MAURY, H. METTRIER, M. PAILLON. En outre, diverses observations furent faites en séance par

Nous en reproduisons ici les paragraphes relatifs à la toponymie.

§ 2

Observations de M. E. GAILLARD

TOPONYMIE. — La Toponymie du 80.000ᵉ, déjà insuffisante, n'a pas été augmentée autant qu'on aurait pu l'espérer. Par contre, elle a été très remaniée, et d'une façon plutôt malheureuse.

Ce remaniement a abouti à l'adoption d'une toponymie trop superficiellement étudiée. On y trouve, en effet, beaucoup de graphies anciennes empruntées au vieux cadastre sarde et remises en honneur sans raisons suffisantes, des formes patoises admises ici et rejetées ailleurs, des changements et même des permutations de noms destinés à amener des confusions, enfin des dénominations nouvelles mal choisies.

Il serait nécessaire, afin de faire une critique sérieuse de la toponymie de cette feuille, de reprendre chacun des noms et d'en faire une étude particulière ; mais ceci nous entraînerait trop loin et sortirait du cadre forcément restreint de cette simple note.

§ 3

Observations de M. PAUL GIRARDIN

M. P. GIRARDIN faisait d'abord quelques remarques relativement à la nomenclature, indiquant qu'un certain nombre de dénominations étaient, ou erronées, ou appliquées à un point autre que le vrai. Il continuait ainsi :

MM. H. BARRÈRE, HELBRONNER, DE MARTONNE, PERRET, SCHRADER, H. VALLOT.

GRAPHIE. — *Lognant* (chalet de Lognant) s'écrit sans *t :*
Pralognan, etc.

Bézin est écrit tantôt avec *s* (col de Bézins) tantôt sans *s*
(lac de Bézin).

Il serait bon d'unifier la « Grande Parei » et la « Grande
Parée » qui est la *Grande Parei* de l'ancienne carte. Il y a,
sur la partie italienne, une « Granta Parei ».

N'y a-t-il pas abus de l'*y* ? Vallon et col de la *Leysse* (Leisse
sur l'ancienne carte), alors que le diminutif s'écrit *Leissières ;*
Mont Séty (Seti sur l'ancienne carte).

On pourrait unifier « *Quart* » (Pointe du Quart) et *Carro ;*
cette dernière graphie ne prête pas à l'équivoque ; quant à
Pariond (chalet), en amont du lac de Tignes, il doit être pour
« *Prariond* » comme le Prariond des Sources de l'Isère.

§ 4

Observations de M. R. GODEFROY

TOPONYMIE. — Des réserves doivent être faites sur la légitimité ou, tout au moins, la convenance de certaines appellations. Ex. : Gl^{er} des Jais, Gl^{er} des Platières, dénomination
attribuée globalement à trois glaciers séparés ; Dôme de la
Sache, nom transporté du véritable sommet (3608) — auquel
semble s'appliquer maintenant la désignation *la Grande
Parei* — à la cime que j'ai baptisée Dôme des Platières *(Le
Mont-Pourri ;* Annuaire de la S. T. D. 1900, p. 105) ; Tavière,
Aiguille de la Grande Motte, etc.

§ 5

Observations de M. L. MAURY

Noms. — Nous ne discuterons pas la toponymie de la
feuille de *Tignes*, ne connaissant pas la région. Toutefois,

l'expérience que nous avons acquise dans les Pyrénées nous permet d'affirmer que les officiers détachés aux levés de précision sont dans l'impossibilité d'établir, d'une manière exacte et définitive, la toponymie d'une région de haute montagne, sans même soulever la question de la « graphie » des noms de lieux. L'établissement d'une pareille toponymie demande des études longues et difficiles, pour lesquelles il faut avoir une connaissance approfondie de la région et s'aider d'une documentation extrêmement détaillée.

Toutefois, nous avons une importante remarque à faire au sujet de la *densité* des noms inscrits sur la feuille; si les noms des lieux habités paraissent en nombre suffisant, il est loin d'en être de même des noms de « montagnes » (pâturages), de sommets et de cols. Les noms de montagnes sont presque complètement absents, et nous ne craignons pas d'affirmer que les noms de sommets et de cols sont en réalité beaucoup plus nombreux que ceux inscrits sur la feuille. Sans vouloir prétendre qu'ils devraient être tous indiqués, ce qui est déjà à peine possible sur le 20.000^e, il serait très désirable d'en voir augmenter le nombre dans une forte proportion, en réduisant, au besoin, les dimensions des caractères.

§ 6

Observations de M. H. METTRIER

Nomenclature. — Quelques progrès ont été réalisés par rapport à la carte au 80.000^e, en particulier pour les noms de chalets et de torrents..... En ce qui concerne les parties hautes de la montagne, l'amélioration est beaucoup moins marquée et la feuille de *Tignes* montre avec évidence l'impossibilité où se trouve un Service Public d'établir la nomenclature alpine dans des conditions satisfaisantes.

Les défectuosités que l'on peut y relever sont d'ordre divers :

1° Omissions nombreuses. La nomenclature des sommets,

cols et glaciers, quoique légèrement enrichie, reste encore très rudimentaire ;

2° Inexactitudes provenant : *a)* d'emprunts faits à la carte de l'Etat-Major (le nom de Pointe de Bazel conservé à la Tsanteleina) ; *b)* d'emprunts faits sans critique à la carte italienne (dédoublement du Roc du Fond *(sic)* et de la Pointe de Calabre, du Col du Fond et du Col de Rhèmes-Goletta, de la Cime Martellot et du Roc du Mulinet) ; *c)* d'erreurs d'attribution (Dôme de la Sache, Grande Parei) ; *d)* d'innovations fâcheuses (Pointe de l'Aiguille Pers à côté de l'Aiguille Pers, le nom de Grand Méan donné à la Cima Monfred) ; *e)* de simples négligences (intervention curieuse du Glacier du Col Pers et du Glacier Pers, par rapport à la position du Col) ;

3° Manque de clarté, de précision, du à la mauvaise disposition des écritures, par rapport aux objets qu'elles accompagnent (Col du Bouquetin, Cime du Carro, Pointe du Grand Plan, Col du Fond, au Nord de la Grande Sassière) ; à l'emploi de noms doubles ou au contraire à la réunion sous un seul nom de plusieurs objets différents (Col Nord de la Sachette ou Passage de la Sache, Glacier du Carro ou de Derrière les Lacs, le nom de Glacier des Platières étendu à trois glaciers bien distincts).

Il y aurait enfin de sérieuses réserves à formuler au sujet de certaines graphies amusantes ou simplement malencontreuses (Pointe de la Grande Parée, R^eau du Prêtre, Aiguille de Bacque, l'Arsellaz, etc.).

§ 7

Observations de M. Maurice Paillon

La toponymie de la carte n'est ni assez exacte, ni assez complète pour les alpinistes. Il ne faut pas entendre par là les seuls excursionnistes, mais ceux qui sont appelés à poursuivre leurs études scientifiques dans la montagne ; les géologues, les topologistes ont, il faut l'affirmer, besoin d'une carte beaucoup plus détaillée comme noms... On peut en dire autant des botanistes, de tous ceux qui étudient les sciences naturelles...

[M. PAILLON signalait ensuite quelques erreurs sur la chaîne frontière.]

Je terminerai par le vœu que, pour les feuilles futures, il soit fait, auprès des spécialistes et des personnes qualifiées une enquête toponymique.....

§ 8

Résumé et conclusions

Après avoir résumé la discussion, H. VALLOT affirmait une fois de plus que « la Carte de France au 5o.000ᵉ ne saurait « nous dispenser des *cartes locales* précises, à grande « échelle, que les topographes-alpinistes sont seuls en me- « sure d'établir en conformité avec leurs vues et leurs « besoins. »

« Mais cette constatation », ajoutait-il, « n'est pas un em- « pêchement à ce que nous prêtions notre concours, s'il nous « est demandé, à l'amélioration des feuilles de montagne du « nouveau 5o.000ᵉ et, à ce propos, [il se faisait] un plaisir « d'informer la *Commission*..... que le *Service Géographi-* « *que* [était] disposé, en ce qui concerne la *nomenclature* « *alpine*, à faire appel, dans des conditions à déterminer, au « concours d'un organisme tel que le nôtre, présentant des « garanties suffisantes quant à la valeur et à la centralisation « des documents qu'il serait en mesure de fournir.

« Cette déclaration [fut] accueillie avec faveur par la *Com-* « *mission* sous réserve de la difficulté, signalée par quelques « membres, qu'il pourrait y avoir à appliquer des dénomina- « tions correctes à des points qui, sur le 5o.000ᵉ, sont sou-

« vent mal définis ou d'identification incertaine et quelque-
« fois même absents ; il serait préférable, dans ce cas, de
« recourir aux minutes des levés au 20.000ᵉ.

« M. Schrader (1) fit remarquer que la proposition dont
« [venait] de parler M. H. Vallot était d'une grande impor-
« tance ; qu'il ne lui [paraissait] pas possible d'ouvrir la
« discussion immédiatement, et que ce ne serait pas trop
« d'une séance spéciale, venant après une période de
« réflexion, pour l'étudier aussi sérieusement qu'elle le
« [méritait] ». (2).

Les circonstances firent que la période de réflexion dura
onze ans.

(1) M. Schrader remplaçait à la présidence le Lᵗ-Colonel Prudent,
absent.

(2) *Procès-verbal de la Séance du 8 Mars 1912.*

Deuxième Partie

L'ENQUÊTE TOPONYMIQUE
DE LA « COMMISSION DES TRAVAUX
SCIENTIFIQUES »
DU « CLUB ALPIN FRANÇAIS »

CHAPITRE PREMIER

Les origines de l'enquête

---

§ 1

La demande de renseignements toponymiques, adressée par le « Service Géographique de l'Armée »

E N 1921, le *Service Géographique de l'Armée*, voulant reprendre la publication des feuilles de la nouvelle Carte de France au 5o.ooo^e, relatives aux Alpes, publication qui avait été interrompue en raison de la guerre, et désirant éviter les critiques qui avaient été adressées à la feuille de *Tignes*, envoya au *Club Alpin Français* les minutes des quatre feuilles *Lanslebourg*, *Mont d'Ambin*, *Bourg Saint-Maurice* et *Petit Saint-Bernard*, prêtes depuis 1914, en lui demandant d'en vérifier la nomenclature.

Mais, depuis 1914, la *Commission de Topographie* ne s'était plus réunie. Ce ne fut qu'au commencement de 1923 qu'elle fut reconstituée sous le nom de *Commission des Tra-*

vaux Scientifiques (1). Le *Club Alpin* put alors s'occuper de répondre à la demande du *Service Géographique*.

§ 2

La « Commission des Travaux scientifiques » du « Club Alpin Français » décide d'étudier, dans son ensemble, la question de l'établissement d'une toponymie correcte des montagnes françaises.

La question fut posée, dès la Séance du 29 Janvier 1923, par le Lt-Colonel Noirel et il fut décidé de chercher, parmi les membres de la *Commission*, des collaborateurs qui pourraient se charger d'exécuter le travail demandé par le *Service Géographique de l'Armée* (2).

A la séance suivante, le 26 Février 1923, le Lt-Colonel Noirel put annoncer que MM. Gaillard et Mettrier avaient accepté de revoir la toponymie des quatre feuilles considérées (3). M. L. Maury ajouta que « la *Commission* [devait]

(1) La *Commission* fut scindée à l'origine en trois *Sous-Commissions (Topographie, Géologie, Glaciologie)*, mais seule la *Sous-Commission de Topographie* se réunit régulièrement et, à la Séance pleinière du 4 Juin 1924, il fut décidé d'abandonner cette division en trois Sous-Commissions. La *Commission* a eu comme Président M. Schrader, puis, après le décès de celui-ci, M. Emm. de Margerie, pour Vice-Présidents : le Lt-Colonel Noirel (topographie), M. Gentil, aujourd'hui décédé (géologie), M. Mougin (glaciologie), pour Secrétaire Général, M. Girardin, pour Secrétaires, MM. L. Maury et R. Perret.

(2) Nous reviendrons sur ce sujet dans la *Quatrième Partie* de cette étude.

(3) Sur la proposition de M. L. Maury, MM. Gaillard et Mettrier furent chargés également de réviser la toponymie de la feuille de *Tignes*.

« se considérer, dès à présent, comme saisie de la question
« d'ensemble de la nomenclature des montagnes françaises.
« Pour mener à bien cette tâche, il conviendrait, tout
« d'abord, d'ouvrir une enquête auprès des membres de la
« *Commission,* afin d'établir, pour toutes les régions, des
« règles de transcription, comme cela [avait] déjà été fait,
« pour une partie des Pyrénées, par la *Commission de
« Topographie et de Toponymie* de la *Fédération des Socié-
« tés Pyrénéistes.* Une fois ces règles établies, on entamerait
« successivement l'étude détaillée de tous les noms de cha-
« que vallée ou de chaque massif. On pourrait espérer ainsi
« arriver à déterminer, d'une manière à peu près définitive,
« la nomenclature des Alpes, des Pyrénées, du Massif Cen-
« tral et des Vosges » (1).

Cette proposition fut approuvée et, à la Séanee du 28 Mai
1923, il fut décidé, sur l'avis de MM. AUZELET et MAURY,
d'interroger également les personnes étrangères à la *Commission,* que leurs études désignaient pour cela.

(1) *Procès-verbal de la Séance du 26 Février 1923.*

CHAPITRE II

Le Programme de l'Enquête

§ 1

Lettre instituant l'Enquête

Le programme de l'enquête est donné par la lettre suivante qui fut adressée à toutes les personnes consultées :

Monsieur,

A la suite d'une demande du Service Géographique de l'Armée, *la* Commission des Travaux Scientifiques *du* Club Alpin Français *a entrepris la révision de la toponymie des montagnes françaises, telle qu'elle figure actuellement sur les cartes officielles, ainsi que l'étude des noms nouveaux à inscrire sur les cartes au 50.000ᵉ et au 20.000ᵉ en cours de publication.*

Vous n'ignorez pas que des critiques ont été fréquemment adressées à la nomenclature de ces divers documents. C'est pour empêcher qu'elles puissent se renouveler que le présent travail a été entrepris.

Il est certain, d'ailleurs, qu'il y a une importance capi-

tale à ce que la toponymie des cartes soit aussi correcte et aussi homogène que possible. Outre la nécessité d'une transcription rationnelle, pour pouvoir être compris des habitants, il ne faut pas oublier, en effet, que les noms de lieux, dont l'origine remonte le plus souvent à une antiquité fort reculée, sont une partie intégrante du patrimoine national et, comme tels, demandent à être traités avec respect et transcrits le plus exactement possible.

Avant de commencer l'enquête toponymique proprement dite, il a paru nécessaire à la Commission de déterminer les principes suivant lesquels cette enquête devait être conduite.

La Commission vous serait reconnaissante de vouloir bien la faire profiter de votre compétence et de répondre aux questions suivantes, qui ne sont, d'ailleurs, nullement limitatives :

A. — Quelle est la meilleure méthode à employer pour déterminer les véritables noms des divers lieux-dits (hameaux, maisons isolées, granges, cours d'eau, pâturages, montagnes, prés, etc., etc.) ?

B. — Comment déterminer les orthographes à adopter pour ces noms, une fois leur emplacement fixé :

1° Les principes et les modes de transcription doivent-ils être différents suivant les régions (parlers germaniques, langue d'oïl, parlers franco-provençaux, langue d'oc, langue basque) ?

2° Dans chacun de ces cas, quelles sont les règles à adopter, sont-elles déjà codifiées et unanimement reconnues par les autorités linguistiques, ou sont-elles encore à fixer ?

3° Dans quelle mesure y a-t-il lieu de tenir compte des différences dialectales ?

4° Quels sont les ouvrages ou les documents d'archives qu'il y a lieu de consulter, les sociétés félibréennes ou autres, *ainsi que les linguistes avec lesquels il serait utile de se mettre en rapport ?* -

5° Quelles précautions doivent-elles être prises pour que les personnes ignorant les dialectes locaux puissent prononcer correctement les noms ?

C. — Comment doit être conduite l'enquête ? Est-il nécessaire d'étudier les noms un à un ou est-il suffisant d'établir un glossaire topographique pour chaque dialecte ? Doit-on employer une combinaison des deux méthodes ou une autre différente ?

.   .   .   .

§ 2

Les réponses au questionnaire

La *Commission* a reçu des réponses des personnes suivantes (rangées par ordre de date d'arrivée) : MM. Soubiron, Dr Engelbach, Camille Blanchard, Ronjat, félibre majoral, Auzelet, du Verger, P. J. Cathala, Simin Palay, félibre majoral, Président de l'*Escole Gastou Febus*, Miquèu de Camelat, félibre majoral, Rondou, B. Sarrieu, félibre majoral, Secrétaire de l'*Escolo deras Pyreneos*, A. Meillon, L. Maury, Robert Perret, Lt-Colonel R. Godefroy, Abbé Marsan, Avietoz, Président de la *Real Sociedad Española de Alpinismo Peñalara*, au nom de cette Société, le Secrétaire du *Centre escursionista de Catalunya*, au nom de cette Société, A. Meillon, Vice-Président de la *Commission de Topographie et de Toponymie* de la *Fédération des Sociétés Pyrénéistes*, deuxième réponse faite au nom de cette *Commission*, E. Bourciez, Professeur à l'Université de Bordeaux, Grammont, Professeur à l'Université de Montpellier,

Directeur de *la Revue des Langues Romanes*, J. Tivollier, Dr A. Guebhard, Baulig, Professeur à l'Université de Strasbourg, G. Delahache, Dr Batier, Colonel Hochstatter, Vice-Président de la *Section du Bas-Rhin du C. A. F.*, P. Penaects, J. Dation, Secrétaire-Général de la *Section du Bas-Rhin du C. A. F.*, au nom de cette *Section*, J. Ulrich, Secrétaire-Général de la *Section des Hautes Vosges du C. A. F.*, au nom de cette *Section*, Commandant E. Gaillard, H. Gaussen, Chargé de Cours à l'Université de Toulouse, Picherit, H. Mettrier.

En outre, le Colonel Gros-Long (Pierre Devoluy), ancien Capoulié du Félibrige, a bien voulu nous communiquer un exemplaire de son étude, aujourd'hui épuisée, sur *Les noms de la Carte dans le Midi (Essai sur les noms de lieux du Comté de Nice)*, où sont étudiées la plupart des questions envisagées ici.

Enfin, nous n'avons pas manqué de consulter particulièrement les ouvrages de MM. E. Bourciez et A. Dauzat, ainsi que les nombreux mémoires présentés à la *Commission de Topographie et de Toponymie* de la *Fédération des Sociétés Pyrénéistes*, en particulier ceux de MM. A. Meillon et B. Sarrieu, et les notes rédigées par MM. C. Blanchard, Commandant Gaillard, H. Mettrier, à l'occasion de l'étude toponymique des régions des Alpes dont il s'étaient chargés.

CHAPITRE III

La recherche des dénominations

§ 1

Les dénominations déjà existantes

A première question qui se présente en toponymie pratique est la recherche des dénominations qui se rapportent exactement aux objets (points, lignes ou surfaces) qu'il s'agit de désigner. « Cette « première partie de l'enquête toponymique est essentielle. « Il ne servirait à rien, en effet, de déterminer l'orthographe « exacte de mots qui ne s'appliqueraient pas à l'objet qu'ils « seraient censés désigner » (1).

« La base de départ, pour déterminer les véritables noms « des lieux-dits des montagnes françaises est le Cadastre.

« Etabli dans la première moitié du xixe Siècle, sauf pour « la Savoie, le Comté de Nice et la Corse, le Cadastre donne « tous les noms qui étaient usités à cette époque (2).

(1) Réponse de M. L. Maury.

(2) Il est peut-être exagéré de dire que le Cadastre donne *tous* les

« Etant donné l'importance *fiscale* et, par suite *pratique* de
« ce document, ce qui amenait les municipalités et les habi-
« tants à se préoccuper de son exactitude, étant donné que les
« géomètres étaient obligés de parcourir en détail le pays et
« d'y séjourner longuement, il doit être tenu comme exact (1)
« jusqu'à preuve du contraire » (2).

Cette opinion de M. L. Maury, est admise en principe par
tous les collaborateurs de l'enquête, mais sous cette forme
elle semble trop absolue. En effet, les cadastres que
M. L. Maury a eu à utiliser paraissent d'une qualité supérieure à la moyenne (3). Dans une région très voisine,
M. l'Abbé Marsan signale « de nombreuses inexactitudes
« topographiques et toponymiques » (4). D'autre part,
M. R. Perret nous dit : « Les géomètres du Cadastre ont sou-
« vent manqué de sens critique ; ils ont commis de nombreu-
« ses erreurs relativement à l'emplacement des noms » (5).

Il faut donc vérifier les indications du Cadastre et, ce qui
n'est contesté par personne, les compléter.

Ceci se fera d'abord « en compulsant les anciens actes
« ensevelis dans les études des notaires, en dépouillant les

noms de lieux usités à l'époque de sa confection. En fait, même dans les
régions où il a été fait avec le plus de soin, on remarque des lacunes
dans les parties reculées et qui n'avaient pas d'importance fiscale.

(1) Précisons que, dans cette phrase, nous ne visions que la question
des emplacements.

(2) Réponse de M. L. Maury.

(3) M. L. Maury ajoutait, en effet : « En fait, pour tous les travaux
« que j'ai exécutés dans les Pyrénées, je n'ai pas relevé d'erreurs sur
« *l'emplacement des noms* ». Il s'agissait principalement de cadastres de
la Vallée de Barège.

(4) Réponse de M. l'Abbé Marsan. Ses travaux se rapportent à la Vallée
d'Aure.

(5) Réponse de M. R. Perret. Les études de M. R. Perret sont relatives à la Savoie.

« archives paroissiales ou en s'adressant aux personnes qui
« ont eu l'occasion d'examiner ces documents » (1).

Les renseignements que l'on obtiendra ainsi seront d'une
importance très variable. Dans certaines régions, comme
dans la vallée de Barège, où les montagnes sont, depuis le
Moyen-Age, indivises entre tous les villages, ils seront à peu
près inexistants. Il n'y a eu, en effet, ni partages, ni procès.
Dans la vallée d'Aure, au contraire, où les actes de vente et
d'échange sont assez nombreux, on recueillera ainsi de pré-
cieux renseignements. « Dans le Haut-Dauphiné... les pièces
« ne manquent pas ; on consultera avec le plus grand profit
« les chartes, procès-verbaux de réunions de la communauté
« ou du bailliage, actes notariés, pièces de procès... Dans le
« Briançonnais, les archives des communes sont en général
« très riches en nombreux documents ; celles de la ville de
« Briançon intéressent toute la région et remontent au
« xiii⁰ Siècle » (2).

Ce travail de récollement des documents écrits sera com-
plété par l'étude des diverses cartes, ainsi que des livres ou
études d'histoire locale ou d'alpinisme. Mais, à ce sujet, il ne
faudra pas oublier qu'ouvrages et cartes se copient les uns
les autres et il conviendra de se défier de certains documents
récents. Un exemple en est donné par le nouveau Cadastre
de la Savoie. Le Commandant GAILLARD nous dit à ce sujet :

> Pour celui-ci, je ferai remarquer une certaine anomalie :
> il a été partout rédigé après la publication de la Carte au
> 80.000⁰ de la Savoie et s'est visiblement inspiré de cette der-
> nière. Celle-ci a transformé également les vieilles traditions
> locales en matière de noms de lieux, à telle enseigne qu'il
> est difficile de mener une enquête aujourd'hui dans une com-
> mune de Savoie auprès d'un maire, d'un curé ou d'un insti-
> tuteur, sans que les résultats de celle-ci soient influencés par

(1) Réponse de M. R. PERRET.

(2) Réponse de M. C. BLANCHARD.

le Cadastre ou la Carte au 8o.ooo°, ce qui revient au même. Il s'en suit que les quelques erreurs du 8o.ooo° ont reçu, par la publication de ce document, une consécration officielle qui a pollué la pure tradition orale (1).

Quant aux articles ou publications diverses des alpinistes, ils introduisent la question délicate de l'attribution des noms nouveaux que nous traiterons plus loin.

Lorsque tous les documents écrits ont été dépouillés, le travail d'identification n'est pas terminé. Outre que certaines dénominations peuvent avoir échappé à nos devanciers, il importe de vérifier sur place l'exactitude de celles qui ont déjà été relevées.

« Celui qui dirige l'enquête doit tout revérifier par lui- « même et être accompagné d'une personne un peu instruite « *de la localité*. On recourt généralement au secrétaire de « mairie ou à l'instituteur, qui souvent ne font qu'un, mais « il faut prendre garde que cette personne soit bien *de la* « *localité*, sans quoi son aide n'est qu'une cause d'erreurs » (2).

Les alpinistes s'adressent généralement à des guides professionnels. Mais « leur témoignage est souvent sujet à cau- « tion ; outre qu'ils ont une tendance manifeste à franciser « les appellations en les déformant parfois, ils adoptent sans « contrôle les nouvelles dénominations » (3). En fait, le témoignage d'un guide comme celui d'un secrétaire de mairie, n'est utilisable que s'il est *de la localité*. De plus, il faut que l'on soit assez connu de lui pour qu'il indique la dénomination authentique et non celle, même erronée, donnée habituellement par les touristes, et cela dans le but de paraître instruit ou pour se faire mieux comprendre. Enfin, il

(1) Réponse du Commandant GAILLARD.

(2) Réponse de M. GRAMMONT.

(3) Réponse de M. RONDOU.

faut qu'il se rende compte de l'intérêt et de l'importance de l'étude, en vue de laquelle on demande sa collaboration.

D'une manière générale, on recueillera les meilleurs renseignements auprès des bergers, pour les régions de pâturages, des chasseurs, pour les régions supérieures, mais il ne faudra pas oublier que ces deux catégories de personnes désignent souvent les mêmes points de manières différentes. Enfin, principalement pour connaître les prononciations exactes, il sera nécessaire de pouvoir faire les interrogations dans la langue du pays ou tout au moins de la comprendre. Sinon, il faudra se faire accompagner de quelqu'un pouvant vous suppléer à cet effet.

Un modèle de cette opération a été donné par F. Arnaud, dans son enquête toponymique, relative à la nomenclature de la Vallée de l'Ubaye :

> Pour faire ce travail sur un pays que je parcours depuis quarante ans, j'ai pris dans chaque quartier et sur chaque point les indications d'au moins trois personnes sérieuses, vieux chasseurs de chamois ou bergers, connaissant à fond leur quartier, qui se contrôlant entre eux, me donnaient les noms au fur et à mesure que je les conduisais, vallon par vallon, la carte de l'Etat-Major et le plan cadastral sous les yeux. Quand il n'y avait pas concordance parfaite entre mes collaborateurs, j'appelais d'autres témoins et nous allions en vue des lieux à déterminer (1).

Il ne faut pas se dissimuler que cette première partie de l'étude toponymique d'une région donnée, faite par la méthode qui vient d'être indiquée et qui est la seule pouvant donner des résultats certains, est une opération fort longue, si l'on veut avoir des résultats complets et sûrs. Elle est, de plus, d'un emploi délicat. Il est peut être plus difficile d'arri-

______

(1) F. Arnaud, *L'Ubaye et le Haut-Verdon*.

ver à n'y pas commettre d'erreurs que dans le levé topographique, car le terrain est un témoin qu'on ne peut pas influencer et qui reste toujours présent, identique à lui-même, pour donner la même réponse, ce qui n'est pas le cas des témoins que l'on est obligé d'interroger pour déterminer la nomenclature. Les témoignages vivants que l'on sollicite participent à tous les défauts des témoignages humains, lesquels proviennent d'ailleurs souvent plus de l'enquêteur que de l'enquêté (1). Quand aux témoignages demandés aux documents écrits, outre qu'ils peuvent eux aussi être interprétés d'une manière tendancieuse, ils sont toujours incomplets, souvent contradictoires, enfin ne méritent que la créance que l'on doit donner à leurs auteurs, laquelle est souvent difficile à mesurer.

Cette recherche demande donc à la fois les qualités du juge d'instruction et celles de l'historien, lesquelles d'ailleurs sont fort proches les unes des autres.

§ 2

L'attribution des noms nouveaux

Jusqu'à présent, grâce à l'étude dont il vient d'être ques-

(1) Dans sa réponse, le Commandant GAILLARD dit à ce sujet : « Je « signale les difficultés qui se présentent pour mener à bien des enquê- « tes locales. Ces difficultés sont d'ordres divers : 1° le choix des person- « nes à interroger ; 2° la critique psychologique qu'il convient d'appli- « quer au préalable à chacune d'elles, de manière à mener l'interrogatoire « suivant les résultats de cette critique ; 3° la manière de diriger « l'interrogatoire de façon à faire surgir ce que l'informateur estime « *réellement* être la vérité et non ce que celui-ci croit devoir dire pour « abonder, par courtoisie, dans le sens de l'interrogateur. Il y a là, de la « part de ce dernier, un véritable talent à déployer. La façon dont les « interrogatoires sont souvent conduits et la qualité plus que suspecte « de certains informateurs *de rencontre* rendent bien des enquêtes dites « locales particulièrement fantaisistes ».

tion, on n'a obtenu que les noms employés par les habitants du pays, quelle que soit leur origine. Mais le développement de l'alpinisme a amené à donner, dans les hautes régions, des noms à une série de points qui n'en avaient pas jusqu'ici. Dans quelle mesure doit-on en tenir compte pour les inscrire dans une monographie ou sur une carte ?

Il faut remarquer tout d'abord que cette nouvelle nomenclature, surajoutée à la nomenclature préexistante, a été établie par des personnes agissant tout à fait indépendamment les unes des autres et ayant des préoccupations complètement différentes de celles des indigènes. Elle ne s'harmonisera donc que rarement avec la nomenclature primitive. De plus ses éléments sont généralement dispersés dans de nombreuses revues plus ou moins répandues, si bien qu'il est fort difficile d'en réunir l'intégralité des éléments.

Il convient, pour cette question, de se reporter aux études de H. Vallot et du Lᵗ-Colonel Godefroy que nous avons analysées plus haut, mais il est un point qu'il importe de préciser.

L'habitude s'est établie, au cours du xixᵉ Siècle, d'employer, de plus en plus fréquemment, pour ces noms nouveaux, des noms d'hommes. Ce furent primitivement les noms des personnes qui pensaient avoir atteint les premiers les points considérés. Puis on usa de noms d'alpinistes célèbres, enfin même de ceux de personnages uniquement connus à d'autres titres.

Cette manière de faire a sévi principalement dans les Alpes. Ce sont, en effet, les montagnes de France dont les hautes régions sont les moins accessibles et par suite les moins parcourues par les indigènes. Leur nomenclature était donc assez pauvre. Mais on en est arrivé à agir de même dans les Pyrénées. En présence des abus qui tendaient à résulter de ces errements, *la Commission de Topographie et de Toponymie* de la *Fédération des Sociétés Pyrénéistes* se saisit de la question qui vint à l'ordre du jour de la Séance du 12 Mars 1922, tenue à Pau (1).

Le Lt-Colonel GODEFROY, consulté, avait envoyé la note suivante qui résume parfaitement la question :

SUR L'UTILISATION DES NOMS D'HOMMES
DANS LA NOMENCLATURE DES MONTAGNES

A mon sens, les noms d'hommes ne peuvent être convenablement utilisés dans la nomenclature des montagnes que sous les conditions suivantes :

1° Ces noms seront choisis exclusivement parmi ceux des personnes notoires par leur rôle dans l'exploration des montagnes dont il s'agit ;

2° Ces noms ne seront attribués *définitivement* qu'à des éléments géographiques secondaires, notamment aux formes de détail et d'intérêt alpiniste, telles que dentelures, couloirs, brèches, etc., mais pas à des sommets ou passages d'une certaine importance. Ils pourront être attribués *provisoirement* à des éléments géographiques importants, massifs, sommets ou cols, dans les régions montagneuses peu explorées et, conséquemment, mal connues.

Ces règles ont été formulées dans des termes équivalents, puis discutées, parmi celles qui constituent les « Principes de nomenclature géographique rationnelle, etc. » (*La Montagne*, 1910, pp. 216-219). Il est regrettable qu'il n'en ait pas été tenu compte dans diverses circonstances récentes, par des personnes ou des Assemblées, plus ou moins qualifiées à cet égard, qui ont prétendu compléter, ou même corriger la nomenclature alpine.

(1) Assistaient à la Séance : MM. ANGLADE, ARLAUD, ARNÉ, DUFFOUR, FAYON, FOURMENT, Abbé GAURIER, LE BONDIDIER,' MAUSSIER, A. MEILLON, DE SAINT-SAUD, SOUBERVIE.

Voici, à ce sujet, quelques exemples et quelques remarques :

Des désignations comme *Rocher Pitschner* et *Aiguille
Ravenel*, dans le massif du Mont-Blanc, *Col Emile-Pic* et
Brèche Zsigmondy, dans le massif du Pelvoux, *Brèche Nérot-
Vernet*, dans la Chaîne des Aiguilles de Chambeyron, satis-
font aux deux règles.

Sont également acceptables, à défaut de dénominations
intrinsèques commodes, en Tarentaise, le nom de la *Pointe
Jean-Boussac*, dans les Rochers de Génépy, et, dans les
Pyrénées, les noms du *Pic Pierre-Soubiron* (2865^m) qui se
dresse près du Lac Packe, du *Pic Pierre-Harlé*, qui, culmi-
nant sur la Sierra de Tuc Ménège, dans le haut Aran, n'est
cependant qu'un sommet secondaire dans le groupe du
Bécibéri.

L'attribution des noms de *Franqueville*, *Tchihatchef*, *Arga-
rol* aux Aiguilles Nord-Est, Centrale, Sud-Ouest de Llosas
serait plausible, mais n'est-elle pas surabondante, ces aiguilles se trouvant pourvues de désignations géographiques
appropriées ?

Les appellations de *Cime Borgonio*, *Pointe Gioffredo*,
Cime Cossato, *Roche Risso*, *Cime Montolivo*, *Caire Barel*,
proposées par M. V. DE CESSOLE pour qualifier divers sommets innommés des Alpes-Maritimes *(La Montagne*, 1918,
pp. 214-222), s'inspirent des règles précédentes. Sans être
absolument satisfaisantes (1), elles sont tolérables.

Par contre, on ne saurait se rallier à des dénominations telles que *Mont Everest*, *Mont Godwin-Austen*, etc. Ce n'est pas
qu'Everest et Godwin-Austen n'aient mérité, par leurs travaux, une place dans l'histoire de l'exploration hymalayennne,
mais aucun homme n'est assez grand pour que son nom soit

---

(1) Dans le choix de noms appartenant à l'histoire de la Montagne,
« je ne crois pas qu'on doive remonter trop haut dans le passé et je
« reste particulièrement hésitant devant le nom de Gioffredo, un histo-
« rien, que M. DE CESSOLE a donné à une cime des Alpes-Maritimes.
« Pourquoi pas une Pointe Guichenon en Savoie, un Pic Chorier en
« Dauphiné ? » (H. METTRIER, lettre personnelle). [*Note du* Lᵗ-*Colonel*
GODEFROY].

digne d'être imposé aux sommets culminants du globe. Ces vénérables cimes possèdent d'ailleurs des noms qui leur suffisent (1).

Enfin, on doit considérer comme tout à fait inadmissible, et même répréhensible, l'attribution à des sommets, grands ou petits, de noms de personnes, si illustres soient-elles, dont la gloire n'a rien à voir avec la Montagne.

Des initiatives fâcheuses, renforcées par des approbations irréfléchies, ont essayé d'introduire, dans la nomenclature alpine (2), les noms de *Wilson*, de *Foch*, de *Garibaldi*, etc. Des protestations, dont l'ère n'est pas close, ont signalé naguère l'inconvenance de semblables errements. Le moment n'est pas venu de reprendre cette discussion. Mais nous voulons espérer qu'une réaction vigoureuse assurera à ces appellations le sort qu'elles méritent et empêchera dans l'avenir le retour de tentatives aussi regrettables.

Il est à signaler, en passant, que, si les places et les voies publiques, les statues, etc., ne sont point jugées suffisantes pour contribuer à immortaliser, en dehors de l'Histoire, le souvenir des grands hommes, et si la Géographie y doit participer, c'est plutôt dans la plaine qu'on trouvera les accidents du sol les mieux qualifiés pour recevoir d'illustres parrainages. Les héros pourront décorer de leur nom le lieu de leur naissance, celui de leur mort, ou tout autre auquel se rattachera quelque évènement saillant de leur existence. Et leur célébrité sera plus efficacement satisfaite ainsi, que par l'attribution de leur nom à une cime reculée et que la foule ignore.

Au reste, le procédé n'est pas d'aujourd'hui. La Sybille de Cumes nous en a donné le lointain exemple en décernant à un cap de la côte de Lucanie le nom de l'infortuné Palinure :

Æternumque locus Palinuri nomen habedit.

(Virgile, *Enéide*, L. VI, v. 381.)

---

(1) On sait que le Mont Everest se nomme : **Chomolungmo**, « la déesse mère des montagnes ». *(Note de* L. Maury).

(2) Et même pyrénéenne. *(Note de* L. Maury).

De nos jours, on n'a pas négligé, bien entendu, le système que je préconise. La Haye, s'appelle *La Haye-Descartes ;* La Bastide, *La Bastide-Murat ;* Menthon, *Menthon-Saint-Bernard,* et l'on a proposé d'adjoindre au nom du village de Pontcharra (Isère), patrie de *Bayard,* le nom du « Chevalier sans peur et sans reproche ».

Mais revenons à la montagne !

J'ai indiqué quels noms d'hommes étaient dignes de figurer dans la nomenclature alpine et quelles places leur pouvaient convenir. Je n'ai pas dit à quel moment il était à propos de les y faire entrer. Sur ce point, se pose la question suivante :

Sied-il que le nom d'un homme soit introduit, de son vivant, dans la nomenclature alpine ?

Prendre place dans la nomenclature de la montagne doit être considéré comme un honneur, définitif en quelque sorte, malgré les réserves à faire à ce sujet. Il importe donc qu'une distinction de cette nature ne soit pas exposée à provoquer la critique ou à motiver la révision. Aussi l'attribution d'un nom d'homme à un sommet ou à un passage exige-t-elle toujours un examen très attentif, même si cet homme a exécuté la première ascension du sommet ou la première traversée du passage. Conférée trop hativement, elle risque de ne pas se trouver justifiée par la suite. En somme, la prudence à observer chaque fois qu'il s'agit d'une distinction (nom de rue, statue, etc.), destinée en principe à survivre à celui qui en est l'objet, cette prudence doit être de règle pour le cas qui nous occupe.

Après la lecture de cette note et la discussion qui suivit, la *Commission* adopta la résolution suivante, proposée par M. DE SAINT-SAUD :

Il ne sera donné aucun nom de personne vivante à un accident de montagne (pic, col, etc.) à moins qu'elle n'en ait fait la première ascension. Cette attribution sera précédée d'une enquête sérieuse de notre Commission *auprès des*

gens du pays (chasseurs, bergers spécialement) pour s'assu-
rer que ce point n'a pas ou n'a pas eu de dénomination. S'il
est situé au delà de la frontière du pays de cette personne,
l'avis des Sociétés fédérées de la nation voisine sera requis.

Bien que cette détermination puisse paraitre à certains
d'un rigorisme exagéré, il est sage de s'y tenir si l'on veut
éviter les pires abus.

§ 3

Cas de noms multiples désignant le même point

Une fois faites les opérations indiquées aux paragraphes
précédents, on aura relevé tous les noms de lieux, soit
employés par les indigènes, soit proposés par des étrangers.
Mais une difficulté se présentera souvent. Un même point se
trouvera pourvu de plusieurs dénominations. Cela arrive surtout pour les points de crête, qui sont fréquemment nommés
d'une manière différente sur les divers versants.
Que convient-il alors de faire ?

Examinons d'abord la question, dans le cas où l'une des
dénominations se trouve mentionnée sur une carte d'usage
courant.
« Trois cas peuvent [alors] se présenter :
« 1° Le nom employé sur les cartes est bien le nom [le
« plus] usité localement ; il n'y a alors qu'à étudier son ortho-
« graphe.
« 2° Le nom de la carte est compris localement, quoique
« les habitants emploient souvent un synonyme... Il faut

« alors, en général, conserver le nom de la carte, sauf si le
« synonyme est beaucoup plus employé. Exemples : Le Pic
« de Rochebrune est couramment appelé à Cervières : *Bou-*
« *chier ;* le nom de Rochebrune est la dénomination quey-
« rassine ; elle est de plus en plus employée à Cervières et
« est donc à conserver. Autre exemple : Le col qui fait com-
« muniquer directement les Claux avec le Monêtier-les-Bains
« porte sur la carte le nom de *Col de Vallouise.* Il est beau-
« coup plus connu sous le nom de **Col de l'Eychauda** ; ce
« dernier nom est donc à substituer au premier.

« 3° Le nom de la carte est totalement inconnu locale-
« ment. Il faut alors le remplacer par le nom employé par
« les habitants. Exemple : le hameau de **Queyrelles** (com-
« mune de Briançon) est nommé sur la carte : *Le Serre.* Ce
« nom, inconnu localement est à proscrire » (1).

En résumé, il convient de conserver si possible, le nom
déjà inscrit sur les cartes, en se gardant toutefois d'accepter
une dénomination tout à fait fautive ou même peu connue.

Mais « la question est quelquefois assez complexe. On
« peut se trouver en présence d'une dénomination erronée
« (comme *Le Pain de Sucre,* pour **Tuco d'Alans**) ou d'un
« nom déformé (comme *Piméné,* pour **Pic Méné**). Si la dési-
« gnation fautive est d'un usage courant, il ne saurait être
« question de l'éliminer. Dans ce cas, on écrira d'abord le
« nom exact, suivi du nom fautif entre parenthèses » (2).

Si l'on a à faire à un point innommé sur les cartes, il suffira de choisir la dénomination la plus employée. Il y a lieu,
« en général, [de donner] la préférence aux appellations usi-

(1) Réponse de M. C. BLANCHARD.

(2) Remarque de M. A. MEILLON à la Séance du 19 Avril 1923 de la
Commission des Travaux Scientifiques du *Club Alpin Français.*

« tées sur le pâturage par où on accède le plus facilement au
« sommet en question » (1).

Lorsque l'on aura à hésiter entre un nom ancien et un
nom nouveau, on sacrifiera sans hésiter ce dernier (2), sans
cela, on en arriverait à une incohérence dont la nomenclature
des stations du chemin de fer métropolitain de Paris donne
de bien fâcheux exemples. « On voit... certains hôteliers ou
« certains guides, dans un but de réclame, juger que le nom
« local ne fait pas assez prime et le remplacer par un nom
« de leur cru ; ainsi le Chalet-hôtel, construit au-dessus des
« **Prés des Foillis,** à l'origine des **Frêtes du Grenier** (lieux
« peu connus), a été appelé « *Chalet du Buet* » ; pour les
« touristes, cette région est désormais : *le Buet.* De même,
« le *Chalet-hôtel d'Anterne* se trouve près des **Chalets de**
« **Moëde,** sur le versant de Moëde, et les pâturages, comme
« le lac d'Anterne appartiennent à un autre versant ; il faut
« dire **Chalet-hôtel de Moëde** et non *d'Anterne.* Les divers
« sommets de la **Chaîne des Fis** ont reçu, de la part des
« alpinistes de Genève, des noms sans aucun rapport avec
« ceux qui sont usités dans la vallée et qui subsistent (3) ».

Tels sont les principes sur lesquels il y a lieu de se guider
pour la recherche et la discrimination des noms de lieux. Mais
l'œuvre dont nous nous occupons n'est pas un simple travail
d'érudition. Il s'agit de l'inscription de ces noms sur les car-

(1) Réponse de M. R. Perret.

(2) Par exemple, on conservera, pour le pic situé immédiatement
à l'Ouest du Pic d'Aubert, la dénomination ancienne de **Soum de**
Maniportet, bien qu'elle soit peu connue, et on ne lui substituera pas
l'appellation récente de *Pic des Trois Conseillers,* qui ne l'est pas
davantage.

(3) Réponse de M. R. Perret.

tes, et non pas seulement sur des cartes privées, pour lesquelles l'auteur dispose d'une indépendance complète et n'est soumis qu'à la sanction de la réussite, mais encore sur des cartes officielles. Dans ce cas, jusqu'à quel point y a-t-il lieu de tenir compte de dénominations erronées déjà inscrites antérieurement ? Dans quelle mesure ces dénominations ont-elles acquis un caractère officiel ? Qu'est-ce au juste qu'un nom officiel ? Jusqu'à quel point un nom officiel peut-il être considéré comme intangible ? C'est ce qu'il nous faut maintenant examiner.

———————

CHAPITRE IV

La question des « noms officiels »

ᴛ d'abord, quelles sont les conditions nécessaires et suffisantes pour qu'un nom de lieu puisse être considéré comme un nom « officiel » ?

« La nomenclature officielle de la France », écrit, en 1926, M. A. Dauzat (1), « ne s'est pas constituée à une date uni-
« forme ; elle a d'ailleurs évolué et varié pendant l'Ancien
« Régime et ne s'est pas fixée avant la fin du xviiiᵉ Siècle.
« Aujourd'hui encore, il subsiste certaines divergences entre
« l'orthographe du Ministère de l'Intérieur (qui, en ce cas,
« est réputée seule officielle) et celle d'autres services, par
« exemple des Postes. Tous les noms d'accidents de terrain
« qui n'ont pas pris place, par les lieux-dits, dans le Cadas-
« tre, ainsi que les noms de petits cours d'eau, n'ont pas
« d'orthographe officielle, restant ainsi, dans une certaine
« mesure, à la discrétion des géographes et des topony-
« mistes ».

Il ne nous est pas possible de partager cette manière de voir, qui fait participer le géomètre du Cadastre, le moins qualifié pour résoudre ces délicates questions, à la toute puissance d'un Etat, réputé, on ne sait pourquoi, infaillible dans

(1) Dans son ouvrage sur *Les noms de lieux.*

une matière qui est du domaine des sciences d'observation (1).

Cette question fut examinée par la *Commission des Travaux Scientifiques* du *Club Alpin Français*, dans sa Séance
du 29 Janvier 1923 (2). Il fut reconnu que seuls les noms de
communes ont un caractère officiel puisqu'il faut un décret
pour les modifier. Mais il résulte de là même que ces noms
ne sont pas immuables et, dans ces temps derniers, on ne
s'est pas fait faute de les transformer d'une manière d'ailleurs
souvent fâcheuse (3).

« Combien de localités, pour attirer baigneurs et touris-
« tes, ont fait ajouter à leur nom primitif épithète ou com-
« plément : les Eaux, les Bains, sur Mer, (sur) l'Océan, voire
« les Flots *(Palavas-les-Flots)*, ou une autre adjonction ju-
« gée séduisante *(Juan-les-Pins, Chamonix-Mont-Blanc)* ?
« Ces précisions, qui se conçoivent pour distinguer des ho-
« monymes, sont au moins inutiles (sinon un tantinet ridicu-

---

(1) M. A. DAUZAT ne cite pas la carte d'Etat-Major parmi les documents dont l'orthographe doit être considérée comme officielle. Au contraire, il lui reproche ses erreurs toponymiques : « Dans ses premières
« éditions », dit-il *(op. cit.)*, « [elle] était particulièrement riche en con-
« fusions et en contre-sens parfois grotesques qui n'ont pas tous été
« corrigés, surtout dans le Sud-Est où l'administration militaire semblait
« s'être ingéniée à envoyer des officiers auxquels le provençal et les dia-
« lectes des Alpes étaient aussi inconnus que l'algonquin ». Et il cite
des exemples empruntés à un article de M. BUISSON, paru dans *La Montagne*, en 1920, et aux travaux d'E. BELLOC. Mais pour ceux-ci *(Col de
Darius* et *Arête de Stentor)*, E. BELLOC spécifiait nettement qu'il s'agissait d'erreurs non de la carte, mais d'ouvrages, dont, par charité, il
ne nommait pas les auteurs. *(Observations sur les noms de lieux de la
France méridionale)*.

(2) Assistaient à la Séance : MM. AUZELET, H. BARRÈRE, C. BLAN-
CHARD, M. BREGEAULT, DURÈGNE, GENTIL, HEID, L. MAURY, NOIREL,
PAILLON, R. PERRET, SCHRADER, CH. VALLOT, DU VERGER.

(3) Nous ne nous occupons pas ici des noms de rues, l'usage n'existant pas en France de les inscrire sur les cartes.

« les) pour des localités aussi connues que Chamonix ; elles
« deviennent fâcheuses quand elles remplacent des éléments
« locaux autrement caractéristiques (comme *Saint-Georges-*
« *sur-Mer* au lieu de *Saint-Georges-de-Didonne)* » (1).

Cette opinion, qui consiste à considérer que seuls les noms
de communes ont un caractère officiel, a d'ailleurs toujours
été celle du *Service Géographique de l'Armée*, obligé, pour
sa carte, comme l'Académie Française pour son dictionnaire,
de tenir un grand compte de l'usage. « Les noms des communes sont officiels », écrivait le Général Berthaut dans le
25ᵉ Cahier ; « ceux de leurs écarts sont à peu près invaria-
« bles. Mais, lorsqu'il s'agit d'un établissement isolé, château,
« ferme, usine, etc., peut-on contester à son propriétaire le
« droit de le dénommer comme il l'entend et, par consé-
« quent, de changer son nom si cela lui convient ? » (2)

Il semble donc que cette question soit maintenant complètement élucidée.

---

(1) A. Dauzat, *loc. cit.* — M. Perret est encore plus catégorique
dans sa *Réponse* : « La commune de Chamonix a décidé de s'appeler
« désormais « Chamonix-Mont-Blanc », comme si Chamonix était
« insuffisamment connu ! « Chamonix-Mont-Blanc » est un crime de
« lèse-histoire. Je me refuse absolument à considérer qu'un conseil
« municipal, formé de paysans ignorants, ait le droit de modifier ou de
« mutiler un nom historique, qui appartient en propre à tous les habi-
« tants du pays de Savoie, et qui a été consacré par l'usage invariable
« de plusieurs générations ».

(2) Dans ce cas, le cartographe fera bien, d'ailleurs, d'agir avec la
même prudence que pour les nouveaux noms de sommets. Nous ne
citerons qu'un exemple. Dans les environs de Pau, le château de **Guiraudet** s'est trouvé s'appeler à un moment donné *Perpignaa*, du nom
d'un de ses propriétaires. Ce dernier nom a été inscrit sur la carte au
80.000ᵉ (avec l'orthographe erronée de *Perpignan)*. Mais les Palois ont
continué à l'appeler *Guiraudet*, et le château ayant depuis été vendu
deux ou trois fois, la dénomination de Perpignaa qui figure toujours
sur la carte ne se rapporte plus à rien à l'heure actuelle.

Pour les noms de communes, il y a lieu, sur les cartes *officielles*, d'inscrire les noms *actuellement officiels* (1). Mais cela n'interdit pas d'agir auprès des conseils municipaux pour essayer d'arriver à rétablir les véritables formes.

Les erreurs actuelles sont de diverses natures. Ce sont d'abord des épithètes récentes et qui sont ou inutiles *(Chamonix-Mont-Blanc, Prolognan-la-Vanoise)* (2), ou une source d'erreurs géographiques *(Argelès-Gaᵹost)* (3). Ce sont ensuite de véritables fautes d'orthographe *(Tarbes,* au lieu de Tarbe ; *Lourdes,* au lieu de Lourde ; *Luᵹ,* au lieu de Lus ; *Visker,* au lieu de Visquer (4).

Il y aura lieu en outre, dans le cas où une commune a été formée par la réunion de deux villages, de prendre les précautions nécessaires dans la manière d'inscrire le nom pour que l'on ne puisse pas commettre l'erreur d'attribuer le nom double à l'une des localités (5).

(1) Encore, le topographe *officiel,* sera-t-il quelquefois fort embarrassé. Un décret n'est intervenu que lorsque le nom de la commune ou son orthographe ont été changés depuis la mise en vigueur de la procédure actuelle. Dans tous les autres cas, il faut recourir à l'usage matérialisé par le cachet de la mairie, ce qui ne laisse pas de donner lieu à des incertitudes. Dans son enquête toponymique relative à la *Feuille de la Grave,* le Commandant GAILLARD en donne un exemple à propos de *Valloire :* « A la mairie de la commune, on m'a présenté deux cachets officiels, mais l'un porte *Valloire* et l'autre *Valloires* ».

(2) Qui semblent vouloir faire croire que le *Mont Blanc* et *La Vanoise* sont des lieux habités.

(3) La sous-préfecture des Hautes-Pyrénées dont le vrai nom serait *Argelès-en-Lavedan,* s'appelait autrefois *Argelès-de-Bigorre,* pour la distinguer d'autres *Argelès.* La municipalité, y ayant fait amener en 1885 les eaux minérales de *Gaᵹost,* obtint en 1895 que la localité s'appellerait désormais *Argelès-Gaᵹost.* Or, *Gaᵹost* est une commune du canton de Lourdes, située à 8 kilomètres à vol d'oiseau d'Argelès, et à 18 par la route.

(4) Il y a lieu de remarquer que ces fautes d'orthographe sont relativement récentes et ne se trouvent pas sur la carte de Cassini.

(5) La chose est fréquente en Lavedan où, par suite de la diminution

Sur les cartes *privées*, il sera indiqué de rétablir, dès à présent, le nom exact. On amorcera ainsi le mouvement d'opinion nécessaire pour arriver à la modification *officielle*.

Pour les noms autres que ceux des communes, la liberté d'action du cartographe, même officiel, est complète. Les administrations publiques ne se privent pas d'ailleurs de cette liberté dont il leur arrive de faire un usage critiquable. A l'exception des divers Services Géographiques, lesquels ont généralement des préoccupations plus scientifiques, les noms de lieux ne sont pour elles que des désignations leur permettant de définir des objets et peu leur importe qu'ils soient corrects ou non.

« Le Cadastre », écrit le Général BERTHAUT, dans le *25ᵉ Cahier*, « adopte certaines dénominations qui ne sont « pas toujours d'accord avec celles de l'Administration des « Ponts et Chaussées ou celles de l'Administration des « Forêts (1). Cette dernière divise son domaine en *affecta-* « *tions* dont les noms et les limites concordent rarement « avec ceux des cantons forestiers consacrés par l'usage (2)...

---

de la population, un certain nombre de communes ont été réunies deux par deux, au cours du xixᵉ Siècle *(Agos-Vidalos, Ayzac-Ost, Bôo-Silhen, Esquièze-Sère,* etc). Généralement on inscrit le nom de la commune à côté du village qui vient en tête dans le nom double et où se trouve la mairie, et alors, on entend dire par les personnes étrangères au pays : je vais à *Bôo-Silhen,* alors que *Bôo* et *Silhen* sont à deux kilomètres l'un de l'autre. D'ailleurs, un nom de commune est un nom de surface, de territoire et il est illogique de l'appliquer en tout état de cause à une localité. Dans les environs de Montauban, on a écrit : *Lamothe-Capde-ville* à côté du village d'*Ardus.* Or, il n'existe aucune localité qui s'appelle Lamothe-Capdeville. C'est un simple nom de commune. On étonnerait bien la plupart des habitants en leur demandant le chemin pour s'y rendre.

(1) Nous ajouterons : avec celles des Postes, dont le dictionnaire a, du reste, donné lieu à de vives critiques. (*Note de* L. MAURY).

(2) F. ARNAUD, dans sa *Réponse aux « Erreurs de la Carte de France »* en a donné un exemple bien amusant : « En 1892, l'Administration des

« Les cartes hydrographiques de la Marine emploient pour
« les points remarquables des côtes, les sommets et promon-
« toires qui, vus de la mer et à distance, servent de repères,
« des noms de convention qui, très souvent, n'ont rien de
« commun avec les noms donnés sur les côtes aux mêmes
« objets... »

Et le Général ajoute : « On se heurterait donc à de grosses
« difficultés, rien que pour mettre d'accord entre eux les
« documents officiels, et on ferait là, en admettant qu'on
« puisse y parvenir, une opération qui jetterait pour long-
« temps un trouble profond dans la correspondance et les
« travaux des Administrations de l'Etat ».

Laissons donc de côté tous ces noms, aussi « officiels » que
contradictoires. La carte est faite pour être utilisée sur le terrain. Il faut adopter les noms qui sont employés par les gens
qui l'habitent ou qui le parcourent (1).

« Forêts achète [la] montagne de la Blanche du Lavrec... L'acte énonce
« qu'elle est portée au cadastre sous le nom de « **La Blanche** » et
« donne copie de la feuille cadastrale ; mais l'Administration a trouvé
« ce nom bien banal et lui préférant un nom plus distingué, elle l'a nom-
« mée « *Valneige* ». Il est vrai que depuis quinze ans, ce nom dort
« dans le volume timbré du notaire et que personne ne l'a réveillé ».
(*Note de* L. Maury).

(1) C'est particulièrement important pour les cartes officielles, qui
sont destinées à être utilisées surtout par les militaires, lesquels sont,
par profession, des gens de plein air. Dans la préface de *l'Ubaye et le
Haut-Verdon*, F. Arnaud en donne un exemple caractéristique : « On
« ne doit pas inventer en ces matières, comme le fait la carte de l'Etat-
« Major, en donnant le nom de *Col de Pelouse* au **Col de Granges-
« Communes**, tandis que le vallon de Pelouse en est séparé par la
« croupe de la Cima de Voga. Qu'est-il arrivé souvent aux officiers qui
« envoyaient porter leurs vivres, sur cette indication, par des gens du
« pays ? Leurs cantines allaient tout bonnement au vrai col de Pelouse,
« à une heure du point faussement indiqué, où ces messieurs, suivant
« l'expression imagée de l'un d'eux, claquaient du bec jusqu'au soir en
« pestant contre l'idiotie des autochtones ».

On a quelquefois objecté que si on modifiait la nomenclature des cartes

Mais il faut, en outre, déterminer leur orthographe, et ceci est plus délicat.

militaires, comme plusieurs éditions se trouvent toujours simultanément en service, cela pourrait entraîner des erreurs fâcheuses. Mais à ce compte-là on ne ferait aucune correction à la planimétrie, car comment faire si l'on reçoit l'ordre de suivre le chemin à un trait qui va de X à Y et que ce chemin soit à deux traits sur l'édition qu'on a entre les mains, ou d'aller occuper le mamelon situé sous le deuxième *a* de *Château*, et que ce bâtiment étant récent, son nom ne se trouve pas sur l'exemplaire plus ancien que l'on possède ? En fait cette objection ancienne tombe actuellement avec la mise en service, pour les besoins militaires, des cartes quadrillées et l'habitude prise de désigner les points par leurs coordonnées rectangulaires. Quelle que soit l'édition de la carte, on n'éprouvera aucune hésitation pour préparer un tir sur le point 96.53.

CHAPITRE V

L'orthographe des noms de lieux

—

§ 1

L'origine des études toponymiques

A toponymie théorique consiste essentiellement dans la recherche de l'étymologie des noms de lieux et dans la reconstitution de leur histoire.

C'est une science jeune, qui date de la deuxième moitié du xixe Siècle. Les plus anciens ouvrages qui y sont relatifs et que l'on puisse citer sont ceux de Houzé *(Etude sur la signification des noms de lieux en France,* 1864), de Quicherat *(De la formation française des anciens noms de lieux, traité pratique suivi de remarques sur des noms de lieu fournis par divers documents,* 1867) et de H. Cocheris *(Origine et formation des noms de lieu,* 1874).

« Ces divers travaux n'ont d'ailleurs plus guère d'intérêt
« qu'au point de vue de l'histoire de la science... Le vérita-
« ble fondateur de la toponymie française fut Auguste Lon-
« gnon, pour qui avait été fondée une chaire spéciale à l'*Ecole*
« *pratique des Hautes Etudes* et au *Collège de France...*
« Son cours, publié longtemps après sa mort (du fait de la

« guerre), sous le titre : *Les noms de lieu de France,* est et
« restera longtemps l'ouvrage de fonds pour les noms de
« lieux habités » (1).

L'enseignement de LONGNON disparut après sa mort, survenue en 1912. Il ne devait être repris qu'en 1922, par
M. ALBERT DAUZAT.

§ 2

La toponymie théorique

L'intérêt et l'utilité des études toponymiques, au seul
point de vue purement scientifique, ne sont pas douteux.

Tandis que les noms de famille les plus anciens remontent
à peine aux xie et xiie Siècles, à la même époque, la toponymie de l'Europe occidentale était constituée dans ses grandes
lignes, en dehors des noms de terroirs qui sont plus récents
de quelques siècles. La plupart des noms de nos villages
remontent à l'époque gallo-romaine ou franque, ceux de nos
villes, à l'époque gauloise ou gallo-romaine. Quant aux
noms de nos cours d'eau de quelque importance, le plus
grand nombre ne s'explique même pas par le gaulois.

Bien qu'elle tente souvent géographes et historiens, la
toponymie relève avant tout de la linguistique...

Les noms de lieux ont été formés par la langue parlée
dans la région à l'époque de leur création, et ils se sont
transformés suivant les lois phonétiques propres aux idiomes
qui, le cas échéant, ont pu supplanter tour à tour l'idiome
originaire. Si l'on veut retrouver leur **étymologie** et reconstituer leur **histoire**, il faut donc, — pour la France en particulier — connaître dans son mécanisme complexe l'évolution, sur notre sol, du latin vulgaire et des multiples dialec-

(1) A. DAUZAT. *Les noms de lieux.*

tes qui se sont développés, mais encore (sans parler des formations allogènes, basque, breton, flamand, alsacien, qui nécessitent des études et recherches spéciales) il importe de posséder les notions que la science a pu recueillir sur les langages qui ont précédé le latin en Gaule. Or, notre connaissance du gaulois est encore très imparfaite, celle de l'ibère et du ligure, presque nulle.

On remédie partiellement à l'insuffisance de nos moyens d'information par la méthode des aires, ou, si l'on préfère, par la géographie linguistique, aidée de l'histoire...

Cette méthode appelle certains correctifs. Le plus important a trait aux mots d'emprunt. De tout temps, les populations qui se sont heurtées ou amalgamées dans une contrée ont échangé des mots de leurs langues respectives, lesquels ont pu émigrer parfois assez loin de leur foyer originel.

Il serait imprudent, au demeurant, même pour un spécialiste, d'aborder la recherche étymologique d'un nom de lieu en tablant uniquement sur la forme actuelle. Il faut remonter dans le passé et renouer patiemment la chaîne des formes qui l'ont précédée jusqu'à la plus ancienne dont l'histoire fasse mention. Procéder autrement serait s'exposer aux bévues et aux erreurs les plus graves. L'histoire seule nous apprendra si le nom n'a pas été transplanté d'une région dans une autre ; la filière des formes nous permettra de dépister les altérations que le nom a souvent subies au cours d'un long cheminement à travers les âges, de le distinguer des homonymes récents que le hasard a fusionnés, ou, à l'inverse, de reconstituer des thèmes communs que les phonétiques régionales, l'analogie ou les cacographies ont diversifiés...

Pour étayer les étymologies, les formes les plus probantes sont celles qui remontent à l'époque gallo-romaine ; malheureusement bien peu de toponymes peuvent fournir des titres de noblesse aussi anciens. Plus nombreuses, les formes de l'époque franque, surtout mérovingienne, sont encore précieuses et, en général, suffisamment décisives. Par contre, à partir de la période capétienne, les formes latines, plus ou moins mal rhabillées sur celles de la langue populaire, sont pleines d'embûches et ne doivent être utilisées qu'avec une grande circonspection.

Pour mener à bien ces recherches, il faut, en outre, posséder des connaissances touchant l'histoire non seulement politique, mais économique et sociale. On doit ensuite et surtout se pénétrer des leçons de la géographie physique et humaine et, à l'occasion, de la géologie... (1)

§ 3

La toponymie pratique

Il semble, d'après les phrases qui précèdent, qu'il soit nécessaire, pour se livrer à des études toponymiques, de connaître à fond un certain nombre de sciences, dont certaines, comme la linguistique, sont d'une étude longue et d'un maniement délicat.

Heureusement pour nous, qui cherchons simplement à inscrire sur les cartes les noms de lieux avec une orthographe rationnelle, la question est un peu plus simple.

Ce n'est pas que nous estimions que les connaissances linguistiques nous sont inutiles et que les recherches étymologiques sont hors de notre sujet. Mais elles sont pour nous, un moyen et non un but, ce qui simplifie singulièrement la question.

En effet, lorsque nous nous trouvons en présence de noms très anciens, ceux-ci ont généralement subi des déformations qui sont acquises et nous ne pouvons guère songer à modifier leur orthographe actuelle. On a pu discuter sur l'orthographe ou l'origine de l'*Adour* ou de l'*Ariège*, de *Toulouse* ou d'*Auch*. Il ne saurait être question de changer, sur les cartes, la graphie de ces noms. Dans le cas exceptionnel où la chose paraîtrait désirable, nous n'aurions d'ailleurs qu'à nous en rapporter aux lumières des personnes qui ont

(1) A. Dauzat. *Les noms de lieux.*

consacré leur vie à l'étude de ces difficiles problèmes.

Dans la majorité des cas, nous aurons simplement à étudier des mots, qui, comme l'a montré M. Dauzat, ont une origine beaucoup plus récente. Or, si nous considérons les pays de langue d'oc, c'est-à-dire ceux qui renferment la plus grande partie des montagnes françaises, nous constatons que leur langue a très peu évolué depuis le Moyen-Age, c'est-à-dire depuis l'époque où les toponymes ont été fixés. Il sera donc généralement facile de retrouver leur étymologie, ce qui se constate aisément dans la pratique. Et cette recherche est nécessaire pour dépister les agglutinations, les attractions homonymiques, les cacographies.

En dehors de cette recherche étymologique, il nous faudra déterminer l'orthographe avec laquelle ils devront être inscrits. Mais, pour cela, la connaissance du dialecte actuel — et de sa forme littéraire, lorsqu'elle existe — sera seule indispensable.

Ici une question préjudicielle se pose. Convient-il de transcrire les noms de lieux suivant l'orthographe dialectale régulière ou d'essayer de les transposer phonétiquement dans le but d'en rendre la prononciation théoriquement plus facile aux personnes — et particulièrement aux Français — qui ne connaissent pas le dialecte local.

<h1 style="text-align:center">§ 4</h1>

L'orthographe phonétique et l'orthographe dialectale

Eliminons d'abord un système employé par les linguistes pour leurs études. Il ne saurait être question d'employer, pour chacun des sons ou phonèmes, les signes spéciaux

dénommés signes diacritiques. Outre que presque personne
n'y comprendrait goutte, ce n'est jamais ainsi que les mots
dont nous nous occupons ont été *écrits*. Sur une carte de
France on ne peut employer que l'alphabet latin et, du
reste, les signes diacritiques n'ont jamais été usités dans
aucune langue.

La seule question à examiner est de voir s'il est possible
d'écrire les noms de lieux dans le système phonétique du
français littéraire, ou du moins d'essayer de le faire.

Ce procédé avait été employé par F. ARNAUD et E. BELLOC
dans leurs travaux. Mais il ne faudrait pas croire que les
résultats auxquels ils sont arrivés ont été approuvés unanimement par les personnes qui partagent leur opinion. En
particulier, les orthographes de F. ARNAUD ont été fortement
critiquées par le Lᵗ-Colonel GODEFROY. Ce qui prouve que
l'emploi du phonétisme n'est pas aussi simple que cela pourrait paraître à première vue. Et il ne faut pas s'en étonner,
nous en verrons plus loin les raisons.

Au cours de l'enquête, l'emploi de l'orthographe phonétique a été préconisé avec plus ou moins d'atténuations par le
Commandant DU VERGER et par le Lᵗ-Colonel GODEFROY.

Extrait de la réponse du Commandant DU VERGER

Le Commandant DU VERGER écrit :

> On ne peut songer à traduire en français les noms des
> lieux-dits, en particulier quand les noms tirés des dialectes
> locaux ont été consacrés par l'usage, ont figuré régulière-
> ment avec les mêmes consonnances, sinon la même ortho-
> graphe sur les cadastres, sur les publications alpines, etc.
> Par contre, il convient d'adopter *un mode uniforme de*

transcription qui doit correspondre à *l'orthographe phonétique.*

(Cette méthode n'est applicable naturellement qu'aux
appellations de *lieux-dits*). (1).

La carte doit en effet pouvoir être utilisée par tout le
monde, sans connaissance dialectale préalable, et il importe,
avant tout, que celui qui s'en sert, puisse se faire comprendre immédiatement par la parole, lorsqu'il voyage dans un
pays parlant encore un dialecte local.

Sur ce dernier point, nous sommes entièrement de l'avis
du Commandant DU VERGER, mais l'emploi de l'orthographe
dite phonétique est-elle le meilleur moyen d'y parvenir ?
C'est ce qu'il y aura à examiner.

Extrait de la réponse du Lt-Colonel GODEFROY

Voici maintenant l'argumentation du Lt-Colonel GODEFROY :

Les noms doivent être examinés, au premier degré, dans
l'idiome auquel ils appartiennent et, autant que possible, par
les soins d'une personnalité familière avec ce langage ; mais
ils ne seront conservés qu'exceptionnellement sous la forme
que leur confère le parler local. Ces noms ne sont pas intangibles ; il peut être nécessaire de leur imposer des modifications avant de les inscrire sur une carte française où l'emploi
de la langue française est seul admissible. On proscrira
donc absolument — quand il en devrait résulter une gêne
passagère — toute forme et toute règle étrangères à la langue nationale. L'avenir en bénéficiera. Rappelons-nous que
l'usage de notre système métrique actuel n'a pas été introduit sans peine et qu'il n'a pas encore triomphé de routines
tenaces. De vieilles mesures survivent à leur suppression :

(1) Il résulterait de cette restriction que pour des noms appartenant
au même dialecte, le même son se trouverait transcrit, sur la même
carte, par des assemblages de lettres différents. C'est déjà une très grave
objection. *(Note de L. MAURY).*

il faut s'obstiner à les détruire. Agissons de même en matière toponymique.

Pour fixer, au terme d'un examen au second degré, les noms géographiques, tels qu'ils devront figurer sur la carte, on s'inspirera des principes suivants :

Seront conservés les noms d'usage local, de forme française acquise, passés dans la langue, qu'ils ont enrichie d'appellations géographiques commodes *(jas, lanche, balme, glière, adret, ubac, serre, gave, prade,* etc.). Ces mots, maintenant naturalisés, sont excellents.

Seront introduits dans la langue toponymique française, une fois pourvus de la forme française la mieux appropriée, des mots quelconques extraits des idiomes parasites de la France. On pourrait établir, à leur intention, des *règles positives* prescrivant les procédés pratiques de transcription ; c'est un sujet complexe que je n'aborde pas. Peut-être d'ailleurs semblable règlementation serait-elle superflue. En tous cas on peut énoncer des *règles négatives* spécifiant les erreurs qu'il convient de ne pas commettre.

En particulier, s'il est légitime d'introduire dans la langue française, à titre de mots français nouveaux, des noms tirés d'idiomes parasites, *on se gardera bien d'admettre les règles et les formes de graphie propres à ces idiomes.* La transcription ne devra donner que des dénominations et des formes françaises. En conséquence, on n'acceptera ni l'article provençal, bigourdan ou basque, ni la lettre *n* tildée, ni la lettre *l* répétée au commencement d'un mot, ni les lettres *a* et *o* affectées d'un accent aigu ; il ne sera pas question, pour la toponymie, de légendes de signes conventionnels, ainsi qu'on l'a proposé (1).

---

(1) « Voir le *Compte-rendu de la Réunion de la Commission de Topo-
« nymie et de Topographie pyrénéenne,* XIXe Congrès, Cauterets, Sep-
« tembre 1911.
« Au sujet des légendes, l'invocation des procédés usités dans les
« atlas ne me parait pas à propos. Les indications consignées dans les
« atlas, relativement à la valeur phonétique des lettres dans les mots
« espagnols, hongrois, russes, etc., sont indispensables. Dans le cas qui
« nous occupe, n'oublions pas qu'il s'agit de la Carte de France, éditée

Les principes admis naguère par la *Commission de Toponymie et de Topographie pyrénéenne*, à propos d'une série de noms qui lui étaient soumis par M. SCHRADER, ont été inspirés par un attachement excessif à la tradition régionale. Ce sentiment, éminemment respectable en lui-même et plausible dans nombre de ses manifestations, a conduit des érudits distingués à des conclusions que leur esprit français ne saurait maintenir et déclarer valables pour l'établissement de la toponymie d'une carte nationale. Les dénominations préférées par M. SCHRADER, et justifiées par des arguments d'une grande valeur, m'ont semblé irréprochables, pour la plupart. Par contre, comment une carte française pourrait-elle accepter des formes telles que *Era prade dé Sént Youan*, *Lémpous dé Hole*, *Coutyla dét Palha*, *Riu déres Ligades déra 'Spugue*, proposés par la *Commission !*

Et le Lt-Colonel GODEFROY conclut ainsi :

La graphie — surtout celle des mots tirés de langages dépourvus de littérature — sera aussi phonétique que possible. Des difficultés se présenteront, elles sont inévitables ; on se résignera, faute de mieux, à l'acceptation de solutions médiocres.

.   .   .   .

En définitive, la Carte de France n'adoptera, après examen dans le langage local, que des mots pourvus d'une forme française et de l'orthographe la plus simple.

Observations

Nous ne croyons pas que l'on puisse soutenir d'une manière plus nette, non pas seulement la légitimité des transcriptions dites phonétiques, mais encore l'affirmation qu'il n'existe en France qu'une langue, la langue littéraire française et que les autres idiomes en tant qu'ils sont irréducti-

« en français pour les Français et pour tous les étrangers ». *(Note du Lt-Colonel* GODEFROY).

bles à cette langue, doivent être proscrits impitoyable-
ment (1).

Le phonétisme a été, nous l'avons dit, pratiqué en toponymie, délibérément par F. ARNAUD et E. BELLOC et, à une
époque antérieure, parfois instinctivement et d'une manière
incomplète, par les géomètres du Cadastre aussi bien que par
les officiers qui ont levé la *Carte de France*. Mais il suffit de
parcourir l'ouvrage de F. ARNAUD, qui est le plus caractéristique, pour s'apercevoir que c'est cette transcription qui est,
à proprement parler, du *patois*, c'est-à-dire une graphie qui
n'a de nom dans aucune langue, ni en français, ni en provençal. L'employer, c'est renouveler l'erreur des poètes
populaires provençaux et languedociens de la première moitié du XIXᵉ Siècle et du premier de tous, JASMIN (2). Il est vrai
que le Lᵗ-Colonel GODEFROY n'entend pas employer le phonétisme de la même manière que F. ARNAUD et E. BELLOC,
mais bien franciser largement les dénominations. Pour les
idiomes dont le phonétisme est nettement différent de celui
du français, cela conduirait en fait à substituer, au moins
partiellement, une nouvelle toponymie à la toponymie existante. C'est là une tentative qui nous parait peu rationnelle,
et de plus, vouée à l'insuccès.

Quant au deuxième point de vue envisagé par le Lᵗ-Colo-

(1) Notons d'ailleurs que la rédaction du Lᵗ-Colonel GODEFROY semble
avoir, dans une certaine mesure, dépassé sa pensée. A la Séance de la
Commission des Travaux Scientifiques du *Club Alpin Français,* du
28 Mai 1923, « M. PERRET dit que le Lᵗ-Colonel GODEFROY l'a chargé
« d'apporter quelques précisions au sujet de sa réponse qu'il a été
« obligé de rédiger très rapidement. En se déclarant partisan de l'or-
« thographe phonétique, le Lᵗ-Colonel GODEFROY n'entend pas mettre
« de côté les préoccupations étymologiques, mais bien concilier les
« deux méthodes ». Toutefois, cette précision ne change rien au fond
de l'argumentation et à la nature des conclusions.

(2) Cf. A. PRAVIEL et J. R. DE BROUSSE. *L'Anthologie du Félibrige* et
E. RIPERT, *Le Félibrige.*

nel Godefroy, il ne s'agit pas, pour la question qui nous occupe, de déterminer s'il ne *doit exister* en France qu'une seule langue ou même s'il n'en *existe pratiquement* qu'une. Si nous étudions l'histoire de la toponymie du territoire français, nous constatons qu'elle s'est fixée, au cours des siècles passés, dans un grand nombre de dialectes qui peuvent se ramener à un nombre restreint de types : français, franco-provençal, langue d'oc, breton, basque, flamand, alsacien. *Ceci est un fait que nous ne pouvons pas changer.* Or, certains de ces dialectes, et en particulier, les dialectes de langue d'oc, d'une importance capitale en ce qui concerne la toponymie de nos montagnes (1), *possèdent des sons qui n'existent pas en français* (2). *Quel que soit le mode de transcription adopté, toute personne ne sachant rien de ces dialectes, prononcera mal ces sons* (3). Le Lt-Colonel Godefroy semble vouloir les éliminer. Mais c'est précisément cette manière de rompre avec le passé qui nous parait à la fois contraire à une saine méthode scientifique et impossible à réaliser. Et si l'on ne peut pas supprimer ces sons, pourquoi, ne pas adopter pour leur transcription, l'orthographe régulière, unanimement employée par les personnes connaissant ces dialectes, lorsque cette orthographe existe. D'abord, un nombre relativement considérable de noms de lieux (dont beaucoup de noms de communes) sont actuellement inscrits sur les cartes avec leur orthographe régulière. Il serait vraiment par trop illogique de les déformer, ce qui ne manquerait pas d'entraîner des difficultés au moins aussi grandes que celles résultant du rétablissement de l'orthographe régulière pour les autres (4). Ensuite, il faudra de toute façon donner

(1) Puisque la moitié des Alpes, presque tout le Massif Central et presque toutes les Pyrénées sont du domaine de la langue d'oc.

(2) Sons dont, d'ailleurs, il ne faut pas s'exagérer le nombre, sinon l'importance.

(3) Nous reviendrons en détail sur ce point.

(4) Le Lt-Colonel Godefroy admet bien facilement que l'on passe

une explication pour que les personnes, dont l'oreille n'est pas habituée à l'audition de ces sons que ne possède pas le français, puissent les prononcer. Comme nous venons de le dire, leur élimination complète, qui conduirait à vouloir imposer d'autorité à plus de la moitié du territoire de la France une toponymie, en somme entièrement nouvelle, est une hypothèse qui doit être exclue. Il sera, de plus, souvent nécessaire en outre de marquer spécialement la syllabe tonique, lorsque, et le cas est fréquent, ce ne sera pas celle que l'on attendrait d'après les règles du français littéraire. Ce n'est qu'ainsi que l'on satisfera à la demande si juste du Commandant du Verger : « Il importe, avant tout, que « celui qui se sert [de la carte], puisse se faire comprendre « immédiatement par la parole lorsqu'il voyage dans un pays « parlant encore un dialecte local ».

La solution que nous préconisons ici, *employer l'orthographe dialectale régulière*, est d'ailleurs celle à laquelle s'était finalement rangé Schrader, pour sa *Carte du Mont-Perdu*, comme nous avons eu l'occasion de le faire remarquer antérieurement (1), sauf pour quelques mots trop connus (2), ou dont la traduction française n'offrait pas d'incon-

---

outre à ces difficultés. Quant à la comparaison qu'il fait avec le système métrique, nous estimons que ce sont des choses entre lesquelles il n'y a pas de commune mesure.

(1) *Première Partie, Chapitre III, § 7.* En voici quelques exemples : *Ribère Dessus, Pont de Nadau, Hourcàu de Palha, Hourqéte d'Alans, Malh Halhat, Soum Couy dera Pahule, Pla d'Alhet,* etc. Nous reprocherions seulement à Schrader de n'avoir généralement pas marqué la voyelle tonique. Mais il faut observer que, étymologiquement, la voyelle tonique ne se marque pas en bigourdan par un signe spécial (on ne peut d'ailleurs avoir recours qu'à un accent). On sait que, en espagnol, on marque d'un accent la voyelle tonique lorsque ce n'est pas la pénultième. Voir aussi : *Troisième Partie, Chapitre VI, § 3.*

(2) Encore avait-il mis la forme exacte entre parenthèses. Exemple : *Piméné (Pic Méné).*

vénients (1). Sur ces derniers points, d'ailleurs, tout le monde est d'accord.

Il convient d'observer du reste, qu'il existe des cas où l'on sera obligé d'adopter des transcriptions phonétiques, quelqu'imparfaites qu'elles puissent être ; cela arrivera lorsque l'on aura à transcrire des dialectes qui n'ont jamais été des langues écrites, comme le franco-provençal (Savoie et partie Nord du Dauphiné) (2). Et l'on doit remarquer que ce sont généralement les personnes qui ont fait de ces régions l'objet principal de leurs études, comme le Lt-Colonel GODEFROY ou le Commandant DU VERGER, qui se sont trouvées, tout naturellement, partisantes de l'orthographe phonétique (3).

Au contraire, les personnes qui ont eu à étudier la toponymie des pays de langue d'oc — langue littéraire et employée fréquemment dans les actes officiels jusqu'à une époque relativement récente — sont à peu près unanimement partisantes de l'emploi de l'orthographe régulière de cette langue.

Nous allons en donner maintenant quelques exemples. Nous rencontrerons des points de vue quelquefois un peu différents, ce qui nous amènera à préciser les conclusions auxquelles nous serons conduit : (4)

(1) Exemple : *Prade de St-Jean.*

(2) Mais, même dans ce cas, il faudra se garder de vouloir tout ramener au phonétisme du français. Nous verrons pourquoi.

(3) Comme nous l'avons vu, le Lt-Colonel GODEFROY est beaucoup moins affirmatif, en ce qui concerne l'emploi de l'orthographe phonétique lorsqu'il s'agit d'idiomes possédant une langue littéraire.

(4) Nous prenons les réponses à l'*Enquête* dans leur ordre d'arrivée.

Extrait
de la réponse de M. CAMILLE BLANCHARD

Le nom de lieu étant déterminé par l'usage local, il convient d'étudier la forme sous laquelle il faut le transcrire. La carte devant servir à tous, il est bien évident qu'inscrire sur la carte le nom en idiome local conduirait à un mauvais résultat. Deux procédés sont à envisager : ou traduire en français le nom local, ou simplement le transcrire en le francisant. Le premier procédé est à rejeter ; d'abord parce que pour traduire un nom de lieu, il faut en connaître le sens, ensuite parce que, alors, ils ne seront plus compris localement ; souvent un nom de lieu n'a de sens qu'en raison de son étymologie, et cette dernière n'étant pas toujours facile à mettre en évidence, cela conduit à éviter toute traduction du nom en français, par crainte de contre-sens. Le second procédé est au contraire à adopter : il faut conserver les noms locaux, mais il convient de les transcrire en les francisant. D'ailleurs, cette méthode a déjà été suivie plus d'une fois. Exemples : l'**Aiguo** agnello est devenue l'*Aigue agnelle* et non l'*Eau de l'agneau ;* les hameaux de *la Chalp* et de *l'Echalp* n'ont pas été traduits par *les Champs*, etc.

Il est évident que pour arriver à des formes francisées toutes comparables, il faut appliquer des règles différentes selon les différents parlers auxquels on a à faire ; il y aura lieu de se mettre d'accord sur la manière de transcrire certains groupes de consonnes ou de voyelles dont la prononciation ne découle pas de l'écriture pour quelqu'un ignorant la langue locale, mais *il faut surtout proscrire une orthographe phonétique qui ne peut donner que des résultats déplorables.*

Mais le plus important est de conserver au nom francisé la physionomie qu'il a dans le dialecte local et cela en accord avec le sens de ce nom. Ainsi, le *Pic de Péyreéraut*, la *Pierre qui est en haut*, doit être transcrit : **Pic de Peyre Haute** ; l'*Aiguille dou Meid-jour, du milieu du jour*, doit être transcrit : **La Meidje** ; la vallée du *Buech* doit s'écrire : **Bochaine**, etc.; les lettres caractéristiques de chacun de ces mots étant conservées : t accentué de *haute* ; d de *Meidje* ; och de *Bochaine*.

M. BLANCHARD, originaire du *Briançonnais*, c'est-à-dire de la partie la plus septentrionale des pays de langue d'oc, au point où ils touchent la région des parlers franco-provençaux, ne pouvait pas être aussi catégorique au sujet des orthographes que des provençaux du sud ou des gascons. Notons toutefois que la francisation, en particulier celle des finales est parfaitement admise par ceux de ces derniers qui passent pour les plus intransigeants. Nous avons déjà eu l'occasion de le signaler dans la *Première Partie* de cette étude, et nous aurons à y revenir.

Mais comment fixer les règles de transcription de « cer-« tains groupes de consonnes ou de voyelles, dont la pro-« nonciation ne découle pas de l'écriture pour quelqu'un « ignorant la langue locale ». Il semble qu'il ne peut pas y avoir d'hésitation possible. Il faut accepter, lorsqu'elles exis-tent, les règles de transcription traditionnelles, autrement on tomberait dans la fantaisie et dans l'arbitraire.

C'est ce que fait M. BLANCHARD, qui écrit **Peyre Haute** et non *Peyre Haoute*.

Enfin, il faudra se souvenir de cette phrase fort sage : « *Il faut surtout proscrire une orthographe phonétique* « *qui ne peut que donner des résultats déplorables* ».

Extrait de la réponse de M. RONJAT

On peut noter [les parlers provençaux, languedociens, gascons, etc.] très convenablement avec les procédés de l'orthographe mistralienne ; mais qui les connait dans le per-sonnel topographique ? Et d'ailleurs, soit par exemple, un nom tel que **lous Frèus** en Oisans. Un Français le lira *lou-fré* (1). Si on l'écrit *les Fréaux*, il lira *lé-fré-o ;* il faut avoir

(1) Nous substituons une transcription figurée approximative aux signes diacritiques qu'avait employés RONJAT.

vraiment dans un cas comme dans l'autre, beaucoup de bonne volonté pour le reconnaître. Si vous écrivez *Fréous*, on dira *fre-ou* ou *fré-ous*, et si, par hasard, il y a dans la même région un lieu dit *frelou, frevou*, ou — *ous*, ou n'importe quoi en *fre* + consonne + — *ou* ou — *ous*, c'est celui-là que l'indigène croira reconnaître dans la prononciation française. Un autre endroit s'appellera, par exemple, Pórtas (accent tonique sur l'o), si vous l'écrivez *Portas*, un Français dira *Portas* (accent tonique sur l'a), et si, par hasard, il y a un autre endroit nommé Pourtàs (accent tonique sur l'a), auquel pensera un indigène en entendant *por-tàs?* On défigure certes moins ce nom en le francisant, *Portes* = *port...*

.... M. Muret, [dans] l'excellent article paru dans le *Bulletin de la Société Neuchâteloise de Géographie* (1909-1910)... montre fort bien que les transcriptions phonétiques [en employant] les signes diacritiques... sont indispensables au linguiste mais [sont] impraticables sur une carte où [ces] signes... deviendraient illisibles ; la carte s'adresse d'ailleurs à un public auquel on ne peut pas demander des connaissances spéciales en cette matière. Je suis de l'avis de M. Muret, et, par exemple, j'écrirais *Chaté* un nom de lieu prononcé avec *th* — (anglais : *th*ink) ou *ts* —, parceque *ch* — est une graphie *passe-partout*, usitée d'ailleurs dans tous les textes et qu'une prononciation française *ch* — (français : *ch*ou) laissera le nom reconnaissable. Je suis pleinement d'accord avec M. Muret sur la nécessité de réduire les noms locaux du groupe [franco-provençal] à une moyenne, de les « franciser discrètement »....

Avec la grande expérience qu'il avait à la fois des dialectes franco-provençaux et de la langue provençale, Ronjat en arrivait donc à la conclusion suivante. Pour celle-ci, qui est une *langue écrite*, adopter l'orthographe régulière ; pour ceux-là, qui ne sont que des *idiomes parlés*, se contenter d'une approximation. Nous ne pouvons qu'approuver cette manière de voir.

Mais il attirait spécialement l'attention sur les difficultés qu'il y a à amener un Français du Nord à prononcer correctement les langues du Midi. Nous verrons ultérieurement comment on pourrait essayer d'y arriver.

Extrait
de la réponse de M. Auzelet

Il me parait pratiquement impossible de tenir compte des différences dialectales. D'ailleurs Vendryes a démontré récemment l'impossibilité de tracer la limite des dialectes séparés par de simples nuances. Et ces nuances cependant suffisent à rendre tel mot peu intelligible d'une localité à la voisine.

Le mot *capel* (chapeau) est compris dans presque tout le Midi, malgré quelques différences de prononciation. Cependant, au Nord du Cantal, on prononce *tsoper*, et on ne comprend pas *capel*. A mon avis, ce serait une grosse erreur d'adopter la graphie *tsoper*. Pour être compris de quelques uns, on se rendrait incompréhensible à tous les gens d'oc. Sur ce point, vous aurez l'approbation de tous les félibres cultivés.

M. Auzelet traite ici un point particulier qui était mentionné dans le questionnaire : « *Dans quelles mesures y a-t-il lieu de tenir compte des différences dialectales ?* » Pour nous, comme précédemment, deux cas sont à considérer. Ou l'on a à faire à un dialecte connu seulement par tradition orale. Le toponymiste doit alors uniformiser les formes dans la mesure du possible. C'était l'opinion de Ronjat lorsqu'il préconisait l'emploi de graphies *passe-partout*. C'est aussi certainement l'opinion de M. Auzelet, car nous ne croyons pas que *tsoper* ait été jamais employé en auvergnat littéraire. Mais s'il s'agit de langues écrites, il faut employer les formes usitées pour ces langues, ce qui entraîne deux conséquences. La première est qu'il n'y a pas lieu de tenir compte de différences dialectales qui ne se sont pas répercutées dans la littérature. C'est ainsi qu'il ne saurait être question d'indiquer toutes les nuances des parlers des *Landes*, telles que les a relevées M. MILLARDET. Il faudrait d'ailleurs pour le faire employer les signes diacritiques, qui sont unanimement et à juste titre rejetés. La deuxième conséquence est qu'on ne peut pas employer une graphie et des formes uniques pour tous-les pays de langue d'oc. C'était un des desiderata de la réforme mistralienne. L'échec a été complet, du moins pour l'instant, et en ce qui concerne la réduction à un seul des grands dialectes d'oc. A notre point de vue cela n'a que peu d'importance (1). Pour les pays dont le dialecte local est une langue écrite, il n'y a qu'à employer les graphies et les formes de cette langue. On adoptera donc les orthographes admises par les diverses écoles félibréennes. Par exemple, pour le *Béarn* et la *Bigorre*, celle de l'*Escole Gastou-Febus*, sans se préoccuper — sauf exceptions motivées — des différences pouvant exister entre le béarnais et le bigourdan ; pour les *Quatre-Vallées*, le *Còmminge* et le *Couserans*, celle de l'*Escolo deras Pireneos*, etc. Mais on n'unifiera pas le béarnais et le commingeois.

Extrait
de la réponse de M. SIMIN PALAY

L'orthographe félibréenne est fixée et généralement adoptée. Elle semble donc la plus rationnelle ; il suffira de respecter, pour chaque aire dialectale, les formes nécessitées par les sons locaux...

C'est précisément ce que nous venons de dire.

---

(1) Il ne saurait être question, en effet, de traduire en français littéraire tous les noms de lieux des pays de langue d'oïl.

Extrait
de la réponse de M. Miqueù de Camelat

Adopter les règles de transcription les plus généralement admises. En *Gascogne,* l'écriture de l'*Escole Gastou-Febus ;* en *Provence,* l'écriture mistralienne ; en *Catalogne,* l'écriture de l'*Institut Catalan de Barcelonne.*

Les différences dialectales s'imposent d'elles-mêmes. Tous les amateurs de dialectologie se rendent compte des lignes de démarcation. Par exemple, ils savent qu'à tel village finit l'article *lou, la,* et que, à tel autre, c'est l'article *et, ere,* etc.

. . . .

Les hommes du Nord (à part quelques exceptions) ne sauront jamais prononcer des langues méridionales d'une manière satisfaisante. Ils entendent *l* pour *r* intervocal (*palièle,* au lieu de *parière); y* ou *li* pour *lh (auréye* et *aurélie* pour *aurélhe),* etc...

M. Camelat se préoccupe ici des difficultés qu'aura la personne chargée de relever les noms pour les inscrire sur la carte. Pour nous, c'est une opération qui ne peut être faite, en dernier ressort, que par une personne connaissant le dialecte local ou tout au moins un dialecte de la même famille. C'est ainsi qu'ont été faites toutes les enquêtes toponymiques entreprises, soit par la *Commission des Travaux Scientifiques* du *Club Alpin Français,* soit par la *Commission de Topographie et de Toponymie* de la *Fédération des Sociétés Pyrénéistes,* en vue de l'inscription d'une nomenclature correcte sur des cartes officielles ou privées. La plus grande difficulté consiste à trouver les procédés à employer pour amener les personnes qui utilisent la carte à prononcer les noms de lieux aussi correctement que possible. Nous y reviendrons.

Extrait
de la réponse de M. B. SARRIEU

S'il ne s'agissait que de noter [les noms] dans la langue
locale, il n'y aurait qu'à suivre les règles adoptées par ceux
qui la cultivent ; ainsi, pour les mots de langue d'oc (béarnais, bigourdan, gascon en général, languedocien, catalan)
par les félibres. Mais on demande autre chose : on veut
savoir comment ces mots doivent être écrits sur une carte
ou dans des relations à l'usage... de personnes [ne connaissant que] la langue française [littéraire].

C'est le problème de la *transcription*, auquel on peut
apporter une solution assez satisfaisante.

Il est possible, en effet, d'établir quelques principes généraux, quelques règles précises de transcription. Certains de
ces principes sont même *universels*, nous voulons dire applicables à la transcription de toute langue dans toute autre
langue.

Même les *réserves à faire* et quelques *flottements inévitables*
se retrouveront partout. Ainsi, la « *traduction* » ne peut intervenir que très exceptionnellement. La transcription ne peut
pas être uniforme parce que certains noms de lieux plus connus ou plus anciennement connus ont déjà des transcriptions
consacrées par *l'usage* (Exemple : *Arreau, Eauze, Foix, Toulouse, Juzet, Satoue);* elle ne pourra être systématique que
pour des noms plus étroitement locaux, si on peut dire.
. Mais pour ceux-là il peut y avoir des règles précises.

Puisque nous nous préoccupons particulièrement de la
transcription en français, nous dirons qu'il ne saurait s'agir
de franciser de force des mots restés étrangers au français et
de les rendre ainsi méconnaissables. On doit viser avant
tout à permettre de *reconnaître aisément, sous la transcription, la forme locale,* la seule qui soit d'usage courant dans la
région et qu'ait à consacrer l'alpinisme ou le pyrénéisme.

Dès lors, on devra *conserver tant qu'on le pourra,* dans la
transcription française, à la fois la prononciation et l'ortho-

graphe de ces formes locales, sous un déguisement français transparent. Nous reconnaitrons toutefois que les parlers franco-provençaux permettent des formes *plus françaises d'allure* que ceux de langue d'oc, notamment le gascon, tandis que, en Alsace ou dans le Pays Basque, la transcription se réduira à la *simple copie* du mot local, inscrit sur le document français avec son orthographe originale...

Il est certain qu'il peut paraître nécessaire de « franciser » — avec discrétion — non seulement les toponymes appartenant aux dialectes franco-provençaux — pour eux, il ne parait guère pouvoir y avoir d'hésitation — mais encore ceux appartenant à la langue d'oc.

Toutefois, pour ces derniers, une objection se présente.

Reprenons la réponse de M. AUZELET :

... Voici un village inscrit *Parade* sur la carte. Ce nom est inexact et nul indigène ne le connait. L'indigène dit : lo prádo = *le pré, la prairie*. Si vous inscrivez *Lo Prado*, prononcez à la façon du Nord et on ne vous entendra pas. Après tout, les gens du Nord n'ont qu'à apprendre la prononciation d'oc, comme ils devraient apprendre la prononciation italienne pour être compris en Italie. Qu'y pouvonsnous ? Il y a plusieurs langues en France : breton, basque, oc et oui.

Surtout gardons nous de traduire *Lo Prado* par *la Prairie*. Je n'ai pas besoin d'insister.

Il y a un troisième procédé peu scientifique, mais qui a l'avantage de ne pas prêter à l'équivoque : francisez en *La Prade* et vous serez compris du paysan et vous n'étonnerez pas le « franciman ».

... Le patois des villes abonde en vocables d'oc francisés. Je pourrais multiplier les exemples. Les Aurillacois disent « en français » *la pessière*, parce que *barrage* se dit, en dialecte local, lo peissieïro ; et le mot est parfaitement compris de tous sous sa forme française.

Mais voilà, un mot francisé de cette manière est du *patois*, du *vrai patois*. Avons-nous le droit d'écrire en patois ? Je ne le pense pas.

En somme, trois graphies possibles :

Lo Prado,   La Prairie,   La Prade
  I   2   3

La graphie 2, je la condamne tout de suite.

Choisissez entre *Lo Prado* et *La Prade*. Je n'ose pas.

En tout cas nous avons corrigé *Parade* ce qui est un beau résultat.

Il y a, à notre avis, dans cet exposé, une chose essentielle. *Nous n'avons pas le droit d'écrire en patois.* Il s'en suit que la francisation, si francisation il doit y avoir, devra être *très discrète.* Il n'y aura probablement pas lieu d'en faire en *Provence* ou en *Roussillon.* Dans le reste des *Pyrénées* et dans le *Massif Central* elle semble devoir se borner au remplacement — en général — par des *e* muets, des *o* et *a* finaux atones.

Extrait de la réponse de M. L. MAURY

... Les noms de lieux doivent être inscrits sur les cartes tels qu'ils sont *écrits* dans le pays et non tels qu'une oreille étrangère au parler local les entend et essaye de les traduire dans sa langue propre.

Il ne faut pas oublier, en effet, que les dialectes employés par les habitants de la majeure partie des montagnes françaises sont des *langues écrites* encore de nos jours : alsacien, provençal, catalan, languedocien, commingeois, bigourdan, béarnais, basque, limousin.

La seule exception, à ma connaissance, est celle des parlers franco-provençaux, qui n'ont pas de littérature, mais les érudits se sont déjà occupés de fixer leur orthographe.

. . . .

Il résulte de ce qui précède que, dans la majorité des cas, les règles à adopter sont déjà fixées, au moins d'une manière tacite. En ce qui concerne la langue d'oc, les divergences entre les écoles félibréennes sont de peu d'importance et il sera relativement facile d'arriver à une notation uniforme....

Précisons : *à une notation uniforme pour transcrire chaque son*, mais il sera indispensable, comme nous l'avons dit plus haut, de respecter les différences dialectales essentielles.

Extrait
de la réponse de M. ALPHONSE MEILLON

Si l'on veut résumer clairement les règles à appliquer pour [la notation correcte des noms de lieux], il faut [en] distinguer de deux sortes :

1°) Les principes qui doivent guider le cartographe dans la recherche de la forme authentique des noms ; c'est la façon de les orthographier ;

2°) La manière de les prononcer.

1°) *Règles orthographiques.*

Les termes géographiques doivent être reproduits sous la forme qu'ils empruntent à leur région. *C'est le respect de la forme locale* à retrouver et à maintenir, en attendant d'en retrouver le sens, car tout nom de lieu est ou a été significatif. Dénaturer sa forme, c'est détruire sa signification. Si vous changez un nom, vous détruisez sa personnalité, car personne ne le reconnaîtra sous cet assemblage informe de lettres.

Il est donc absurde d'écrire un nom espagnol avec un travestissement français et un nom français avec un travertissement espagnol. On adoptera donc l'orthographe indigène sans l'altérer pour la mettre d'accord avec les lois de la phonétique d'une autre langue. (Ce principe trouve surtout son application dans les régions frontières.)

N'est-ce pas l'emploi de cette orthographe figurée qui a engendré le désordre que nous désirons réviser ? Les noms de lieux ne doivent plus être écrits en notant les sons dialectaux au moyen de la valeur des lettres en français. Toute notation en prononciation phonétique ou figurée devra donc être rejetée en principe.

Faut-il employer la forme dialectale ancienne ou étymologique, ou bien la forme moderne ? Il convient d'être très prudent à cet égard, car les parlers pyrénéens ont évolué comme toutes les langues (1).

Si on trouve un nom correctement écrit dans sa forme dialectale *ancienne*, il faut se garder de le modifier. S'il est orthographié correctement dans sa forme dialectale *moderne*, on ne le modifiera pas non plus puisqu'il est consacré par l'usage. Mais s'il est mal orthographié ou transcrit, si l'article est amalgamé au nom, on le corrigera d'après la forme locale...

Les règles orthographiques à employer dans chaque région seront celles que les linguistes autorisés ont préconisées. Les groupements de félibres, dans tout le Midi de la France, ont fixé l'orthographe de chacun de ces parlers. Qu'on s'en tienne à leur méthode.

2°) *Règles de prononciation*

Quant à la manière de prononcer les noms correctement transcrits, je n'admets pour ma part qu'une règle, admirablement résumée par Honorat, en tête de son Dictionnaire provençal : « Ecrivez *comme il faut* et prononcez *comme vous voudreẑ* », ou du moins me permettrai-je d'ajouter, selon votre dialecte.

Rien n'empêche, d'ailleurs, d'établir un petit tableau indiquant la prononciation figurée des diphtongues ou de certaines lettres dont la prononciation diffère de la prononciation française.

Il est impossible, en effet, de chercher la transcription phonétique qui conviendrait à toutes les langues pour permettre de prononcer convenablement tous les noms de lieux.

Nous ne ferons qu'une objection : « *Ecriveẑ comme il faut* », oui ; mais « *prononceẑ comme vous voudreẑ, ou du moins selon votre dialecte* », c'est insuffisant. Il faut, en effet, pouvoir se faire comprendre des habitants du pays que l'on parcourt, la carte à la main. Il faut donc apprendre, il

(1) Beaucoup moins toutefois que le français. *(Note de* L. Maury).

faut donç pouvoir apprendre à prononcer au moins à peu près correctement.

Réponse de M. E. Bourciez

A) — En principe, il me parait difficile d'altérer l'orthographe des noms de villes, communes et même lieux-dits ou cours d'eau importants ; elle est consacrée par l'usage. Pour le reste, on peut prendre un peu plus de liberté, après avoir déterminé les dénominations exactes en consultant les habitants et en vérifiant le cadastre.

B-1) — Si nous laissons de côté les régions de langue basque, bretonne, flamande, germanique..., j'estime que le reste de la France doit être divisé en deux grandes parties : le Nord et le Midi, langue d'oïl et langue d'oc (y compris dans cette dernière la région franco-provençale). Pour chacune de ces deux grandes zones, il y aurait lieu d'adopter des règles orthographiques un peu distinctes, mais sans entrer dans des subdivisions dialectales qui sont flottantes et conduiraient à des bigarrures presque infinies.

B-2) — Pour le Nord, je crois qu'il y aura tout avantage à se tenir aussi près que possible de notre graphie française proprement dite, quelles que soient d'ailleurs ses inconséquences bien connues.

En ce qui concerne la région méridionale de la France, je vais entrer dans un peu plus de détails... Consulter avec précaution les diverses écoles félibréennes, qui, au point de vue de l'orthographe, ne sont pas toujours d'accord entre elles et dont quelques-unes (surtout en Provence) ont une tendance regrettable à reculer devant l'emploi de l'*y* et à le remplacer par *i* (respect exagéré d'une décision de Mistral).

B-3) — Il me semble du reste que les points litigieux ne sont pas très nombreux et peuvent, en somme se ramener à peu de chose. Ce qui crée la principale difficulté, c'est qu'au Midi, comme au Nord, on a une combinaison *ou*, qui est purement graphique et représente une voyelle simple (celle du français *tour, jour*) ; or, il faut bien la conserver, puisque, d'autre part, *u* est réservé à rendre le son *mur, dur*, etc. Il en résulte un véritable embarras pour la notation de certaines diphtongues qui, inexistantes au Nord, sont encore très réelles au Midi. J'estime toujours que la solution la plus simple et la plus élégante consiste à admettre que, dans les cartes méridionales, une voyelle surmontée d'un accent donnera à l'*u* suivant la valeur de *ou* français. On écrirait donc *càusse, rìu*, etc., et l'on aurait une série de diphtongues *àu, èu, éu, íu, ùu óu, ôu* (bien rare). De même, une autre série symétrique, avec *y* comme second élément : *ay, èy, éy, iy, oy, uy* (mais ici, l'accent, sauf peut-être sur l'*e*, est inutile).

Pour les consonnes, il n'y a pas, il me semble, de difficulté. La seule innovation désirable est d'admettre au Midi *lh* pour rendre *l* mouillée (son inexistant au Nord aujourd'hui, et aussi, d'ailleurs, en Provence). On pourrait conserver *gn* (la graphie *nh* n'est point indispensable). Et le reste aussi : *ch, ts*, etc. comme en français, à ceci près qu'au Midi, toutes les consonnes notées devraient se faire entendre entre voyelles (*ss* pour *s* dure, *s* ou *z* pour *s* douce).

Enfin, il y aurait lieu, pour chaque carte méridionale, d'inscrire, dans un coin, les conventions graphiques précédentes, qui peuvent d'ailleurs se résumer en deux ou trois lignes.

Nous avons tenu à citer, presque intégralement, cette importante note. Nous ne ferons que quelques remarques :

1° Nous avons parlé, dans un chapitre antérieur, de la question des *noms officiels*. Il n'y a pas lieu d'y revenir.

2° Nous sommes d'accord avec M. Bourciez, pour admettre qu'il n'y a lieu d'adopter des formes orthographiques distinctes (1) que pour la langue d'oïl et pour la langue d'oc (sauf, peut-être, quelques restrictions en ce qui concerne les

---

(1) Ou, plus exactement, des transcriptions littérales différentes pour les mêmes phonèmes ou des phonèmes voisins.

parlers franco-provençaux). Mais nous tenons à préciser que ce n'est qu'en ce qui concerne la notation des sons (ou phonèmes). En ce qui concerne les formes des mots, il y a lieu de tenir compte des différences dialectales principales. Par exemple, on écrira *riu* en Bigorre et *rièu* dans les Quatre Vallées, les règles de prononciation restant les mêmes.

3° Nous reviendrons dans la *Troisième Partie* sur les règles de transcription à adopter dans les pays de langue d'oc. Nous avons cependant tenu, dès à présent, à reproduire entièrement l'argumentation de M. Bourciez qui expose les difficultés d'une manière particulièrement nette.

Extrait de la réponse de M. Grammont

Les mots alsaciens doivent être transcrits en orthographe alsacienne ; les mots bretons, en orthographe bretonne ; les mots basques, en orthographe basque, etc. C'est au lecteur à savoir quelle est la valeur des lettres suivant les régions. Pour éviter des dangers [à ce sujet], il me parait nécessaire d'annexer aux cartes régionales une légende indiquant brièvement la valeur des lettres. Quand il y a une orthographe officielle connue il serait déroutant de la changer, le lecteur doit savoir (par la légende) que l'*x* se prononce *s* dans *Auxonne*, se prononce *ch* en Lorraine *(Maxéville)* ; on ne doit pas pour cela écrire *Aussonne* et *Macheville*.

M. Grammont attire avec raison l'attention sur le fait que les difficultés de prononciation ne se rencontrent pas seulement dans le Midi de la France. Ainsi, pour citer d'autres exemples : **Hondschoote** se prononce *Hondskôte ;* **Longwy** se prononce *Lonouy ;* **Caen** se prononce *Kan ;* **Laon** et **Craonne** se prononcent *Lân* et *Crâne ;* **Vesoul** se prononce *Vsou ;* **Belfort** se prononce *Béfor ;* **Belrupt** se prononce *Bérû,* etc.

Extrait de la réponse de M. H. Gaussen

La réponse de M. Gaussen se rapporte spécialement à la région catalane (Roussillon).

> Quels que soient les artifices employés, un Français du Nord prononcera toujours mal le catalan s'il ne fait pas des études spéciales. Qu'on écrive donc correctement et qu'une notice indique les points principaux comme : x = *ch ;* ll = *ill ;* marquer l'accent tonique...

Conclusions

Il est temps de conclure.

1°) — Il existe, particulièrement dans le Midi de la France, des phonèmes qui sont irréductibles aux phonèmes seuls usités dans le Français littéraire. Ces phonèmes, quel que soit l'artifice employé, un Français lettré de Paris, s'il n'est pas prévenu, les prononcera mal et d'une manière incompréhensible pour un autochtome, s'il ne s'agit pas d'un nom très connu et s'il ne s'adresse pas à un guide de profession, familier avec la prononciation dite française.

Prenons par exemple, l'expression **Nèu Biélhe,** ce qui signifie *Neige Vieille,* autrement dit : glacier. Si on l'écrit correctement, un homme du Nord prononcera *Neu-bié-le.* Mais si on l'écrit suivant l'orthographe dite phonétique, généralement adoptée, *Néouvielle,* il prononcera *Né-ou-vié-le,* soit quatre syllabes au lieu de trois et l'*l* mouillé ayant disparu.

2°) — L'orthographe dite phonétique n'amenant pas à bien prononcer et n'ayant jamais été employée dans les textes écrits dans la langue locale, il y a lieu de l'abandonner et d'adopter, partout où elle existe, l'orthographe régulière, utilisée tant dans les manuscrits que dans les imprimés. Tout au plus pourra-t-on lui faire subir quelques modifications de détail en particulier pour amener à ne pas commettre d'erreur sur la position de la voyelle tonique, ce qui est essentiel.

3°) — Il nous paraît nécessaire, en outre, d'attirer à nouveau l'attention sur le paragraphe suivant de la lettre instituant l'Enquête :

« *Il est certain, d'ailleurs, qu'il y a une importance capi-*
« *tale à ce que la toponymie des cartes soit aussi correcte*
« *et aussi homogène que possible. Outre la nécessité d'une*
« *transcription rationnelle, pour pouvoir être compris des*
« *habitants*, il ne faut pas oublier, en effet, que les noms
« de lieux, dont l'origine remonte le plus souvent à une
« antiquité fort reculée, sont une partie intégrante du
« patrimoine national et, comme tels, demandent à être
« traités avec respect et transcrits le plus exactement
« possible. »

L'emploi du phonétisme serait la substitution du caprice individuel, si incompétent qu'il soit, à la tradition, à la logique, à l'ordre. Est-il une position d'esprit plus antiscientifique ?

4°) — Reste la difficulté d'amener l'*ensemble* des Français à prononcer à peu près correctement les noms de lieux de l'*ensemble* de la France.

Elle est réelle, mais elle n'est pas insurmontable. C'est l'affaire des établissements d'instruction, d'une part, des Services Publics et des organismes indépendants, comme le nôtre, de l'autre.

§ 5

Comment faire prononcer correctement
les noms de lieux

D'une façon générale, les noms de lieux comme les noms de personnes gardent en grande partie les graphies fantaisistes dont les surchargea la Renaissance et qu'aggravèrent les habitudes régionales des scribes, différentes d'une contrée à l'autre. On a multiplié à tort et à travers les y, les x, les z, qui ont remplacé i et s, ou sont souvent superfétatoires comme en Savoie. Faut-il citer Saint-Irié, travesti en *Yrieix*, Ceaux en *Sceaux* (lat. *Cellae*), Erau en *Hérault* (lat. *Arauris*)? Et les innombrables s paragogiques des finales? Et l'influence des suffixes *(Villard* pour Villar)? (1)

En attendant qu'on rétablisse la physionomie normale des noms de lieux — le Gouvernement pourrait le faire sans léser aucun intérêt, en faisant préparer le travail par une commission de spécialistes ou par les archivistes départementaux (2), — il importe d'enseigner leur prononciation correcte (3), car l'orthographe tend de plus en plus à réagir

(1) Ceci est surtout vrai pour les noms de lieux des pays de langue d'oïl et de la région franco-provençale. Les lettres parasites sont beaucoup moins fréquentes dans les pays de langue d'oc, sauf dans quelques noms employés très fréquemment et pour lesquels l'influence des scribes — et des littérateurs — a pu se faire sentir (*Note de* L. MAURY).

(2) C'est nous qui soulignons. Une pareille initiative des Pouvoirs Publics serait en effet la consécration de la tâche qu'ont entreprise, avec des moyens d'action trop limités, la *Commission des Travaux Scientifiques* du *Club Alpin Français*, et, antérieurement, la *Commission de Topographie et de Toponymie* de la *Fédération des Sociétés Pyrénéistes*, et à laquelle le *Service Géographique de l'Armée* a bien voulu donner un commencement de consécration officielle (*Note de* L. MAURY).

(3) C'est nous qui soulignons. Ajoutons qu'il sera toujours nécessaire d'enseigner leur prononciation, puisque, dans les divers idiomes existant dans la toponymie de la France, il se trouve des phonèmes qui n'ont pas leur équivalent en français (*Note de* L. MAURY).

sur la **prononciation**. Les premiers prodromes de ce phénomène se manifestent aux alentours de la Renaissance avec la
confusion entre *n* et *u* (ou l'influence savante de *monasterium*)
chez divers représentants de *moutier* devenus *montier (Mon-
tier-en-Der*, Haute-Marne ; *Montierchaume*, Indre, etc.) ainsi
que dans des dérivés *(Montereau, Montreuil*, anciennement
Mosteruel aux xii⁰ et xiii⁰ Siècles).

Mais c'est surtout de nos jours que s'est accusée la réaction
de la forme écrite sur la langue parlée (1). On a tendance,
pour les noms propres comme pour tous les noms peu
ancrés dans la tradition orale, de prononcer les noms comme
ils s'écrivent, de donner à toutes les lettres leur valeur graphique. Ce sont d'abord les étrangers qui parlent ainsi, mais
ils finissent par réagir sur les indigènes, sur les jeunes surtout, désireux de « bien prononcer », d'adopter la prononciation de la ville, de la capitale. Pour les localités qui possèdent une gare, l'influence des employés de chemin de fer
(toujours allogènes) qui, en criant le nom des stations, les
impriment dans l'oreille de milliers de voyageurs, est considérable. De même, celle des instituteurs qui, pour inculquer
l'orthographe des noms de lieux à leurs élèves, ont trop souvent le. tort de leur faire prononcer des lettres purement graphiques ; leur rôle, au contraire, doit être d'apprendre les
principes des graphies régionales (2) et de les vulgariser.

(1) Et alors, quand la forme écrite est défectueuse, ce qui arrive trop
souvent, on voit les conséquences. *(Note de* L. Maury).

(2) « Ainsi le ƺ ou *d* final, en Savoie, Suisse romande, Franche-
« Comté, n'a qu'une valeur graphique et ne doit pas se prononcer dans
« des mots comme *Praƺ, Semnoƺ, Manigod*. D'une façon générale, les
« consonnes finales dans les toponymes de langue d'oïl, franco-proven-
« çaux ou auvergnats-limousins et les *l* devant consonne ne doivent pas
« se prononcer, comme dans *Saint-Arnould (Arnou), Moirans (-an)*,
« *Hérault (érô), Chalus (chalu)* ; seul l'*f* final se prononce et générale-
« ment *r*, sauf en Lorraine *(Gérardmer* se dit *Gérarmé). L'x final ne se
« prononce jamais*. En Auvergne, *gh* vaut *j (Vergongheon = Vergon-
« jon)* ; dans tout le Midi *lh* a la valeur d'*l* mouillée. En Roussillon, *u* vaut
« *ou ; ll* ou *tll*, *l* mouillée ; *g* ou *tg* final, *tch* ; *x*, *ch* comme jadis en
« Lorraine ; on prononcera ainsi *Bagnouls (Banyuls) ; Caillar (Catllar)*;
« *Poutch-cerda (Puigcerda)*, etc. Faut-il enfin rappeler *Caen (Kan)*,

On se gardera donc de faire entendre l'*x* de *Chamonix*,
le *ʒ* final des noms savoyards, qui dénature si ridiculement
Saint-André-le-Gaʒ (le ga = le gué) et qui gagne fâcheusement les indigènes : n'ai-je pas entendu prononcer le *ʒ* de
Semnoʒ sur la montagne elle-même ? Dans les Vosges, la
prononciation originale de l'*x (ch)* disparaît rapidement (1).
Quoi de plus barbare que de détailler toutes les lettres,
comme si nous étions les contemporains de Hugues Capet,
de *Sainte-Menehould* (il faut dire *menou*) — localité populari-
sée par un plat culinaire (les fameux pieds de porc) —. On
ne doit jamais perdre de vue que les graphies des noms de
lieux sont généralement archaïques et toujours régionales.
La logique peut venir aussi à la rescousse : pourquoi dire
Condome, Riome pour *Condom, Riom*, quand *nom* et *faim*
se prononcent *non, fain* et non pas *nome, faime ?*

Il faut enfin prendre garde, en lisant ou en parlant, aux
coupes défectueuses de composés encore visibles. Un peu de
réflexion suffit. Si l'on pensait une seconde à *champ* et à *mont,*
on ne couperait pas *Cham-prond, Mon-trond, Mon-trichard,*
dont l'étymologie saute au yeux. Par réaction contre cette
erreur, on m'a signalé la prononciation, non moins erronée,
Champ-lâtreux (Champlâtreux [Seine-et-Marne]), alors que,
de toute évidence, il s'agit d'un *champ plâtreux* dont le sens
terre à terre offusque peut-être certaines oreilles (2).

Les phonèmes des noms de lieux de toute la France ne

« *Laon (Lan),* bien connus, et *Auxerre, Bruxelles* qui doivent se pro-
« noncer *ôssère, brusselle ?* » (*Note de M.* A. DAUZAT).

(1) « Cet *x* répondait à une aspirée patoise (analogue au *ch* allemand
« de *Bach)* ; en français, on prononçait *ch. —* C'est dans les noms de
« localités importantes que la prononciation française de l'*x* s'est impo-
« sée tout d'abord, par exemple, pour *Xertigny,* chef-lieu de canton,
« que les gens âgés eux-mêmes n'ont jamais entendu dire *Chertigny ;*
« il n'y a qu'une petite majorité de gens âgés pour dire encore *Maché-*
« *ville, Poucheux,* etc. *(Maxéville, Pouxeux).* (Communication de
_M. DE BALLAUD, de Pouxeux) ». (*Note de M.* A. DAUZAT).

(2) A. DAUZAT. *Les noms de lieux.*

pouvant se ramener à ceux du français littéraire, il est indispensable d'enseigner la manière de les prononcer. Et, en outre, — c'est là une question que n'a pas abordé M. Dauzat — il faut faire connaître sur quelle voyelle se trouve placé l'accent tonique — lequel, en fait, dans le français littéraire moderne, langue très évoluée, est toujours sur la dernière (si l'on élimine les *e* muets finaux (1).

Il faudra donc, au moins pour l'instant, et sur les cartes des régions méridionales en particulier, donner les indications indispensables.

C'était la conclusion à laquelle était déjà arrivée, depuis longtemps, la *Commission de Topographie et de Toponymie* de la *Fédération des Sociétés Pyrénéistes* (2). Cette proposition a été reprise, au cours de l'enquête, par MM. Sarrieu, Maury, Meillon, Bourciez, Grammont, Gaussen.

Elle consiste à placer, côté de l'explication des signes conventionnels, un petit tableau, qui, pour les Pyrénées gasconnes, serait, par exemple, du modèle ci-après, proposé par M. L. Maury (3).

---

(1) Que dans le langage courant, on arrive à ne pas prononcer, surtout lorsque la muette suit un autre *e,* ce qui amène à ne pas pouvoir sentir l'harmonie des vers de Racine.

> Ariane, ma sœur, de quel amour blessée,
> Vous mourûtes aux bords où vous fûtes laissée.

(2) *Congrès de Tarbes.* Séance du 3 Décembre 1911. Proposition de M. Sarrieu, approuvée avant séance par MM. Bourciez, Grammont, Meillon, Millardet, Ronjat, Rouch, et adoptée unanimement par la *Commission.*

(3) *Réponse à l'enquête.* Ce tableau est presque identique à celui proposé par M. Sarrieu dès 1911. Il serait à mettre au point.

> *au*, *èu*, *iu*, *òu*, *uu* se prononcent : aou, eou, ⎫ en une
>   iou, oou, uou.   ⎬ seule
> *ay*, *ey*, *ouy*, *uy* se prononcent : aï, eï, oï, ouï, uï. ⎭ syllabe
> *lh* = *l* mouillé.
> *nh* = *n* mouillé.
> Appuyer dans la prononciation sur les lettres marquées
>   *á*, *è*, *ò*, *î*, *oú*, *ú* *(voyelle tonique)*.
> Prononcer toutes les consonnes et les diphtongues nasa-
>   les à la méridionale *(é-n, ï-n, ü-n, ü-m, etc.)*.
> Le reste comme en français.

On objecte quelquefois à l'emploi d'un pareil tableau que cette manière de procéder, admissible sur une carte française pour enseigner à des Français comment doivent se prononcer des noms de lieux étrangers, n'est plus de mise sur une carte également française, pour enseigner à des Français comment il faut prononcer les noms de certains lieux du territoire national. C'est là une objection sentimentale dont nous avons déjà fait implicitement justice. La seule position d'esprit véritablement scientifique est de *constater* certaines différences qui *existent* et d'en tenir compte. Comment en tenir compte sans une explication qui ne peut être donnée que sur la carte, tant que les établissements d'instruction, à quelque degré qu'ils appartiennent, n'auront pas fait pénétrer, dans l'ensemble de la population, les éclaircissements nécessaires.

Nous n'en sommes pas encore là et, même lorsque l'enseignement de la prononciation des noms de lieux figurera dans les programmes, il faudra encore tenir compte, pendant assez longtemps, des personnes qui auront antérieurement terminé leurs études.

Pour l'instant donc, la notice explicative est indispensable sur la carte.

C'est d'ailleurs la conclusion à laquelle est arrivée, elle aussi, dans sa Séance du 25 Juin 1923, la *Commission des Travaux Scientifiques* du *Club Alpin Français* (1).

A la Séance précédente (2) avaient été lues les réponses de MM. Ronjat et Blanchard. A celle-ci furent lues celles de MM. Engelbach, du Verger, Godefroy, Perret, Auzelet, Sarrieu.

Le Procès-verbal s'exprime ainsi :

> La *Commission* est heureuse de constater un accord satisfaisant entre ces diverses réponses.
>
> Il convient toutefois de noter une certaine divergence entre les personnes s'occupant des parlers franco-provençaux et celles qui ont la langue d'oc comme sujet de leurs études. Les premières sont plutôt partisantes d'une orthographe phonétique, tandis que les secondes s'en tiennent à l'orthographe étymologique. C'est que la question ne se pose pas de la même manière dans les deux cas. Les parlers franco-provençaux ne se sont transmis que par tradition orale, tandis que la langue d'oc a toujours été une langue écrite. Les règles à adopter seront donc vraisemblablement différentes. D'ailleurs, comme le fait remarquer M. Maury, la langue d'oc possède des sons qui n'existent pas en français. Que l'on adopte l'orthographe félibréenne ou que l'on fasse du phonétisme, ces sons seront toujours mal rendus par une personne ignorant la langue. Il vaut donc mieux éliminer le phonétisme qui ne correspond à rien.
>
> Le Lt-Colonel Noirel estime que lorsqu'il s'agit d'une langue écrite qui se sert de l'alphabet latin, le mieux est d'observer son orthographe. Il ne se montre pas opposé d'ailleurs

(1) Assistaient à la Séance : MM. H. Barrère, C. Blanchard, Bregeault, Heid, L. Maury, Noirel, R. Perret, du Verger.

(2) Tenue le 28 Mai 1923. Y assistaient : MM. Auzelet, H. Barrère, C. Blanchard, L. Maury, Noirel, M. Paillon, Pentray, R. Perret, Schrader.

à ce que les cartes portent, à côté du tableau des signes conventionnels, une brève explication indiquant les différences essentielles de prononciation avec le français, comme le propose M. Sarrieu.

La *Commission* remarque, en outre, qu'il serait désirable que l'on enseigne dans les divers établissements d'instruction, comment doivent se prononcer les noms de lieux dans le Midi de la France (1). Il y aura lieu d'examiner s'il ne conviendrait pas d'envoyer un vœu au Ministère de l'Instruction Publique à ce sujet.

Ces diverses questions de principe étant ainsi résolues, nous allons passer maintenant, autant que la chose est actuellement possible, à l'étude sommaire des différents dialectes principaux et des règles de transcription diverses à adopter suivant chacun d'eux.

(1) Nous ajouterons : et dans les autres régions françaises. Nous avons vu en effet qu'il existait des difficultés de prononciation même dans le Nord ou dans l'Est de la France (*Note de* L. Maury).

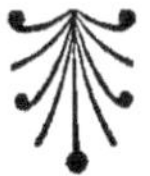

Troisième Partie

L'ORTHOGRAPHE DES NOMS DE LIEUX
DES MONTAGNES FRANÇAISES

CHAPITRE PREMIER

Les noms de lieux des pays de Langue d'oïl

§ 1

Les différentes caractéristiques de la langue d'oïl et de la langue d'oc

L A différence essentielle entre la langue d'oïl et la langue d'oc consiste dans le traitement différent que ces deux idiomes ont infligé à l'*a* libre accentué latin (c'est-à-dire suivi d'une seule consonne ou de l'un des groupes *tr, dr, gr*, etc.). Cet *a* est resté intact dans le Sud de la France (provençal : *cantar, prat, cabra*, du latin *cantare, pratum, capra*). Au contraire, au Nord, il est passé à *e* (français : *chanter, pré, chèvre*).

La limite entre les deux régions part de la Gironde, passe au-dessus de Limoges, puis par Guéret, Montluçon, Roanne, Mâcon. Comme nous le dirons plus loin, ce traitement n'a pas été uniforme dans tous les cas, plus à l'Est, dans la région dite franco-provençale.

Cette différenciation paraît s'être produite au cours du viiie Siècle.

En outre, dans le Nord, *è* et *ò* libres ont été diphtongués en *ie, ue* (ancien français : *pié cuer),* tandis que, dans le Midi, cette diphtongaison n'a été que partielle (provençal : *pe, cor).* De même, l'*é* et l'*ó* sont restés stables dans le Midi, tandis que, dès le Moyen-Age, le Nord les a diphtongués en *ei* et *òu,* écrit soit *o,* soit *u.* La diphtongue *au* s'est réduite à *ò* dans le Nord (ancien français : *chose, loe)* tandis qu'elle s'est conservée dans le Midi (provençal : *causa, lauʒa)* (1)

§ 2

La toponymie des pays de langue d'oïl

Les régions montagneuses de langue d'oïl sont la partie lorraine des Vosges, la partie septentrionale du Jura et le massif du Morvan.

Dans ces régions, le travail toponymique à accomplir se réduira généralement à peu de chose. Il s'agira surtout de corriger des fautes d'orthographe et de supprimer, si possible, un certain nombre de lettres parasites, ce qui sera fréquemment difficile, la plupart d'entre elles s'étant introduites dans l'écriture dès l'époque de la Renaissance.

Mais il ne faudra pas oublier d'indiquer comment doivent se prononcer certaines lettres ou bien certains groupes de lettres et de faire connaître qu'il est des finales qui ne se prononcent pas. Nous avons donné plus haut quelques exemples de ces particularités.

Dans les pays montagneux de langue d'oïl, on doit distinguer les *parlers lorrains* et les *parlers bourguignons.*

(1) Nous ne pouvons indiquer ici que les différences principales. Il convient de se reporter pour le détail à l'ouvrage fondamental de E. BOURCIEZ, *Eléments de linguistique romane.*

§ 3

Les parlers lorrains

Les limites des *parlers lorrains* concordent sensiblement avec celles de l'ancien Duché de Lorraine qui a conservé, pendant de longs siècles, son indépendance avec la même extension. C'est un premier exemple, et ce n'est pas le seul, de l'influence des conditions historiques sur les transformations de la langue.

Ces parlers, quoique assez homogènes dans leur ensemble, sont restés plus archaïques à l'Est, dans les Vosges ; au contraire, à l'Ouest, ils ont subi, dans une certaine mesure, l'influence du français, influence qui disparaît progressivement à mesure que l'on s'avance vers l'Est.

D'une manière générale, ils s'opposent nettement aux parlers de l'Ouest, la différenciation s'étant produite en moyenne au xiiiᵉ Siècle. L'*a* libre latin, devenu *e* en français, s'est ici diphtongué en *ei (chanteir)* ; l'*è* libre est passé de *iè* à *i* ; l'*é* libre est devenu *oi (voine*, français : *veine)*. Au contraire, ils ont des liens de parenté avec le wallon ; le *w* germanique s'est conservé dans ces deux séries de dialectes. Ils se rapprochent davantage encore de ceux du Sud ; la réduction de *ai* à *a (faire* devenu *fare)* s'observe également en lorrain, en bourguignon et en franc-comtois. La conservation du groupe *tch* (correspondant au *ch* français), qui est une des caractéristiques des parlers franc-comtois, se rencontre aussi en Lorraine, dans le Sud-Est des Vosges.

Les parlers des Vosges ont conservé le *qu* latin devant *a (kwèt,* quatre) et se distinguent également par l'amuïssement de *r* devant *t, d, l (madyi,* mardi).

Enfin, une caractéristique spéciale des dialectes lorrains est la formation, dans certaines conditions, d'une spirante vélaire, voisine du *ch* dur allemand, et qui est notée dans les noms de lieux, ainsi que dans certains textes, par un *x*. Nous avons déjà parlé des difficultés de prononciation résultant de cette notation (1).

§ 4

Les parlers bourguignons

Les *parlers bourguignons* peuvent se subdiviser en *bourguignon* proprement dit et en *franc-comtois*, celui-ci s'étant mieux conservé.

Le *bourguignon*, pénétré partout par le français, a presque complètement disparu dans le Nord-Ouest de son ancien domaine. Dans les autres parties, il s'est fragmenté en dialectes assez distincts. Le *morvandeau* se rapproche davantage des anciens parlers du Berry et de l'Orléanais que du bourguignon ancien. Le *bas-bourguignon* (haute vallée de la Saône) a conservé davantage de caractères archaïques (passage de *ai* à *a*, comme en lorrain ; labialisation de *ei* — *mervoille*, merveille ; suffixe *ot*, pour *et*, etc.) Le *charollais* a subsisté des deux côtés de la vallée industrielle de la Bourbince, dans laquelle il a disparu. Il présente des caractères franco-provençaux *(marchi* marcher ; *ts*, équivalent du *ch* français) mais aussi des traits distinctifs *(ch* pour *s* ; assourdissement et chute des protoniques, etc.). (2).

(1) Cf. E. Bourciez, *Elément de linguistique romane* et A. Dauzat, *Les Patois.*

(2) Cf. A. Dauzat, *Les Patois.*

CHAPITRE II

Les noms de lieux
de la région franco-provençale

---

§ 1

Les caractères distinctifs
des parlers franco-provençaux

Nous avons vu précédemment que l'*a* libre accentué latin s'était conservé dans les pays de langue d'oc, tandis qu'il était devenu *e* dans les pays de langue d'oïl. Mais il est une région de la France, qui a pour centre principal Lyon, où ce traitement n'a pas été uniforme. Dans le cas général, l'*a* s'est conservé, comme en provençal, mais derrière un son palatalisé, il est devenu *ie* comme en français. C'est là le caractère fondamental qui a permis de définir une zone mixte, dite *franco-provençale*.

Cette transformation date au moins du xiiie Siècle.

Dans un document lyonnais de 1300, [on trouve] *desirrar, récontar*, et, à côté, *ensennir, deleitier*.

D'autre part, il s'y était produit, à l'origine, une curieuse opposition entre un infinitif tel que *baillier* (bajulâre) et un participe *baillia* (bajulátum), avec *a* vélaire très bref ; cette opposition semble due à ce que, derrière consonne palatale, l'*a* avait évolué vers *e* devant un *r* toujours sensible, mais non en finale directe, le *t* de *-atum* étant tombé de bonne heure. Plus tard, la réduction de *ye(r)* à *i* et l'extension de cette finale aux participes ont altéré, dans une partie de la zone, l'aspect des faits primitifs (1).

D'autre part, par certains caractères, le franco-provençal diffère à la fois de la langue d'oïl et de la langue d'oc. C'est ainsi que l'*ó* du Moyen-Age n'est pas passé à *ou*, comme dans ces deux langues : *dʒór*, jour (2).

§ 2

Les limites de la région franco-provençale

Si l'on ne tient compte que du caractère fondamental indiqué ci-dessus, la limite de la région franco-provençale est assez nette. M. E. Bourciez la définit ainsi : Elle « part « approximativement de Saint-Claude, dans le Jura, passe « au Nord de Bourg, à l'Ouest de Roanne, puis à Saint- « Etienne, coupe le Rhône vers Saint-Vallier et s'étend au « Sud de Grenoble ; elle embrasse à l'Est toute l'ancienne « Savoie et la Suisse romande jusqu'à hauteur de Neuchâ- « tel » (3). Mais si l'on tient compte de l'ensemble des particularités qui permettent de différencier ces dialectes de leurs voisins, on constate l'existence de zones de transition assez étendues.

Il n'y a de frontières nettes qu'entre le Forez et l'Auvergne et dans le Vercors. Au Nord, les linguistes ne sont pas

(1) E. Bourciez. *Eléments de linguistique romane.*

(2) Cf. A. Dauzat. *Les Patois.*

(3) *Eléments de linguistique romane.*

d'accord sur le classement des parlers franc-comtois, dont l'Ouest (de Poligny à Vesoul) est bourguignon, le Sud (Saint-Claude) franco-provençal, tandis que l'Est présente une série de caractères intermédiaires, parfois assez confus, avec progression continue de la poussée française, d'Ouest en Est. Du côté italien, les limites sont assez nettes au Sud-Est de la vallée d'Aoste, mais très imprécises plus au Sud, où les hautes vallées de la Doire Ripuaire et de la Stura offrent des parlers intermédiaires (très variés) entre le piémontais, le franco-provençal et le provençal. De même, le massif de l'Oisans forme transition entre le franco-provençal et la langue d'oc ; la zone limite est assez large vers le Rhône et va se rétrécissant vers l'Ouest (1).

§ 3

Les différences dialectales dans la région franco-provençale

Le groupe franco-provençal offre la bigarrure de parlers la plus variée qu'on rencontre en France.

... Tout a concouru à ce résultat : la géographie de la région, dont les montagnes isolent la population les unes des autres, la dislocation ancienne du Royaume de Bourgogne, sur les débris duquel s'est opéré un moncellement politique durable (Dauphiné, réuni à Paris, dynastie de Savoie, républiques suisses, Duché de Bourgogne, scindé entre le Roi de France et la Maison d'Autriche) ; enfin absence de langue littéraire et de littérature, Lyon ayant cessé de bonne heure d'être une capitale politique et s'étant rallié plus tard au français. L'indigence de la littérature franco-provençale au Moyen-Age est un fait très curieux (2).

(1) A. DAUZAT, *Les Patois.*

(2) A. DAUZAT, *Les Patois.*

Il est résulté de ces circonstances défavorables que les idiomes voisins, plus littéraires et politiquement plus puissants ont exercé sur les dialectes franco-provençaux une influence considérable. Ce fut d'abord le provençal, sur la partie méridionale, puis, à l'époque moderne, l'italien, sur la région à l'Est des Alpes. Enfin, le français, depuis longtemps la langue de la société, a fait sentir son action sur l'ensemble.

L'évolution du son correspondant au français *ch* donne un exemple du morcellement linguistique. Le son primitif était *tch*, qui n'est resté tel que dans le Nord-Est de la Franche-Comté et dans le Jura Bernois, ainsi qu'en certains coins reculés des Alpes et a passé ailleurs anciennement à *ts*, phénomène lyonnais étendu peu à peu à toute la région. Mais des scissions ultérieures se sont produites : en premier lieu; le passage de *ts* à *s* interdental, phénomène dont le foyer a du être Chambéry-Annecy-Genève et qui a gagné la Bresse et la Haute-Savoie. On observe enfin des évolutions plus localisées, comme le passage à *st* dans les régions d'Albertville et de la Grande Chartreuse, sans compter la réduction de *tch* à *ch* (Oulx), etc. Enfin, le français.... a introduit le *ch* dans une vaste zone de déchirure (du Forez à Grenoble et au Trièves). (1).

[Par suite] on ne peut songer à classer les parlers franco-provençaux par grandes régions... On ne peut que délimiter des types localisés par pays et par vallées : Beaujolais, Bresse, Bugey, Gruyère, Chablais, Val d'Aoste, etc. Le morcellement linguistique du Valais est extrême, comme celui de la Savoie, du Dauphiné septentrional, des vallées au Sud du Grand Paradis (2).

(1) A. Dauzat. *Les Patois.*

(2) A. Dauzat. *Les Patois.*

§ 4

La toponymie de la région franco-provençale

De très importantes études de toponymie pratique ont été effectuées en Suisse romande, en particulier par M. E. Muret, Professeur à l'Université de Genève (1).

M. E. Muret n'avait pas été le premier à constater que de nombreux noms de lieux sont inscrits sur les cartes avec une orthographe visiblement incorrecte. Mais, dit-il, « quand « toutes les fautes de ce genre auraient été relevées et cor- « rigées, l'orthographe de nos cartes n'en demeurerait pas « moins incohérente, inexacte, ambiguë, parce que ces « défauts ne sont que, dans une mesure très restreinte, « imputables à nos modernes cartographes. » (2).

La question se complique, dans la région franco-provençale, par le fait que les différences dialectales sont nombreuses, que, dans des régions très voisines, la prononciation d'un même mot diffère et que les mêmes sons, ou des sons originairement identiques se trouvent actuellement transcrits d'un grand nombre de manières différentes, ces transcriptions réagissant à leur tour sur la prononciation. M. E. Muret

(1) Voir, en particulier, le mémoire qu'il a publié sous le titre : *L'or-thographe des noms de lieux dans la Suisse romande,* dans le *Bulletin de la Société neuchateloise de Géographie,* Tome XX, 1910. Depuis 1924, M. E. Muret publie, en collaboration avec MM. L. Gauchat, J. Jean-jaquet et E. Tappolet, un monumental *Glossaire des patois de la Suisse romande.* M. E. Muret est chargé de la partie toponymique et anthro-ponymique.

(2) E. Muret, *op. cit.*

conclut de cet état de choses qu' « il est urgent d'entre-
« prendre une réforme générale de l'orthographe des Pos-
« tes et de la Carte fédérale. Il faut épurer, il faut *unifier*
« cette orthographe, en la soumettant désormais à des règles
« fixes et précises, valables, sinon pour toute la Suisse (la
« diversité de nos idiomes s'y oppose), du moins pour chacun
« des systèmes de langues et de dialectes dont se compose
« notre Confédération polyglotte. » (1).

M. E. Muret fait alors une remarque curieuse relativement
à la différenciation progressive et jusqu'à l'infini des dialectes transmis uniquement par tradition orale, ce qui est le
cas des parlers franco-provençaux (2).

> Le patois varie tellement d'une commune, d'un village et
> même d'un individu à l'autre, qu'une trop scrupuleuse adhé-
> sion à la prononciation locale, loin de contribuer à l'intelli-
> gence des noms de lieux, risquerait plutôt d'y nuire...
>
> Nos graphies traditionnelles, qui représentent une langue
> plus ancienne et beaucoup moins différenciée, ignorent ou
> négligent ces nuances de prononciation. Ce sont des formes
> *passe-partout* dont s'accommode fort bien l'usage local,
> parce qu'elles n'y sont nulle part asservies, et qu'il faudrait
> inventer, si elles n'existaient pas, pour les besoins de la
> nomenclature géographique...

(1) E. Muret. *op. cit.* Et il ajoute : « Mais, de grâce, que les ingé-
« nieurs et les bureaucrates ne se mêlent pas d'une réforme qui n'est
« point de leur compétence ! Chacun son métier et les vaches seront
« bien gardées. L'orthographe des noms de lieux ne peut être réglée que
« par des linguistes, c'était déjà l'opinion du Colonel Sigefried... »

(2) Il ne faut pas oublier qu'il en est tout autrement pour les idiomes
qui ont toujours eu — plus ou moins — une littérature, ou qui ont été
employés, jusqu'à une époque récente, dans les actes administratifs. Ici,
l'unité du langage s'est beaucoup mieux conservée et il ne faut pas accepter, sans expresses réserves, les différences de notations que l'on trouve
sur les cartes de divers atlas linguistiques. Si l'on établissait un atlas
linguistique du Paris de 1927 — en n'interrogeant même que des Français de naissance — à quelle bigarrure n'arriverait-on pas. *(Note de
L. Maury).*

[Mais le français gagne tous les jours du terrain sur le patois. La plupart des noms de lieux sont] complètement francisés dans le parler actuel des campagnes neuchâteloises.

... Il faut donc, de toute nécessité, que les noms de lieux patois accueillis sur les cartes et dans l'usage officiel soient désormais *francisés*, avec mesure, avec tact, avec discrétion, mais d'une façon générale, systématique, conformément aux analogies qui s'offrent de toute part à l'observation dans les documents écrits et dans la langue parlée... (1).

M. E. MURET indique ensuite les principales règles de transcription qu'il lui parait nécessaire d'adopter :

Entre le χ valaisan et notre ʒ français, il n'y a qu'une ressemblance toute extérieure et presque fortuite. Mais le *ch*, le *g*, le *j*, qui transcrivent d'ancienne date le *ts* et le *dʒ* patois, l'*l* mouillée, le *t* ou le *c*, qui transcrivent souvent le [son anglais *th* doux ou dur], en sont les justes équivalents dans la prononciation française et les substituts réguliers dans nombre de mots qui ont passé du patois dans le français provincial sans l'intermédiaire de l'écriture... Non seulement... il n'y a aucun inconvénient à conserver le *ch*, le *j* ou le *g*, l'*l* mouillée, le *t* et le *c* dans leurs fonctions traditionnelles, mais il convient d'en généraliser l'emploi, en éliminant le ʒ trompeur et les modernes graphies *tχ, ts, dʒ,* qui ne sont que des expédients suggérés par l'inintelligence de la tradition.

Le *c* avant *e* ou *i* ou le *ç* étant prononcés en français comme *s*, il peut sembler indifférent que cette dernière lettre soit employée à transcrire le [*th* anglais dur ou le *ch* allemand] patois... Mais l'*s* française ayant d'autres équivalents en patois, l'usage du *c* me semble en pareil cas préférable. Dans les noms valaisiens, fribourgeois, vaudois, où l'*s* graphique représente un *x* ou un *j*,... on se gardera d'y toucher. Mais là où a prévalu, à une date plus ou moins récente, l'usage

(1) E. MURET, *op. cit*.

français du *ch*, du *g* ou du *j*, ... je doute qu'on y puisse rien
changer...

... Je m'alarme d'entendre prononcer chaque jour à plus
de gens... les lettres inutilement redoublées, les *z* muets et
autres consonnes parasites dont on s'est plu à hérisser tant
de noms de lieux des pays de langue française... et je
demande instamment qu'on y mette, comme dans les mauvaises herbes et les toiles d'araignée, le sarcloir et le balai...

Enumérant quelques-uns des traits distinctifs de la physionomie des noms de lieux de la Suisse romande : « Remar-
« quons », dit M. Henri Jaccard, dans l'introduction de
« son *Essai de toponymie*, « qu'il serait temps de modifier
« l'orthographe de nos noms de localités pour éviter de voir
« cés noms défigurés par un déplacement de l'accent. On
« entend déjà trop souvent prononcer *Riondàt Anzeindàt*,
« ou *Riondàze Anzeindàze*, les mots *Riondaz, Anzeindaz*, que
« nos pères prononçaient **Rionde, Anzeinde**, comme nos
« montagnards le font encore aujourd'hui. Nous devrions
« imiter les Valaisans qui ont abandonné les orthographes
« surannées d'*Evolenaz, Iserabloz*, écrites aujourd'hui **Evo-**
« **lène, Iserable** ».

Quiconque, en effet, parle français accentue toutes les
voyelles finales autres que l'*e* dit muet... [Il accentue ainsi
ces voyelles finales] aux dépens de la syllabe pénultième ou
antépénultième, qui est aussi fortement accentuée en patois
que dans les mots... italiens. Par ce déplacement de l'accent,
qui est la dominante du mot, une foule de noms de lieux
subissent chaque jour, dans nos bouches, une... cruelle
mutilation..... Rien, à la vérité, ne saurait empêcher que,
dans les rares [mots] comme *arola*, l'accent ne soit avancé de
l'antépénultième sur l'avant-dernière syllabe. Même en
patois, il l'a été dans la plupart des *proparaxytons*, comme
Genève... ; et la proportion des mots accentués sur la pénultième s'est accrue d'autant. A cette foule de noms de lieux
que le patois accentue sur l'avant-dernière syllabe, on resti-
tuerait une forme plus authentique, en substituant, suivant le
conseil de M. Jaccard, à l'*a*, à l'*o*, à l'*i*, parfois très assourdis,

l'*e* « féminin » ou « muet » qui en est l'exact équivalent en français.

Cet *e* français a déjà remplacé les autres voyelles finales atones dans les noms de lieux les plus usités... [et] la plupart des Vaudois et des Valaisans ne prononcent pas autrement, en parlant français, les noms qui leur sont familiers. L'*e* « muet » traduit beaucoup plus fidèlement l'impression produite sur l'ouïe par les voyelles finales atones de nos patois ou des langues romanes méridionales, que les *a*, les *o*, les *i*, trop sonores, où naïvement tant de personnes ignorantes de l'italien se figurent entendre les mélodieuses cadences.

Del bel paese là dove il sì suona

Dans les noms composés [dont les deux composants se terminent par un *a*], il n'est d'ailleurs point du tout nécessaire que les deux *a* soient remplacés par des *e* « muets ». Pourvu que l'on écrive ces noms en un seul mot, le premier *a*, devenu intérieur, peut très bien subsister en français... De telles formes, mi-patoises, mi-françaises sont hybrides ; mais le lexique français abonde en mots hybrides, empruntés au latin des livres, au parler vulgaire ou dialectal, à des langues étrangères. Le mieux est souvent l'ennemi du bien. A vouloir trop exactement conformer les noms de lieux patois aux habitudes de la langue française, on risquerait de les rendre méconnaissables. Sans calquer l'orthographe et la prononciation locales, il conviendrait, entre plusieurs graphies possibles, de préférer celle qui s'éloigne le moins de la tradition écrite ou de la langue parlée, celle qui laisse le mieux transparaître le patois à travers le français.....

Dans beaucoup de mots, beaucoup de noms de lieux patois...., l'accent à pénultième frappe une voyelle, une sorte d'*e* « muet », qui est incapable de le supporter en français... [Etant donné l'impossibilité de rétablir la voyelle médiévale qui n'est d'ailleurs pas toujours connue], mieux vaut temporiser, écrire *e* sans accent et laisser chaque lecteur se tirer d'affaire comme il pourra...

Quelques coups de sonde donnés çà et là, en ces dernières années, me laissent croire que ceux de nos villages où l'on parle encore le patois ne seraient pas trop réfractaires aux réformes proposées dans cet article. Sur l'initiative d'un des ingénieurs les plus distingués du *Bureau topographique*, M. Ch. Jacot-Guillarmod, ces réformes conseillées par l'auteur du présent mémoire et approuvées par l'auteur du *Glossaire des patois*, M. Louis Gauchat, ont déjà reçu un commencement d'application dans la nomenclature de la carte 484 *(Lavey-Morcles)*, publiée en 1908. « On a éliminé », écrivais-je il y a quelques mois, en rendant compte des progrès de l'enquête sur les noms de lieux de la Suisse romande, « la « plupart des formes à demi-patoises hérissées de χ parasites, « qui ont été en usage jusqu'à présent, et l'on a entrepris de « franciser systématiquement la nomenclature, en se fondant « sur les données fournies par l'histoire et la linguistique » (1).

Nous estimons que les principes de transcription exposés par M. E. Muret sont applicables, dans l'ensemble, aux régions françaises qui sont du domaine des parlers franco-provençaux, et, également, la plupart des règles de transcription qu'il indique. En particulier, on ne saurait trop approuver la suppression des χ finaux parasites, dont l'emploi, dans l'écriture, menace de défigurer complètement la toponymie de la Savoie (2). Toutefois, il y a peut-être quelques restrictions à faire. L'habitude s'est établie, dans les Alpes françaises, d'écrire *ts* et non *ch*. Il y aurait lieu d'examiner si cette graphie ne pourrait pas être conservée.

Nous avons, du reste, à revenir sur les parlers franco-provençaux dans la *Quatrième Partie* de cette étude.

(1) E. Muret, *op. cit.*
(2) Voir, à ce sujet, *Quatrième Partie, Chapitre II.*

CHAPITRE III

La langue d'oc

§ 1

Les origines de la langue d'oc

L A *langue d'oc*, dont nous avons indiqué plus haut, à propos de la langue d'oïl et des parlers franco-provençaux, les limites actuelles et les caractéristiques principales, se différencia des idiomes du Nord de la France dès le commencement du Moyen-Age. A cette époque, son domaine s'étendait davantage au Nord-Ouest. Si, en Poitou, il est possible qu'elle n'ait été que la langue officielle, à une époque où Poitiers était la capitale de l'Aquitaine, il n'est pas douteux qu'en Saintonge, le dialecte parlé par le peuple était un dialecte d'oc, ce qui reste attesté par la toponymie. La conquête ultérieure de la Saintonge par la langue d'oïl a eu des causes qui restent assez obscures.

[La langue d'oc] eut, dès le début du XIIe Siècle, une forme classique et littéraire, en usage du Limousin jusqu'à la Méditerranée, et dans laquelle fut écrite, pendant deux cents ans, la poésie lyrique des *Troubadours* (GUILLAUME DE POITIERS, JAUFRE RUDEL, BERNART DE VENTADOUR, GIRAUT DE BORNEIL,

Peire Vidal, Bertran de Born, Arnaut Daniel, etc.). Cette langue classique du Midi eut une floraison précoce et fut, dès ses débuts, le plus harmonieux et le plus parfait des idiomes romans de l'époque. Elle a été justement célèbre dans les cours princières et seigneuriales, et sa gloire fut portée par les Troubadours au-delà des Alpes et des Pyrénées. On lui a donné de bonne heure divers noms, dont quatre principaux : *langue romane* par excellence, *langue limousine, langue d'oc,* et, enfin, *langue provençale,* du nom des *Provinciales,* qui se distinguaient des habitants du Nord, les *Francigenaé.* Il est probable qu'elle était constituée dès la fin du xie Siècle, mais son berceau exact reste incertain : on l'a placé quelquefois dans l'ancienne Gaule Narbonnaise, plus souvent dans la région du Poitou ou du Limousin, où il y avait déjà une société courtoise. En tout cas, sa diffusion fut rapide à travers tout le Midi, dont les idiomes (sauf en Gascogne) ne différaient entre eux que par des nuances. Ce provençal classique eut même, dès le xiiie Siècle, ses grammairiens : Raimon Vidal, qui écrivit les *Raƶos de Trobar,* et Uc Faidit, auteur du *Donats proensals.* Mais lorsque, vers 1350, on entreprit de le codifier à Toulouse, dans les *Leys d'Amors,* il était déjà en pleine décadence. Dès 1213, la défaite de Muret et la croisade de Simon de Montfort avaient porté une grave atteinte au développement de la civilisation du Midi : à partir du xive Siècle, le français commence, peu à peu, à y devenir l'idiome officiel (1).

§ 2

Le morcellement de la langue d'oc
et ses dialectes

A l'époque même de sa plus grande floraison, la langue d'oc n'était pas parfaitement unifiée. Deux branches s'en

(1) E. Bourciez. *Eléments de linguistique romane.*

étaient détachées dès l'origine, le *gascon* (1) et le *catalan* (2).
Tout en présentant toujours avec le provençal de nombreux
caractères communs, ces deux idiomes ont eu des caractères
distinctifs d'autant plus marqués et fixes qu'ils étaient encore,
en Béarn et en Catalogne, langue officielle à une époque où,
depuis longtemps, le provençal avait été, sur ce point, sup-
planté par le français. Nous distinguerons donc les *dialectes
provençaux*, les *dialectes gascons*, le *catalan*.

La disparition de la civilisation indépendante du Midi et
par suite, pendant plusieurs siècles, de l'emploi du provençal
comme langue littéraire, ont amené l'accentuation des divergences qui existaient dès le Moyen-Age entre les parlers populaires de ces régions. Aujourd'hui, on peut distinguer, dans
la région provençale proprement dite, trois dialectes principaux : le *provençal*, le *languedocien* et le *limousin* auquel
se rattache l'*auvergnat*, sans compter un certain nombre
d'idiomes de transition, assez mal individualisés et sur l'existence desquels les linguistes ne sont pas parfaitement d'accord. C'est ainsi que M. E. BOURCIEZ mentionne le *quercinol*
et le *rouergat*, tandis que M. A. DAUZAT distingue un *haut
languedocien* dans le Vivarais et le Gévaudan. Encore, les
trois dialectes principaux ne sont-ils pas entièrement homogènes, comme nous aurons l'occasion de le remarquer.

Le *gascon* également n'a pas conservé complètement son
unité. Seul le *catalan*, qui est en fait toujours resté une langue littéraire, y est parvenu.

Toutefois, si l'on s'en rapporte au criterium de l'intercom-

---

(1) « [Un] consonantisme, très distinct de celui du provençal, assure
« [au gascon] une place à part. Les *Leys d'Amors* au xive Siècle, le con-
« sidéraient comme une langue spéciale ». (E. BOURCIEZ, *op. cit.*).

(2) « A l'origine très voisin du provençal dont il n'est que le prolonge-
« ment géographique, [le catalan a eu un] développement ultérieur....
« distinct, pour des raisons politiques et sous des influences venues du
« centre de l'Espagne ». (E. BOURCIEZ, *op. cit.*).

préhension, posé par J. Ronjat (1), on constate que tous les dialectes d'oc ne sont, en réalité, que les divers rameaux d'une langue unique (2).

§ 3

Le Félibrige

C'est l'existence de cette proche parenté qui, jointe à des souvenirs historiques, conduisit Mistral et ses disciples dans la deuxième moitié du xixe Siècle, à essayer, tout en en faisant de nouveau une langue littéraire, à unifier la langue d'oc.

Inspirés par mille circonstances, soutenus par un mouvement à peu près unanime, sept amis, réunis dans le petit château de *Font-Ségune*, près d'Avignon, se promirent de ramener à l'honneur la langue de leurs aïeux. Il y avait là Frédéric Mistral, Roumanille, Aubanel, Anselme Mathieu, Alphonse Tavan, Paul Giera et Jean Brunet. Il fallait un nom à ces poètes fervents ; et, comme Mistral entendit un jour une vieille femme fredonner le cantique de Saint-Anselme où reviennent « les sept Félibres de la Loi », c'est-à-dire les sept Sages, les sept Docteurs, il aima choisir ce mot mystérieux, venu du fond de l'âme populaire. Et voilà le *Félibrige* fondé.

Pendant de longues années, il n'est pas sorti de la Provence. Ses statuts disaient, en 1862 :

« Le Félibrige a pour but de conserver longtemps à la « Provence sa langue, son caractère, sa liberté d'allure, son « honneur national et sa hauteur d'intelligence, car telle « qu'elle est, la Provence nous plaît. »

(1) Voir *Première Partie, Chapitre II,* § *1.*

(2) Il nous est arrivé personnellement de pouvoir converser facilement avec de vieux bergers de la Bigorre, qui ne parlaient pas un mot de français. Nous nous exprimions en dialecte languedocien de Montauban, tandis qu'eux-mêmes parlaient bigourdan.

Il est vrai qu'ils ajoutaient aussitôt, avec un peu de naïveté :

« Par Provence, nous entendons le Midi de la France tout
« entier » (1).

Peu à peu, le mouvement félibréen gagna des adeptes en
dehors de sa région d'origine. Des relations se nouèrent
d'abord avec la Catalogne, qui envoya la fameuse coupe
d'argent, *la coupo santo*, qui sert aux banquets officiels du
Félibrige (2), puis avec la Roumanie et l'Italie. Enfin, le
Félibrige se répandit dans les autres terres d'oc françaises,
« propageant partout l'idée primordiale de Mistral, qu'il
« fallait réagir contre les « patoisants », épurer la langue, lui
« rendre sa beauté littéraire, comme il l'avait fait lui-même
« dans ses œuvres immortelles. » (3).

Ce fut en 1876 que furent rédigés les statuts définitifs,
nécessités par le développement de l'œuvre. Le Félibrige
fut divisé en quatre grands groupements dénommés *Maintenances* et correspondant chacun à l'un des principaux dialectes d'oc *(provençal, languedocien, aquitain (4), limousin)*.
Ces maintenances se subdivisèrent, à leur tour, en groupements locaux, ou *Ecoles*. Le pouvoir central fut exercé par
le *Consistoire*, composé de cinquante Félibres majoraux,
se recrutant par cooptation, et dirigé par un bureau comprenant deux chanceliers, des assesseurs et un capoulié.

(1) Armand Praviel et J.-R. de Brousse, *L'Anthologie du Félibrige.*

(2)   Coupo santo
          E versanto,
     Vuejo à plen bor,
       Vuejo abor,
     Lis estrambord
   E l'enavans di fort !
              Mistral, *Lis Isclo d'or*, Avoust 1867.

(3) Armand Praviel et J.-R. de Brousse, *op. cit.*

(4) C'est-à-dire *gascon.*

L'ambition de Mistral aurait été d'unifier complètement
la langue d'oc et d'amener les lettrés et le peuple à parler, de
l'Océan aux Alpes et de l'Auvergne aux Pyrénées, le même
idiome épuré. Mais, d'abord, comme nous l'avons vu, dès le
Moyen-Age, le gascon et le catalan étaient différents du provençal. En outre, d'une part, le Félibrige prit naissance au
moment précis où les circonstances politiques et économi-
ques allaient avoir pour conséquence une diffusion rapide du
français dans toutes les classes de la population ; d'autre
part, les diverses écoles félibréennes réussissaient bien, par
leurs travaux et leur propagande, à enrayer le recul des dialectes locaux, mais, les étudiant dans leurs détails, elles étaient
conduites à en codifier les divergences. Ainsi, si les divers
dialectes s'épurèrent, ils furent loin de s'unifier et les Ecoles
locales eurent de plus en plus tendance à se libérer de l'autorité du Consistoire et à. faire éclater les cadres trop rigides
des Maintenances.

La réforme des statuts de 1904, en même temps qu'elle
supprimait les Chanceliers, abolit les Maintenances. Il se
forma alors dans le Centre et en Gascogne, les fédérations
autonomes limousine et occitane. Les Ecoles provençales,
elles-mêmes, ne se trouvèrent plus réunies que par le lien
souple de la *Freirie*.

C'est que, même en laissant de côté les régions gasconne
et catalane, pour unifier de nouveau la langue d'oc, alors que
plus de 700 ans s'étaient écoulés depuis son morcellement, il
aurait fallu, à défaut d'un pouvoir politique qui imposât
l'usage d'une langne uniforme, un mouvement régional de
l'importance de celui qui permit au toscan de Dante de devenir la langue littéraire de l'Italie. M. André Thérive a émis
l'opinion que « l'effort des félibres provençaux n'a... pas
« réussi à créer une littérature vivante dans leur province,

« parce qu'il n'y a pas de grandes œuvres en prose d'oc » (1).
C'est faire trop peu de cas des œuvres en prose de Mistral,
que Pierre Devoluy est précisément en train de faire connaître au public français. En fait, il faut non seulement une
œuvre littéraire, mais encore un organisme assez puissant
pour l'utiliser et l'imposer.

Il ne faudrait pas croire toutefois que l'effort d'unification
de Mistral ait été vain. S'il a primitivement échoué sous sa
forme — on pourrait dire autoritaire —, il a eu, depuis
même que les liens du Félibrige semblent s'être relachés,
des effets certains, sinon sur les parlers populaires — le
moment n'en est pas encore venu — du moins chez les lettrés. Certes, il ne peut pas être question — et il n'a jamais
été question — de ramener le catalan au provençal. On peut
dire la même chose du gascon, qui a d'ailleurs besoin de
s'unifier d'abord lui-même. Mais, dans les dialectes que nous
avons rangés sous le terme générique de dialectes provençaux, une tendance à l'unification est certaine. Le Chanoine
Joseph Roux, l'auteur de la *Grammaire limousine*, après
avoir agi dans le cadre d'un provincialisme peut-être un peu
étroit, en était arrivé, à la fin de sa vie, à désirer réaliser
l'unification linguistique. Cette tendance est devenue aussi
celle de Prosper Estieu et d'Antoine Perbosc.

Au point de vue qui nous occupe, ce qu'il faut retenir,
c'est que, par suite de l'effort du Félibrige, la transcription
graphique des divers phonèmes spéciaux aux dialectes d'oc
a été fixée et presque entièrement unifiée, sauf pour le catalan, et que les orthographes des divers dialectes ont été généralement codifiées. Ceci nous donne, pour nos études, une
base ferme (2).

(1) *Le retour d'Amaʒan ou une histoire de la littérature française.*

(2) Il est nécessaire de consulter sur cette question, *l'Anthologie du
Félibrige*, d'Armand Praviel et J.-R. de Brousse et, au point de vue
historique, l'ouvrage d'Emile Ripert, *Le Félibrige.*

CHAPITRE IV

Les noms de lieux
de la région provençale et de ses annexes

***

§ 1

Les dialectes qui se rattachent directement
au provençal

ous avons déjà dit que les dialectes que nous avons
rangés sous l'épithète générique de dialectes pro-
vençaux se divisent en trois branches principales :
le *provençal proprement dit*, le *languedocien* et le *limousin*, qui correspondent à trois des Maintenances félibréennes
instituées en 1876. Mais, à leur tour, ces dialectes se subdi-
visent en sous-dialectes et, entre la région provenço-langue-
docienne, d'une part, la région limousine, de l'autre, on
trouve une assez vaste zone intermédiaire.

Le *provençal* s'étend à l'Est jusqu'à Menton inclus et jusqu'à la crête des Alpes, qu'il déborde à hauteur du Briançonnais, comme nous le verrons plus loin ; au Nord, il a
pour limite la zone franco-provençale, que nous avons définie
plus haut ; à l'Ouest, il a d'abord pour limite le Rhône, qu'il

franchit plus au Sud, pour atteindre Nîmes et recouvrir la plus grande partie du département actuel du Gard. On peut le diviser en *bas-provençal*, parlé dans la zone côtière, et duquel dérive le *vulgaire illustre* de MISTRAL, et *haut-provençal*, ou *provençal alpin*, parlé dans les montagnes, dont le *dauphinois* est une variété.

Limité à l'Est par le provençal, au Sud par le catalan, à l'Ouest par le gascon, le *languedocien* n'a, au Nord, que des limites assez imprécises. Il se divise en deux branches, qui ne font que traduire encore aujourd'hui la dualité de l'ancienne Province de Languedoc, laquelle avait deux capitales : Toulouse et Montpellier, où les Etats se réunissaient alternativement. Le *languedocien proprement dit* s'étend d'Agen, par Toulouse, jusqu'à Carcassonne et, de là, par Castres, jusqu'aux sources de l'Agout. Le *bas-languedocien*, qui a son centre à Montpellier, ne dépasse guère la plaine côtière et les collines du Minervois. Enfin, plus au Sud, le Comté de Foix parle un dialecte qui présente, sur un fond languedocien, quelques caractères gascons.

Le *limousin* se divise nettement en *limousin proprement dit* et *auvergnat*, lesquels sont peut-être plus éloignés l'un de l'autre que le provençal et le languedocien. Du limousin, on peut distinguer le *marchois*, tandis que l'auvergnat se partage en *haut-avergnat* et *bas-auvergnat*.

Entre les régions languedocienne et provençale, d'une part, les régions limousine et auvergnate de l'autre, se trouvent le Quercy, le Rouergue, le Gévaudan et le Vivarais, dont la langue tient des caractères de leurs divers voisins. Si le *quercinol* et le *rouergat* se rapprochent beaucoup du languedocien, les dialectes du Gévaudan et du Vivarais, appelés *haut-languedocien* par M. A. DAUZAT, présentent des caractères particuliers.

§ 2

Les dialectes provençaux proprement dits

Les *dialectes provençaux* ont été l'objet, au point de vue toponymique, d'une importante étude de Pierre Devoluy.

Nous extrayons, de sa préface, les lignes suivantes :

A) On peut dire que, d'une manière générale, les parlers septentrionaux de la langue d'oc (1) sont restés plus archaïques et qu'ils sont, d'autre part, caractérisés par la transformation en *ch* chuintante douce du *c* latin devant *a* et *o*. Les parlers méridionaux (2) sont, au contraire, plus « évolués », plus modernes, et ils ont conservé, d'autre part, le son vélaire du *c* latin devant *a* et *o*.

La limite qui sépare ces deux ensembles coupe en deux parties inégales le Cŏmté de Nice ; nous trouverons en conséquence dans la partie nord les formes : **lous chastelas** *(ciastelas)* (3), **las chabras, las chalanchas** *(cialancias) (lous* et *las* articles archaïques, *c* latin devenu *ch)*, et dans la partie sud : **li cabra, li calanca,** etc., *(li* article moderne, *c* latin demeuré *c)*.

B) *o* tonique provençal se prononce en diphtongue dans presque tous les parlers, et l'on entend *oue, oua, ouo.* Ainsi : ort (jardin) s'écrira souvent *ouort, ouart ;* porta (porte)

(1) C'est ce que nous avons appelé : le *haut-provençal. (Note de* L. Maury).

(2) C'est ce que nous avons appelé : le *bas-provençal. (Note de* L. Maury).

(3) « Les formes entre parenthèses ( ) représentent les errements « graphiques des documents de la région. » *(Note de* Pierre Devoluy).

s'écrira *pouarta, pouorta*. Nous trouverons ces différentes formes dans la nomenclature niçoise.

C) *l* et *r* placés entre deux voyelles ont à peu près la même prononciation roulée et dentale en provençal, en sorte que dans l'écriture on les confond souvent ; ainsi rencontrerons-nous : *calanca* et *caranca, calignaire* et *carignaire*, etc.

D) *l* précédé de *a* et suivi d'une autre consonne se prononce souvent *r*. Aussi trouverons-nous :

Alp et **arp, alpiha**, *(alpiglia)* et **arpiha** *(arpiglia)*, **calmeta** et **carmeta, balma** et **barma**, etc., **barcan** pour *balcoun*, balcon, à Menton. Les francisants indigènes disent d'ailleurs en français (?) : *parmié* pour *palmier, arcol* pour *alcool, barcon* pour *balcon*, etc.

E) La terminaison féminine latine *a* est demeurée *a* en vieux provençal et, encore aujourd'hui, dans certains parlers de langue d'oc, tels que ceux de Montpellier et de Nice. Dans la plupart des autres, *a* s'est généralement transformé en *o*. Le provençal littéraire moderne a adopté cet *o* à la règle. Mais on voit qu'il n'est point nécessaire de faire intervenir l'italien pour expliquer la féminine *a* sur les cadastres de la région niçoise ; encore que dans beaucoup d'endroits où le cadastre porte *a*, on prononce *o* ; dans le haut Var et la haute Tinée, par exemple, où l'on trouve écrit *las planas, las vachas*, et où l'on prononce *las planos, las vachos*. A Lantosque, comme à Saint-Etienne-de-Tinée, comme à Puget-Théniers, on dit d'ailleurs *la fremo*, et non *la frema*, etc.

F) Une des caractérisques des parlers de la région, commune d'ailleurs avec d'autres parlers de langue d'oc, est de faire tomber ou d'échanger les consonnes intervocales ; ainsi :
Glèsia, église, devient **glèia** ; *malurousa*, malheureuse, **maluroua** ; *pradet*, petit pré, **praët** ; *causa*, cause, chose, **cauva, caua** et **cava**; *clusa*, cluse, **clua** ; *pujada*, montée, **puada** ; *albareda*, lieu planté de peupliers blancs, **albarea** ; *bleda*, blette, poirée, **blea**, etc.

G) Dans la région mentonnaise, on constate certaines particularités :

1° *l* appuyé devient *i*, comme en italien et dans certains parlers de la Haute-Provence :

Ainsi *plan* devient **pian** ; *clot* devient **quiot** *(chiot)*, etc.

2° La féminine *ada* se change en *aia* ; ainsi *mountada*, montée, devient **mountaia** ; *puada*, montée, devient **puaia** ; *tourtihada*, **tourtihaia**.

3° La terminaison latine *ellum*, en langue d'oc *èl* et *èu* (éou), devient *è* ; ainsi *castèl*, *castèu* devient **castè**, etc.

H) Dans le haut Comté, la féminine *ada* devient *au* (prononcé *aou*, d'une seule émission de voix) :

Costa pelada, côte pelée, devient **costa pelau** ; *rata-penada*, chauve-souris, **rata-penau**, etc..... (1).

L'étude de Pierre Devoluy se termine par un *Vocabulaire des termes les plus généralement employés pour les noms de lieux du Comté de Nice*. Elle est, en effet, relative spécialement à cette région, mais, comme le démontre l'auteur, la langue du Comté de Nice est le provençal et « la « conception d'un dialecte particulier au Comté de Nice est chimérique. » (2). Ce travail pourra donc servir de base aux études toponymiques relatives à toutes les parties de la Provence.

Une seule question reste à résoudre.

Nous avons vu que M. E. Muret conseillait, pour les parlers franco-provençaux, de substituer *e* aux finales *a, o, i* atones, et que c'était la même solution qu'avait adoptée la *Commission de topographie et de toponymie* de la *Fédération des Sociétés Pyrénéistes*. Il semble que l'on pourrait

(1) Pierre Devoluy. *Les noms de la carte dans le Midi.*

(2) Cf. *Chapitre XV, § 4.*

envisager d'agir de même pour le haut-provençal, qui a conservé la finale *a*. Mais, pour le bas-provençal, la chose est au moins douteuse. Ici, nous avons à faire à la langue des félibres provençaux et, en particulier, de Mistral. Nous estimons que, dans la partie méridionale de la Provence, les graphies mistraliennes doivent être transcrites telles quelles, y compris l'*o* final atone (1) (2).

§ 3

Les dialectes languedociens

Comme nous avons déjà eu l'occasion de le dire, le *languedocien* se rapproche beaucoup du provençal. Il ne s'en distingue guère que par quelques caractères où l'on sent l'influence gasconne : *v* initial changé en *b;* fricative *v* également (languedocien *fabo*, provençal *fava)* (3).

Il n'a pas encore été fait, à notre connaissance, d'étude systématique des noms de lieux de cette région. Mais, étant donné ce que nous venons de dire, il semble qu'il n'y aura guère de difficultés pour adapter au languedocien les résultats obtenus pour le provençal.

Les différences entre le languedocien de Montpellier et celui de Toulouse concernent beaucoup plus le vocabulaire que la phonétique.

(1) Cette transformation de *a* en *o* date du xve Siècle. Cf. E. Bourciez. *Eléments de linguistique romane.*

(2) Sauf peut-être l'emploi de l'*i* au lieu de l'*y* en diphtongue. Voir l'opinion émise par M. E. Bourciez, *Deuxième Partie, Chapitre IV,* § *4.*

(3) Cf. E. Bourciez. *Eléments de linguistique romane.*

§ 4

Les dialectes limousins et auvergnats

La région arverno-limousine présente actuellement une diversité de parlers bien plus considérable que les précédentes. C'est que, ici, il n'a pas existé comme là, jusqu'au début des temps modernes, une unité politique ayant permis la conservation, dans une certaine mesure, de l'unité de la langue.

Les limites entre ces divers parlers sont difficiles à fixer. Il existe cependant une opposition assez nette entre l'Auvergne et le Limousin.

> Les parlers *limousins* sont restés plus conservateurs... Le *bas-limousin* connaît, dans l'ensemble, le passage de *ct* à *ch* et a le son *ts*, correspondant au *ch* français ; la limite *testo — têto* le coupe au Sud-Est. Le *marchois*, au contraire, a *it (fait)* et *tch (vatcho) ;* dans sa partie orientale, il connaît certaines palatalisations auvergnates (1).

Les parlers *auvergnats* sont beaucoup plus morcelés, surtout dans la *Basse-Auvergne.* Nulle part, dans tout le domaine de la langue d'oc, on ne constate autant de divergences entre les parlers de points voisins.

> [Dans la *Basse-Auvergne*], la série de phénomènes la plus caractéristique est celle des palatalisations de consonnes..... Le groupe *sy (i)* a évolué anciennement à *ch* dans toute la région ; pour [d'] autres [groupes], au contraire, on trouve

(1) A. Dauzat. *Les Patois.*

toutes les gammes de l'évolution, la Basse-Limagne donnant les phénomènes les plus évolués : *iy*, *ichy*, *ts*, aussi bien pour *k* que pour *t ; py*, *ps ; fy*, *fs ;* et, au Sud-Est, un son voisin de *ch* doux allemand, mais plus palatal...., *n* mouillé reste fixe ; *l* mouillé tend un peu partout à *y*, comme en français. La tendance à la contraction des anciennes diphtongues..... est..... très générale, mais n'est pas complète partout et produit des résultats très variés... L'amuïssement de *s* final ou devant consonne... et de *r* final a produit des évolutions très curieuses.... compliquées encore par des labialisations..... et surtout des régressions et réfections de toute sorte.... Les nasalisations de voyelles sont complètes, comme en français..... Au *ch* français correspond en général *ts ;* on a, au Sud-Est, un ilot de *tch* (Ambert) et le *tch* marchois à l'Ouest (Bourg-Lastic, Pontaumur), enfin *ch* dans la région de Thiers et en bordure du Bourbonnais.,...

On peut considérer que les parlers *haut-auvergnats* commencent avec la persistance de *s* devant *k*, *t*, *p* (testo, escoutâ) et l'altération de *l* entre deux voyelles ; ces deux limites se suivent de près, ce qui rattacherait l'arrondissement d'Issoire (sauf Sauxillanges) aux parlers de Haute-Auvergne et la Chaise-Dieu à ceux de la basse. Mais une telle délimitation est un peu artificielle, car les autres caractères phonétiques s'enchevêtrent. La seule limite nette est celle du Lioran, qui rejette l'arrondissement d'Aurillac hors de l'Auvergne linguistique, tandis que le reste du [département du] Cantal, [l'arrondissement d'] Issoire et [le département de] la Haute-Loire (sauf Yssingeaux) forment un ensemble relativement homogène. Toute cette région connaît la palatalisation de *k, g, t, d, l, n* et *s, ʒ* ....devant *i*, mais ignore, sauf en bordure Nord, la palatalisation des labiales et, en général, l'action de *é* et *u* sur la consonne. Les diphtongues sont mieux conservées..... Au *ch* français, correspond *ts* (1).

____

(1) A. Dauzat. *Les Patois.*

§ 5

La zone intermédiaire

Bien que le Rouergue ait produit un félibre remarquable, le Chanoine Bessou, dont les charmants *Countes de la Tata Mannou* mériteraient de se trouver dans toutes les familles, son dialecte, comme celui du Quercy, n'a pas donné lieu à des études linguistiques. Ils ne présentaient pas suffisamment de caractères distinctifs pour nécessiter une étude spéciale.

Par contre, M. A. Dauzat a indiqué les caractéristiques principales des parlers du Vivarais et du Gévaudan, qu'il a nommés *haut-languedocien* :

> Phonétiquement, ces parlers forment transition entre [les parlers provençaux et languedociens] et ceux de la haute Auvergne et du Velay. Ils n'ont pas gardé l'*o* latin final et ignorent le passage de *l* à *r*.... Traversés dans [le département de] l'Ardèche par plusieurs limites phonétiques importantes *(testo, têto ; amado, ama)*, [ils] n'offrent, surtout dans le Vivarais, aucune homogénéité. Pour *c* (+ *a* latin) on a *c* au Sud de Florac, *tch* dans le reste du Gévaudan et le Sud du Vivarais, *ts* au Nord du Vivarais. Le vocabulaire est surtout riche en archaïsmes dans le Gévaudan et les Cévennes, qui sont, avec le Rouergue, les régions les plus conservatrices du Massif Central (1).

(1) *Les Patois.*

CHAPITRE V

Les noms de lieux de la région catalane

———

§ 1

Les caractères spéciaux du catalan

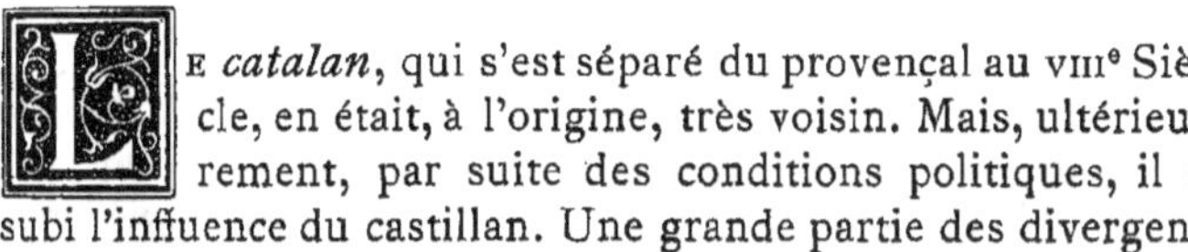

E *catalan*, qui s'est séparé du provençal au viiie Siècle, en était, à l'origine, très voisin. Mais, ultérieurement, par suite des conditions politiques, il a
subi l'influence du castillan. Une grande partie des divergences actuelles avec le provençal paraît dater du xiiie Siècle.

En catalan, la diphtongue *au* s'est réduite à *o*, dans les
mots indigènes, comme dans la langue d'oïl, à l'inverse de ce
qui s'est passé dans la langue d'oc. L'*l* initial s'est mouillé
dans **lluna, llenga, llar**. Le *ʒ* de *raʒo, plaʒer*, a fait place à
une simple aspiration : **rahó, plaher**. Les occlusives finales
se sont vocalisées en *u* : **seu**, sedem, **creu**, credo, au lieu de
se conserver : *prat*, *pradu, ou de s'effacer : *fe*, fidem,
comme en provençal. Le *ts*, quelle que fut son origine, s'est
vocalisé en *u* : **nou**, nucem, **plau**, placet, **pou**, putam, **amau**,
amatis. « Ce traitement des dentales finales est la caractéris-
« tique essentielle du catalan et lui assure une place à

« part. » (1). Quant au mouillement qui s'est produit pour *n* et *l* doubles finaux (écrits *ny* et *ll* : any, cabell, annum, capillum), il semble se trouver en relation avec l'évolution survenue au centre de la péninsule ibérique (2).

§ 2

La graphie des noms de lieux catalans

Nous nous trouvons ici en présence d'un cas particulier. « [Le catalan] est la langue pour laquelle il est le plus facile « de se mettre d'accord [pour la question des orthographes], « car il existe un catalan officiel » (3), qui est effectivement parlé par la société cultivée de la Catalogne espagnole.

[Toutefois,] une question délicate se pose : peut-on être intransigeant pour certains noms francisés ? Il paraît difficile d'imposer **Perpinyà**, ou le **Canigo**, ou **Sant Llorenç dels Cerdans**. Pourtant la majorité des noms officiels des communes sont restés catalans. Exemples : **Thuès entre Valls, Palau del Vidre**. Il serait possible, pour contenter tout le monde, de maintenir les quelques noms francisés, en écrivant au-dessous la graphie catalane (4).

Mais, plus encore peut-être que pour les autres dialectes de la langue d'oc, il sera nécessaire d'indiquer la prononciation :

(1) E. Bourciez, *Eléments de linguistique romane*.

(2) Cf. E. Bourciez, *Eléments de linguistique romane*.

(3) *Réponse de M. H. Gaussen à l'Enquéte*.

(4) *Réponse de M. E. Gaussen*.

Quels que soient les artifices employés, un Français du Nord prononcera toujours mal le catalan, s'il ne fait pas des études spéciales. Qu'on écrive donc correctement et qu'une notice indique les points principaux, comme : x = *ch*, u = *ou*, ll = *ill ;* marquer l'accent tonique : Llavorsí, Anetó (accent [dont l'omission] a donné l'audition et la graphie défectueuses : *Néthou)* (1).

(1) *Réponse de M.* H. Gaussen.

M. A. Dauzat dit, de son côté : « La graphie du catalan est assez « spéciale : x correspond à notre *ch*, ll à *l* mouillé, tll à *l* mouillé pro- « longé, ig à *tch* (puig doit se lire *poutch)* » *(Les Patois).*

M. H. Gaussen ajoute, dans sa *Réponse*, les intéressantes remarques suivantes :

« Il est nécessaire que le linguiste spécialiste auquel on confie le soin « de déterminer l'orthographe correcte examine les mots un à un et « cherche leur sens.

« Exemple : *Puymorens*, ou *Puymaurens*, ou *Puimaurin ?*

« Le mot *Puy* n'est pas catalan ; il faut écrire **Puig**, pour désigner « une montagne ; on pourrait songer à la montagne du Maure et écrire « *Puigmaurens,* mais la terminaison *ens* se comprend mieux si on lui « attribue le sens de mourant : *morens* ou *morent*. On peut alors parler « d'un mourant : *Puigmorens*. Mais cela ne veut pas dire grand chose. « Or, M. Salas a trouvé, dans des documents du xi⁰ Siècle, l'indication, « en bas latin, *Collis de Pinu morienti ;* en traduisant en catalan, c'est « **Coll del Pi morent**. Or, c'est la région où finissent les pins, ou bien, « il y avait [là] un vieux pin mourant. On comprend très bien que le mot « **Pimorent** ou **Pimorens** ait été défectueusement écrit *Puymorens* et « on voit que l'orthographe correcte est **Pimorens.**

« Ici, la présence d'un vieux texte permet de fixer le sens du mot et « évite de chercher les origines fantaisistes, comme celles que j'ai indi- « quées au début.

« Le plus souvent, la graphie s'impose. Il est absurde d'écrire *Puy-* « *cerda* ou *Puyvalador*, en mettant la moitié du mot en auvergnat et « l'autre moitié en catalan ; corriger en **Puigcerda** et **Puigvalador** « est évident.

« Mais il y a l'écueil de trouver un spécialiste imaginatif, qui cher- « chera un sens catalan à des mots d'origine plus ancienne, comme il en « existe tant (songer aux mots monosyllabiques de Cerdagne : *Ur, Alp,* « *Err, Llo, Bor, Das, Hix)*. Quand on ne comprend pas, on peut cepen- « dant orthographier selon l'usage, écrire **Carlit** comme l'ont toujours

« écrit les catalans, et non *Carlitte*, comme l'indiquent les cartes actuelles.
« Ecrire **Serra de Cadi** et non *Sierra del Cadi ;* **Maladeta** et non
« *Maladetta,* etc. »

Enfin, M. A. Gaussen termine par cette phrase, qui pourrait servir de
conclusion à la présente étude :

« On ne peut pas espérer mettre complètement au point la question
« en une édition, mais il y aurait grand progrès à corriger dans les car-
« tes les erreurs qui sont visibles de ceux qui connaissent la langue et
« s'éviter les erreurs célèbres... » De celle-ci, le *Pas des Lanciers,* dont
la paternité est attribuée communément à la Compagnie du P.-L.-M., est
une des plus connues.

CHAPITRE VI

Les noms de lieux de la région gasconne

§ 1

Les caractères particuliers du gascon

OMME nous l'avons déjà dit, le gascon diffère du pro-
vençal par son consonnantisme, qui est très spécial,
et qui est dû, vraisemblablement, à des influences ibères.

Les deux traits caractéristiques du gascon et qui, ayant
à peu près la même extension, permettent de le délimiter,
sont le traitement de *ll* intervocalique et celui de *f*.

Dès la période romane primitive, *ll* intervocalique est
devenu, à l'intérieur d'un mot, *r* : *apera*, appellare ; *bere*,
bella ; au contraire, lorsque, par suite de la chute d'une
voyelle, il s'est trouvé final, il est passé à *tch*, étape à
laquelle il est resté en commingeois et dans certains noms
de lieux du Béarn (1), puis à *t* : *bat,* vallem ; *castet*, castel-
lum ; *bet*, bellum.

(1) Dans lesquels, d'ailleurs, il est orthographié *igt* **(baïgt)** *(Baigts,*
près d'Orthès, *Magnabaigt*, dans la Vallée d'Ossau).

Quant à l'*f*, dès une époque ancienne et quoique l'orthographe ne le note qu'à partir du xive Siècle, il s'est changé en une aspiration *h* : *hilh*, filium ; *harie,* farina.

Les autres caractères, ou ne sont pas limités à la zone gasconne, ou ne s'étendent pas sur tout son domaine.

Le *v* est devenu *b (baler, beri, habe)*. Ce passage, qui était limité au gascon à la fin du Moyen-Age, a gagné la Guyenne et une partie du Languedoc.

Les groupes *kw, gw,* qui ont perdu leur élément labial en provençal *(quatre, guardar)*, l'on conservé en gascon *quoate, goarda)*, mais aussi en lorrain.

Les particularités suivantes sont généralement cantonnées dans la zone pyrénéenne.

Le *g* initial du latin vulgaire est devenu *y* devant *e* et *i* (béarnais : *yeme*, de gemma).

L'*r* roulé initial a amené la production d'un *a* prosthétique dès le xe Siècle *(arram,* ramum ; *arriu,* rivum.)

Le *d* est resté *d* (béarnais : *bede, sudà)*, tandis que, partout ailleurs, il est devenu *ჳ* au début du xiie Siècle (provençal : *veჳer, suჳar)*.

L'*n* intervocalique est tombé *(luna,* devenu *lua)*.

Les groupes *nd, mb* se sont réduits à *n* et *m (palomba,* devenu *paloma)*.

Enfin, certaines particularités sont spéciales à la Vallée d'Aspe, dont le dialecte présente d'ailleurs le maximum d'archaïsmes de toutes les langues romanes : passage de *k, t, p* à *g, d, b,* après *m, n, l, r ;* conservation de *c, t, p* latins intervocaliques *(amata, sener, ripa)*.

Le lexique renferme un certain nombre de mots ibères *(artigue, garric, pène, serre),* ainsi que des mots latins qui ont été ailleurs éliminés entièrement *(cap, desmembrar, di)* ou remplacés par des dérivés *(poutch, taur)* (1). Quant aux emprunts au basque et à l'espagnol, ils sont insignifiants (2).

§ 2

Les limites et les dialectes de la langue gasconne

Depuis l'époque où César écrivait : *Gallos ab Aquitanis Garumna flumen... dividit* (3), la limite linguistique de l'ancienne Aquitaine, aujourd'hui la Gascogne, n'a pas changé (4).

Elle part de l'Océan, suit la Gironde et la Dordogne jusqu'à Castillon, longe ensuite la rive droite de la Garonne, puis passe vers Port-Sainte-Marie sur sa rive gauche, qu'elle remonte d'abord à peu de distance du fleuve. Elle ne s'en éloigne qu'à la hauteur de Toulouse. Elle vient le franchir de nouveau un peu en amont de Muret. Elle suit ensuite la limite du Couserans et du Comté de Foix (5) et, enfin, jusqu'au pays Basque, la crête des Pyrénées (6).

(1) *Taur* existe également en languedocien : L'Eglise du *Taur* à Toulouse.

(2) Cf. E. BOURCIEZ, *Eléments de linguistique romane* ; A. DAUZAT, *Les Patois* ; A. LONGNON, *Les noms de lieu de la France*.

(3) *De bello gallico*, I, 1.

(4) Il est possible que le territoire occupé par les Ibères s'étendit, antérieurement à l'époque de César, au-delà de la Gascogne actuelle. Mais cette occupation n'a laissé que de très rares traces dans la toponymie (cf. A. LONGNON, *op. cit.)*

(5) Bien que présentant quelques caractères gascons, le Comté de Foix est, nous l'avons dit, nettement languedocien.

(6) Le dialecte du Val d'Aran est purement gascon. Au Sud de la ligne de crête, la région de Vénasque parle une langue qui tient à la fois de l'aragonais, du catalan et du gascon.

Les dialectes gascons ont gardé jusqu'à aujourd'hui une certaine unité ; leurs différences sont relativement de peu d'importance.

Laissant de côté les parlers du Bordelais, des Landes et de l'Armagnac, on peut distinguer, dans la région montagneuse, le *béarnais*, le *bigourdan* et le *commingeois*.

Les conditions historiques ont favorisé le *béarnais*, resté langue officielle jusqu'au xviiᵉ Siècle (1). Aussi est-ce celui de ces dialectes qui a conservé la forme la plus littéraire et auquel se ramèneront fatalement les autres, si l'essor de la littérature moderne d'oc s'accentue.

Le *bigourdan* est très proche du béarnais. En Béarn et en Bigorre, les différences sont plutôt sensibles entre la plaine et la montagne, qui n'emploient pas les mêmes articles ; différence qui se remarque à première vue.

Le *commingeois* présente des formes un peu différentes.

§ 3

La graphie des noms de lieux gascons

Les Pyrénées gasconnes sont actuellement la seule région française pour laquelle on ait étudié systématiquement et complètement la graphie à adopter pour les noms de lieux.

Comme nous l'avons dit dans la *Première Partie* de ce travail, la *Commission de Topographie et de Toponymie* de

(1) Jusqu'à cette époque, les arrêts du « Parlement de Navarre, séant à Pau » étaient rédigés en béarnais.

la *Fédération des Sociétés Pyrénéistes*, organisée grâce à l'initiative de M. Alphonse Meillon, a pu arriver à établir pour eux des règles de transcriptions rationnelles (1). M. A. Meillon les a exposées dans son *Glossaire des noms topographiques de la vallée de Cauterets.* Nous allons les reproduire (2).

1° Orthographe à adopter

Rien n'autorise à altérer l'orthographe locale des noms de lieux pour la mettre d'accord avec les lois de la phonétique d'une autre région.

Nous avons proposé d'écrire les dénominations locales en langue d'oc, suivant les règles des *Ecoles Félibréennes.* Si leur accord n'est pas absolument unanime, l'immense majorité des Félibres tient cependant pour acquis un certain nombre de points.

Tels sont, par exemple, **au** ponr *aou*, **ay** pour *aï*, etc. Les divergences sont peu nombreuses, mais entrons dans le détail et indiquons la notation pour laquelle nous croyons devoir opter (3).

Nous avons déjà suffisamment insisté sur cette question pour ne pas avoir besoin d'y revenir.

2° Les voyelles et leur accentuation

Règle générale : On accentue d'après la prononciation.
Il s'agit de noter deux genres de nuances :

(1) Bien que cette étude concerne plus spécialement le Béarn et la Bigorre, elle est appliquable, presque intégralement, à tous les pays gascons, et même, dans ses grandes lignes, à tous les dialectes de langue d'oc, étant donné leur parenté assez étroite.

(2) La chose est d'autant plus utile que l'ouvrage de M. Meillon est actuellement épuisé. Il en est malheureusement de même de celui de Pierre Devoluy.

(3) A. Meillon, *op. cit.*

1º Le caractère *fermé* ou *ouvert* de la voyelle ;

2º Son caractère *atone* ou *tonique*.

En tout, quatre combinaisons : fermée atone, ouverte atone, fermée tonique, ouverte tonique.

1º Les voyelles *atones*, qu'elles soient fermées ou ouvertes, ne seront marquées *par aucun accent* (1).

2º Seul, l'accent *tonique* prendra un signe :

a) Les voyelles toniques *fermées : á, é, í, ó, ú*, seront marquées *par l'accent aigu* (ainsi procèdent l'espagnol (2), le catalan, le latin accentué des missels, le grec, etc.).

Exemple : Agulhéte, Barén, Barédye, Biélhe, etc. (3).

b) Seules les voyelles *è, ò* toniques *ouvertes* se marqueront par *l'accent grâve*. Exemple : Nèu, Agalère, Bòlou.

Telle est la transcription pratique qui nous paraît la meilleure. (4) (5).

___

(1) « Il pourra être parfois nécessaire de mettre un accent aigu sur « une atone fermée, non finale, si l'on craint de la voir prononcer « comme un *e* muet. Ex. : **Estélat,** et non *Estelat.* » *(Note de M. A.* Meillon).

(2) Noter que l'espagnol n'accentue la tonique que lorsque celle-ci n'est pas la pénultième. *(Note de L.* Maury).

(3) « On pourrait peut-être se dispenser d'accentuer les *o* ouverts toni- « ques et les toniques fermés, lorsqu'il ne saurait y avoir d'incertitude à « l'égard du timbre et de la tonicité. Ex. : *Agalorce,* inutile d'écrire « *Agalòrce ; Agulhou,* inutile d'érire *Agulhoù.* » *(Note de M. A.* Meillon). Personnellement, nous estimons que, par mesure d'uniformité, il faut toujours accentuer la tonique. *(Note de L.* Maury).

(4) « S'il s'agissait d'une *notation scientifique* de ces nuances, on pour- « rait marquer par un accent grâve les voyelles *ouvertes* et par un accent « aigu les *toniques.* Les voyelles qui seraient à la fois *ouvertes et toni-* « *ques* porteraient l'accent circonflexe (combinaison des deux précé- « dentes). Celles qui seraient à la fois *fermées et atones* ne porteraient « aucun accent. Mais cette notation nous paraît trop compliquée pour « être proposée.

« L'accent circonflexe pourrait servir à surmonter les voyelles que « suivait jadis un *n*, si la nasalisation de la voyelle est encore un peu « sensible. Ex. : **Azû, Campâ.** » *(Note de M. A.* Meillon).

(5) A. Meillon, *op. cit.*

Nous avons vu que M. E. Bourciez (1) proposait d'accentuer la première voyelle des diphtongues *àu, èu, éu,* etc. Cela aurait bien l'avantage d'appeler l'attention sur leur prononciation, mais l'accent étant indispensable pour marquer la voyelle tonique, ce procédé entraînerait des ambiguités. Aussi, nous estimons les propositions de M. Meillon préférables. La légende dont il a été parlé précédemment suffira pour indiquer quelle doit être la prononciation des diphtongues méridionales.

3° Valeur et prononciation des lettres

En principe, toutes les lettres se prononcent comme en français. Il y a naturellement des exceptions pour certaines lettres et groupes de lettres (2).

— A —

En béarnais, l'a final était articulé :

a) Avec un accent fort, comme dans *cla* (prononcez clà).

b) Avec un son peu sensible, adouci, faible. Exemple : *terra,* terre ; *pèyra,* pierre. D'où *tèrra* devenu **tèrre**, et *pèyra,* **pèyre**.

A final atone peut donc être noté *e,* sauf dans les régions qui prononcent *a* ou *o* (3).

Au pluriel nous trouvons les deux formes **as, es.** Exemple : causas, terres. Le singulier *a* et le pluriel *es* se trouvent dans plusieurs vallées.

Dans la Haute-Barousse (dialecte de Ferrère), ainsi que

______

(1) *Deuxième Partie, Chapitre V, § 4.*

(2) A. Meillon, *op. cit.*

(3) C'est également l'opinion de M. Sarrieu : « On remplacera par *e* « muet les finales gasconnes en *a, o, é* ou *e (œ)* — et *as, os, es* — atones » *(Réponse à l'Enquête.)*

dans la Vallée d'Aure, l'*a* final atone se prononce entre *a* et *e*, la bouche presque fermée. Dans certains quartiers, cet *a* vaut presque *è* (1).

Ar initial doit aussi être conservé là où il est d'usage attesté (**Arribère**, par exemple, au lieu de *Ribère)* (2).

— B et V —

Il est probable que dans nos régions, le *V* s'est de très bonne heure prononcé *b (v* bilabial).

Le **b** local doit être respecté. Pourtant le *v* existe souvent dans les transcriptions usuelles. Exemple : **Vénasque**, ou **Benasc** (étymologie : *Vindascum)* : **Bielle** et **Vielle**, etc. Donc mettre **b**, si on prononce *b*, et **v**, si on pro- nonce *v*. (3) (4).

— C —

C est toujours dur à la finale : **arroc**, **terruc**. Devant *e* et *i*, le *c* remplace le *t* qui prend en français le son sifflant (5).

— CH —

Ch se prononce comme en français. (Voir X.)
Tch s'écrit *tch* (Voir la finale *Tch)*. (6).

(1) « *Origine :* *a* latin a donné *a*, sauf à la finale ou à la contrefinale.
« Là on trouve, suivant le cas, d'abord *a*, puis, plus récemment, *o* ou *e*.
« *ae* latin a donné *è* ouvert. Ex. : *caelum*, **cèu**, « ciel ». *(Note de M.* A. MEILLON).

(2) A. MEILLON, *op. cit.*

(3) « Dans la Haute-Barousse, dialecte de Ferrère, le *v* est substitué « au *b* chaque fois que celui-ci est précédé d'une voyelle ou d'une « diphtongue. Ex. : *Cinc boutélhas de vin ; De voun bin* (du bon vin) ; « ainsi qu'après les trois consonnes L, R, S. » *(Note de M.* A. MEILLON).

(4), (5) et (6) A. MEILLON, *op. cit.*

— DZ —

La prononciation locale **dz** sera transcrite telle quelle. (1).

— E —

E se prononce *é* sans prendre d'accent à l'atone. A la
tonique, on devra l'écrire *é* ou *è* suivant qu'il est fermé ou
ouvert (2).

A la fin de quelques mots où il remplace l'*a* final féminin,
il a le son sourd de l'*e* muet se rapprochant de l'*o*. L'*o* peu
sensible en béarnais est plus fort en Languedoc et le dialecte
se distingue par le plus ou moins de sonorité (3).

— ET —

La terminaison **et** se prononce aujourd'hui en français avec
è ouvert *(volet,* prononcez *volè) ;* mais elle correspond à
notre terminaison (ordinairement diminutive) *ét,* qui se prononce avec *é* fermé. Exemple : **Bounét,** bonnet ; **carréte,**
charrette (4).

(1) A. Meillon, *op. cit.*

(2) « L'*e* final atone peut être noté *e,* sans accent, sauf si les dialectes
« l'ont rendu tonique. Ex. : **Sescués,** traduction française. : *Sescoués*
« (et non *Sescoues).*

« *Origine :* L'*e* bref latin a donné *è* ouvert. Ex. : *Tèrra, tèrro,* etc.

« L'*e* long latin a donné *é* fermé. Ex. : *Plénum, plén, plé,* « plein ». »
(Note de M. A. Meillon).

(3) A. Meillon, *op. cit.*

(4) A. Meillon, *op. cit.*

— F —

F initial ou médial se prononce généralement aujour-d'hui *h* (1). On le remplacera donc par *h*, dans les termes locaux, sauf là où l'on entendra nettement un *f*.

— G —

Dans la Vallée d'Aure, le G initial ne se prononce pas dans certains mots. Exemple : **Gouaux.** se dit *Ouaux* (2).

— I et Y —

L'I tonique ne présente aucune difficulté.

Si la finale tonique est *i*, il faut accentuer la syllabe pré-cédente. Exemple : **Gẻri.**

I, après une voyelle, ne se fond jamais avec elle comme en français. Chaque lettre se prononce séparément, comme en français dans *A-ie* (interjection) ou dans *langue d'Oïl* (3).

Y, après une voyelle, se prononce *i ;* jamais, par exemple, *ay* ne se prononce *è* ouvert, mais *a-i en une seule diphton-gue* (4), dont le son mouillé ressemble à celui que l'on entend dans Théière (té-yè-re) (5). Chaque lettre reste distincte.

(1) « Dans les régions où *f* est passé à *h*, il est certain que dans les « anciens textes, on écrivait *f*, quand déjà on prononçait *h*. Dans le « Gers, pourtant, **Flourenço** ne s'est jamais prononcé *Hlourenço.* » .*(Note de M.* A. MEILLON).

(2) A. MEILLON, *op. cit.*

(3) Il faut remarquer que *a* et *i*, quoique prononcés séparément forment diphtongue et doivent être prononcés d'une seule émission de voix. *(Note de* L. MAURY).

(4) C'est nous qui soulignons. *(Note de* L. MAURY).

(5) En observant que la décomposition doit être faite en deux sylla-bes : tey-ère. *(Note de* L. MAURY).

Exemple : **Laytous,** se lit *la-i-tous,* et non *létous ;* aygue se lit *a-i-gue* (1), et non *ègue.* (2) (3).

— J —

J se prononce comme en français. Quand *j* se prononce *y,* il faut l'écrire de même. Ecrivez **Yer,** si vous prononcez *Yer* et **Jer,** si vous prononcez *Jer.*

La prononciation locale **dj** ou **dy** doit être indiquée telle quelle (4).

— LH —

Lh remplace *ll* mouillés. On ne doit jamais le remplacer par *ll,* parce que *ll* gascon (béarnais, etc.) doit être réservé pour noter deux *l* consécutifs, se prononçant détachés l'un de l'autre, comme dans le français : le rebel-le, col-le. Exemple : **Biélhe, Sernélhe** (5) (6).

(1) En observant que la décomposition doit être faite en deux sylla-bes : *lay-tous, ay-gue (Note de* L. Maury).

(2) « Toutes les Ecoles Félibréennes écrivent *ai* ou *ay,* et non *aï,* sauf si *aï* donne deux syllabes. Ex. : *Pai* (ou *Pay) ; aima* (ou *ayma).*

« *Origine* : l'*i* bref latin a donné *é* fermé. Ex. : *Pinna,* **péne** « rocher ».

« L'*i* long latin a donné *i.* Ex. : *Vinum,* **bin,** bi, « vin ». *(Note de* M. A. Meillon).

Nous avons vu *(Deuxième Partie, Chapitre* V, § 4) que M. E. Bour-ciez préfère la notation *ay* à la notation *ai* ou *aï.* A notre avis, également, la notation *ay,* plus claire, doit être adoptée, même pour les noms de lieux de la Provence. Pour ceux de la Gascogne, il ne saurait y avoir d'hésitation. *(Note de* L. Maury).

(3) A. Meillon, *op. cit.*

(4) A. Meillon, *op. cit.*

(5) « L'accord des Ecoles Félibréennes est complet au sujet de **lh** « représentant *ll* mouillés. Ex. : **Balha, palha, abelhe.** Il faut donc « conserver ce signe *lh.* De même pour **th** représentant *t* mouillé, « sinon pour **nh.** » *(Note de M.* A. Meillon).

(6) A. Meillon, *op. cit.*

Nous arrivons ici à la première des trois difficultés principales qui se présentent pour la prononciation correcte des mots de la langue d'oc (sans compter la question de l'accent tonique).

Il faut remarquer d'abord que le son de l'*l* mouillé n'existe plus guère dans le français du Nord (1) où il est remplacé par le son *y*. Il y aura donc lieu, de toute façon, de prévenir le « Français moyen » de la persistance de ce son dans le Midi.

En ce qui concerne la notation *lh*, il convient de faire observer que toutes les personnes qui ont répondu à l'Enquête, et qui ont fait de la langue d'oc l'objet de leurs études, sont d'avis de l'employer (MM. Simin Palay, Miquèu de Camelat, Rondou, B. Sarrieu, A. Meillon, L. Maury, Abbé Marsan, E. Bourciez, Grammont) (2).

Déjà, antérieurement, la question avait été étudiée en détail, à la réunion de Tarbes de la *Commission de topographie et de toponymie* de la *Fédération des Sociétés Pyrénéistes* (3), lors de la discussion de la toponymie de la Carte au 20.000ᵉ du *Mont-Perdu* de Schrader.

Schrader avait proposé de noter par *ilh* l'*l* mouillé : « Que « dans le béarnais traditionnel », avait-il écrit à la *Commis* « *sion*, *lh* remplace notre *l* mouillé, je le constate avec vous ; « maisqu'il puisse le remplacer en cartographie, sur des do « cuments dont la trame n'est plus béarnaise, mais française, « voilà ce qui me paraît inadmissible, au nom même de la « tradition. Le problème se double, dans ce cas. Il faut à la « fois constater et préserver cette tradition et, pour cela

(1) Si non, au moins théoriquement, dans la prononciation correcte du français littéraire.

(2) Il faut se souvenir que, comme nous l'avons dit, l'*l* mouillé s'écrit **ll** en catalan.

(3) Séance du 3 Décembre 1911. Etaient présents MM. Camboué, Le Bondidier, Abbé Marsan, Maussier, A. Meillon, de Roquette-Buisson, de Saint-Saud, B. Sarrieu.

« même, là rendre compréhensible et prononçable par le
« non-béarnais. Voilà pourquoi je crois indispensable d'em-
« ployer, pour la toponymie cartographique pyrénéenne,
« la forme *ilh* pour *ll* mouillé *(Mailh, Pailha)*. Le *lh* rap-
« pellera *l'origine*, le *i* préventif sauvera la *prononciation ;*
« et le problème sera ainsi résolu, pour les linguistes et
« pour les non-linguistes. »

Dans son *Rapport*, M. A. Meillon discutait ainsi cette
proposition :

A la place de **lh,** employé pour *l* mouillé, M. Schrader a
adopté la forme *ilh*. Il a défendu cette forme contre plusieurs
de ses collègues qui voulaient ramener *l* mouillé à sa forme
française. Si nous avons, en français, *fille, bille, fourmille*, etc.,
nous avons aussi *ville, mille, pupille*, etc. Comment distinguer ces deux prononciations sous cette unique forme, dans
des noms de lieux ? (1).

Contre ses collègues, M. Schrader préconise la forme *ilh*
comme indispensable pour constater l' « étymologie » locale.

« Le *ilh* », dit-il, « a le double avantage d'être à la fois
« respectueux de l'origine qu'il signale et compréhensible
« pour ceux, plus nombreux chaque jour, qui ne parlent que
« la langue cultivée ».

Trois choses sont donc à examiner ici :

A) La forme *ll ;* — B) la forme *ilh* de M. Schrader ; —
C) la forme *lh* qui est celle des Ecoles Félibréennes et la
notre.

A) La forme ll doit être réservée en langue d'oc (gascon,
béarnais, etc.) pour noter deux *l* consécutifs se prononçant
détachés l'un de l'autre, comme dans le français *rebel-le,
col-le*. Exemples : arralle, hirondelle ; calle, caille ; drolle,
jeune garçon, etc.

B) La forme *ilh* que présente M. Schrader — et qui est,
en effet, bien supérieure et bien préférable aux *ill* mouillés
du français — pourrait certes passer avec *a* et *e*. Exemples :

(1) Pour lesquels, comme nous l'avons vu, la prononciation tend à se
modeler sur l'orthographe, la tradition orale étant généralement inconnue des non-autochtones. *(Note de* L. Maury).

cailhauas, teilh (Et, même, dans le premier cas, on pourrait craindre qu'on ne prononçat *Quélhaouas*).

Mais voici les difficultés :

Avec *i*, la forme *ilh* de M. SCHRADER se réduit forcément à *lh*. Exemple : Quilhous : *Qui-lhous* et non pas *Qui-ilhous*.

Avec *u*, la forme *ilh* doit aussi se réduire à *lh*. Exemple : Agu-lhoun et non pas *Agui-lhoun*, où l'on ferait entendre à tort l'*i* de gui, Pégulhan (près de Boulogne) se prononcerait *Pé-gui-llan*, si on écrivait *Péguilhan*. Même en écrivant *Agüilhoun*, on pourrait croire qu'il faut prononcer *A-gu-ï-lhoun*.

Enfin cette forme *ilh* prête encore à confusion avec *o* et avec *ou*. Avec *o*. Ex. : Bôlhou : *Bo-lhou*, et non pas *Boi-lhou*, car le son *oi* n'existe pas ici. — Avec *ou*. Ex. : *Bouilhas* : faudra-t-il prononcer *Bou-lhas* ou *boui-lhas* ? De là d'inévitables confusions amenées par cette forme *ilh* après les voyelles *i, u, o*, et après la diphtongue *ou*.

C) La forme **lh**, au contraire, que nous proposons pour noter le son mouillé, échappe à tous ces inconvénients. Elle a le mérite de se distinguer du son redoublé de *l*, qui se notera naturellement par deux *l*. Lh n'occasionne aucune confusion dans la prononciation avec aucune voyelle.

Exemples : **Palha, Calhau, Sélh, Télh, Quilhous, Carcolh, Estrangoulhat, Agulhou**, etc.

Nous insistons donc pour qu'on écrive, pour le son mouillé : *Era Ralhe, Hourcau det Palha, Pla d'Alhèt, Port Biélh, Câcou de Jerretélh, Pic d'Aulhan, Boulh-Darré, Pic des Agulhous*, etc.

Si une autorité géographique de la valeur de M. SCHRADER se rangeait à notre manière de voir, notre réforme aurait fait un grand pas. Notre plus beau triomphe ne serait-il pas qu'elle le ralliat lui-même ?

M. A. MEILLON avait communiqué son *Rapport*, avant séance, à MM. RONJAT, GRAMMONT, BOURCIEZ, MILLARDET, qui avaient envoyé les réponses suivantes :

M. RONJAT : *ilh* est un compromis absurde entre français *ill* et gascon **lh**.

M. Grammont : écrire l'*l* mouillé par **lh** qui est un signe connu, mais pas par *ilh* qui ne peut que prêter à confusion.

M. Bourciez : je pense qu'il vaut mieux écrire **lh** sans *i*, car cet *i* peut, en effet, créer des amphibologies et même amener des prononciations vicieuses.

M. Millardet : La graphie **lh** est la seule qu'autorise la saine tradition ; c'est la seule aussi qui soit d'un usage vraiment pratique. A l'initiale, par exemple, *Ilh* est impossible.

Les membres présents [à la *Séance*], « allant par des exemples » comme dit M. Meillon, « au-devant des objections », indiquent les formes **Lhèu** (écrit à tort *Ilhèu* (1) par suite précisément de la notation embarrassée *ilh*), **Lheris** (près de Bagnères-de-Bigorre), **Lhéns** (près de Lus), **Pla dé Lhèrs** (Vallée d'Ossau), **Etang de Lhers** (au-dessus d'Aulus), dans le sens de la remarque de M. Millardet. — L'*l* mouillé, qui se prononce encore nettement, dit M. de Saint-Saud, en Saintonge et ailleurs (Rilhac, en Puy-de-Dôme, Haute-Vienne, Allier ; Rilhat, en Haute-Loire), peut même se trouver après une consonne, où la notation *ilh* est impossible : ex. : **Javerlhac** (Dordogne), **Verlhaguet**, etc. M. de Saint-Saud fait en outre remarquer que les exemples cités par Schrader (malheureux, Malhalla, Alhambra, etc., sauf peut-être Delhi [qu'on écrit d'ailleurs aussi Dehli]) sont des composés, ce qui nous place dans un tout autre cas. — Pourquoi altérer, dit M. de Roquette-Buisson, les formes correctes que nous transmettent nos vieux textes ?

Lh (sans *i* devant) *est donc adopté* (2).

Et M. Schrader se rendit à l'avis de la *Commission*. Il avait proposé, *Pailha, Mail Hailhat, Ailhet* ; sur sa carte on trouve écrit : **Palha, Malh Halhat, Alhet.**

---

(1) Et même *Ilhéou* ou *Illéou*, que les étrangers à la région prononcent *I-lé-ou*, soit trois syllabes au lieu d'une. *(Note de L. Maury)*.

(2) *Procès-Verbal de la Séance du 3 Décembre 1911.*

— NH —

Nh se prononce comme *gn* français. Dans les anciens textes, *nh* notait l'*n* mouillé. Exemple : **Mountanhe.** Nous l'adoptons de préférence à *gn*, forme admise cependant par la plupart des Sociétés félibréennes. Exemple : *Mountagne* (1).

Nous rencontrons ici la deuxième difficulté et, d'ailleurs, la moins grave. Certains toponymistes de langue d'oc accepteraient de renoncer à l'emploi de l'*nh*. « Pour l'*n* « mouil- « lée », écrit M. Sarrieu, « que beaucoup de félibres notent *nh*, « mais d'autres *gn*, on admettra *gn*, plus lisible pour un « Français du Nord » (2). Cependant c'est le point pour lequel on rencontre le moins de résistance — et aussi le moins de difficultés — pour l'emploi de la notation correcte. « Je concède que le *nh* « auvergnat », écrit M. Perret, « bien « que se prononçant *gn*, doit être écrit *nh*, parce que tout « homme tant soit peu cultivé est au courant de cette parti- « cularité » (3).

On peut donc conclure que dans les régions où la graphie *nh* s'est conservée (Auvergne, Gascogne et surtout Roussillon) il faudra l'employer, mais que dans celles où l'orthographe régulière moderne est *gn*, celle-ci pourra être admise.

— N —

N a deux valeurs : il est guttural ou dental, mais s'écrit *n*.
1º *Guttural*, il a la valeur de l'*n* gascon (provençal, espagnol, etc.) devant les lettres *G*, *C* (durs), *K*, *Q*. Exemple : tengue, tenir ; ancra, ancrer ; blanc, blanc. Nous l'écrivons *n*. Exemples : **Boun, Campan.**

(1) A. Meillon, *op. cit.*

(2) *Réponse à l'Enquête.*

(3) *Réponse à l'Enquête.*

2⁰ *Dental*, *n* s'écrira également *n ;* c'est sa seule valeur à la finale dans les parlers qui, comme presque tous ceux des Hautes-Pyrénées laissent tomber l'*n* dans des mots comme bon, pa, bi, u (1).

— O —

Dans le corps des mots, l'o sonne.

1⁰ Comme l'*o* français dans *porte*. Exemple : **Bòrde**, grange ; **Còste**, côte.

2⁰ Comme *ou* français. Ce son était le plus général. Il est passé dans l'orthographe moderne pour rendre la valeur de l'*o* béarnais des anciens textes.

Il faut écrire *o*, si on prononce *o*, et *ou*, si on dit *ou*. Exemple : **Soum, crouts.** (2) (3).

— R —

R est très doux entre deux voyelles. Quand *r* est fort, il faut le redoubler, sauf à l'initiale. Ecrire **Riu** ou **Arriu** selon la prononciation locale du mot isolé. (4)

— S —

S est dur à la finale, ainsi que, dans le corps des mots,

---

(1) A. Meillon, *op. cit.*

(2) « *Origine :* L'*o* bref latin a donné *ô* ouvert. Ex. : *Sortem*, **Sòrt**.
« L'*o* long et l'*u* bref avaient donné dans l'ancienne langue *ô* fermé,
« passé depuis à *ou*. Ex. : *Sonum*, **soun** ; *turrem*, **tour**.
« Les nasales ont exercé parfois une influence. Ex. ; *Pontem* donne
« **pôut** ici, et là **pount**; *bonum*, **bôu** (provençal), **boun** ou **bou**. » *(Note de M.* A. Meillon).

(3) A. Meillon, *op. cit.*

(4) A. Meillon, *op. cit.*

après une consonne ; mais doux entre deux voyelles et devant une consonne douce. (1) (2).

— T —

T vaut toujours *t*. N'a jamais la valeur de *s* ou de *ç*. Il est également dur à la finale. Donc écrire : **atenciou, admiraciou.**

Les groupes qui se prononcent *ts* doivent être notés **ts** (3).

— U —

U entre deux consonnes se prononce comme l'*u* français. Exemple : **Agut, punte** (4).

U, après une voyelle ou entre deux voyelles, se prononce *ou*. Dans les textes, il ne s'écrit jamais *ou*. Exemple : Nèu a le son de *Nèou (nè* fort ou faible) (5).

— AU, EU, IU —

Dans ces diphtongues, l'*u* a la valeur de *ou* faible. Ne pas les écrire *a-ou, e-ou, i-ou.*

Toutes les *Ecoles Félibréennes* s'accordent à écrire : au et

(1) « Dans la Haute-Barousse (dialecte de Ferrère), *s* se change en *y* « devant les consonnes douces *V, D, G, J, L, M, N :* **deymentit,** pour « *desmentit,* « démentir » ; **ey voulurs,** « les voleurs » ; **ey loups,** « les « loups ». *(Note de M.* A. MEILLON).

(2) A. MEILLON, *op. cit.*

(3) A. MEILLON, *op. cit.*

(4) « *Origine :* U long latin a donné *u* (prononcé *u*, à la française). « Ex. : *Securum,* **segu** « sûr » ; *acutum,* **agut,** « aigu ». » *(Note de M.* A. MEILLON).

(5) A. MEILLON, *op. cit.*

non *a-ou*. Exemple : **Caut, sauta, mau,** etc. (et non *caout, saouta, maou*) (1).

Le mot **Riu** (prononcé *riou)* doit s'écrire *Riu (i* fort ou faible). C'est l'*i* qui est la voyelle essentielle et comme l'âme de la syllabe. La finale *u* est semi-consonne. Donc on ne peut écrire *riou*, si non on croirait, avec l'orthographe moderne, que la voyelle essentielle est *ou* (comme dans *biniou)* et que l'*i* est semi-consonne, alors que c'est l'inverse (2).

Nous arrivons ici à la difficulté essentielle dans la transcription graphique et dans la prononciation de la langue d'oc. Car cette difficulté se retrouve intégralement dans tous les dialectes de cette langue et — comme il s'agit d'une prononciation de voyelles — dans un grand nombre de mots.

Ajoutons d'abord un argument à ceux donnés par M. A. Meillon. Si l'on écrit *aou, eou, iou*, on ne fera pas seulement des fautes d'orthographe (3). Il en résultera, dans la prononciation, un changement du nombre des syllabes des mots en cause. Exemples : **nèu, rîu,** écrits *neou, riou* seront prononcés *né-ou, ri-ou*, soit deux syllabes au lieu d'une (4).

(1) « L'*u*, dans les diphtongues **au, eu, iu,** était prononcé comme le « son français *ou*, ce qui donnait *a-ou, e-ou, i-ou.* Cependant l'ancienne « orthographe conservait l'*u* dans ces diphtongues qu'on écrivait correc- « tement *au, eu, iu.* Si parfois ces mêmes diphtongues ont été écrites « *aou, eou, iou*, cette altération de l'ancien usage n'a heureusement pas « prévalu. Lespy avec raison l'a exclue de son lexique béarnais. Comme « expemple topique, citons le mot **ostau,** prononcé *oustaou* et écrit « *oustau.* Il est à remarquer que c'est l'*o* initial seul qui a été remplacé « par *ou* et non l'*u* de la diphtongue finale *au.* » *(Note de M. A.* Meillon).

(2) A. Meillon, *op. cit.*

(3) Car tous les textes anciens et toutes les Ecoles félibréennes écrivent *au, eu, iu.*

(4) Il y a là une très grande difficulté de prononciation pour les personnes du Nord. L'une de mes arrières grand-mères, qui était originaire

En fait, nous avons déjà eu l'occasion de le remarquer, il s'agit de noter des sons qui n'existent pas en français et, quoique l'on fasse, un Français du Nord, non prévenu ou même ne les ayant jamais entendus, les prononcera mal. L'essentiel est d'éviter qu'il déforme par trop les mots et d'abord d'arriver à ce qu'il n'en modifie pas la décomposition syllabique (1).

Dans un *Rapport*, lu à la Réunion de Cauterets de la *Commission de Topographie et de Toponymie* de la *Fédération des Sociétés Pyrénéistes*, le 3 Septembre 1911, M. B. Sarrieu s'exprimait ainsi : « Il est de même facile de sa-
« voir qu'en gascon, *au, éu, iu, òu* se prononcent *aou,*
« *éou*, etc. (ou plutôt *aw, éw*, etc.), comme du reste jadis en
« français *(beau*, jadis prononcé *be-aw ; saut*, jadis prononcé
« *sàwt*, etc.) ».

Dans sa *Réponse à l'Enquête*, M. R. Perret, après avoir estimé « que tout homme tant soit peu ·cultivé connaît la prononciation du *nh* auvergnat », continue ainsi : « mais
« faut-il également admettre que, en dehors du bassin de
« la Garonne, un homme simplement cultivé sache que la
« diphtongue écrite *au* par les félibres doit se prononcer *aw*
« (*w* anglais) et faut-il préférer l'orthographe félibréenne ou
« l'approximation française *aou* ? Je ne tranche pas la ques-
« tion, tout en avouant mes préférences, d'une manière
« générale, pour une assez large francisation. »
Ce n'est pas seulement dans le bassin de la Garonne qu'existent les diphtongues — ou, si l'on veut, les triphton-

de Luxembourg, termina sa vie à Castelsarrazin. Un de mes grands oncles s'amusait à essayer de lui faire prononcer la phrase suivante : *Isabéu, ti boutéus, soun pla'béus, pas béléu.* Quand il lui arrivait de prononcer correctement les trois premiers *éu*, elle ne manquait jamais de dire, pour le quatrième : *bélé-***ou.**

Cette difficulté de prononciation est une raison de plus pour ne pas écrire *eou*, car alors, on ne se douterait même pas de son existence.

(1) Voir également *Quatrième Partie, Chapitre III*, § *8.*

gues — *au, eu, iu.* C'est dans tous les pays de langue d'oc, dont le bassin de la Garonne ne forme qu'une partie (1). Ces graphies ne sont pas, en outre, une innovation des félibres ; ce sont celles de tous les anciens textes. Il s'en suit que si l'on admet que « tout homme tant soit peu cultivé » doit connaître la prononciation de *nh*, dont l'aire d'extension est beaucoup moins grande, a fortiori, « un homme simplement cultivé » doit connaître la prononciation des triphtongues méridionales, qui constitue la différence essentielle entre le phonétisme de la langue d'oïl et celui de la lanque d'oc.

La question fut également discutée lorsque la *Commission de Topographie et de Toponymie* de la *Fédération des Sociétés Pyrénéistes* étudia la nomenclature de la Carte du *Mont-Perdu* de Schrader (2).

Antérieurement, la *Commission* avait décidé d'adopter les graphies régulières **au, eu,** etc. (3). Schrader acceptait ces orthographes, mais proposait de mettre un tréma sur l'*u* pour indiquer la véritable prononciation.

Voici comment s'exprime à ce sujet le *Rapport* de M. A. Meillon :

> M. Schrader met un tréma sur l'*u* final dans *Nadaü, Casaüs, Tousaüs,* sans doute pour attirer l'attention sur la prononciation *a-ou.* Mais ces formes se liraient aussi *Nadahu, Casahus.* Ce tréma est inutile puisqu'il suffit de savoir que *a-u,* qui se prononce *ô* en français actuel (car l'ancien français prononçait lui aussi *a-ou*), se prononce *a-ou (a w)* en gascon et *dans toute la langue d'oc ancienne et moderne.*
>
> Si l'on adoptait le tréma, il faudrait le mettre partout, dans le corps comme à la fin des mots, puisque partout *a-u* équi-

(1) C'est aussi dans une quantité d'autres langues, depuis la majorité des langues indo-européennes jusqu'au chinois.

(2) *Réunion de Tarbes,* le 3 Décembre 1911.

(3) *Réunion de Tarbes,* le 8 Août 1908 et *Réunion de Bordeaux* le 21 Mai 1910.

vaut toujours à *a-ou*. Devraient aussi le recevoir. par exemple : Estaubé, Pau, Gaube, Culaus, etc., puisque ces mots se prononcent *Esta-oubé, Pa-ou, Ga-oubé, Cula-ous*. Or, M. SCHRADER écrit avec raison *Pau, Pic d'Estaubé*, etc., sans tréma.

Au, eu, iu s'écrivent avec un *u* et se prononcent *a-ou, é-ou, i-ou* monosyllabiques. U, après une voyelle et entre deux voyelles, se prononce également *ou*. Ex. : Nĕu. U n'a guère le son français qu'entre deux consonnes : Agut, punte. Nous ne croyons pas qu'il soit vraiment difficile d'apprendre et de retenir que dans tout le Midi, en toponymie, *a-u, e-u; i-u* se prononcent *a-ou, e-ou, i-ou*. Ces règles si simples, si nettes, devraient être enseignées dans nos écoles publiques. En tout cas, conservons ces notations locales, car elles ne causent aucune amphibologie. La notation Pau, par exemple, sans tréma, est excellente, Elle a l'avantage d'indiquer à la fois les deux prononciations, celle du terme autochtone (le béarnais *a-ou*) et celle de sa transcription française *(ô)*, l'une et l'autre sans aucune erreur possible. De même, les notations Cañau, Lacanau sont parfaites, pour la même raison, puisqu'elles donnent à la fois la prononciation française et la locale.

Le tréma nous paraît également superflu sur *i* dans *Troumacaïre* et sur *y* dans *Arrouÿ, Couÿ, Poueÿ, I*, après une voyelle ne se fond jamais avec elle comme en français. Chaque lettre se prononce séparément, comme en français dans *A-ie* (interjection). *Y*, après une voyelle, se prononce toujours *i ; ay* ne se prononce jamais *è* ouvert, mais *a-ie*. Chaque lettre est distincte. Laytous se dit *la-i-tous* et non *lêtous*.

M. MAURY a fait observer qu'il est également opposé à l'adoption du tréma, dont on ne trouve trace dans aucun ancien texte. D'ailleurs, dit-il, cette manière de faire n'amène personne à bien prononcer. La Carte de l'Etat-Major avait écrit : *Col d'Aübisque*, ce qui n'a pas empêché toutes les personnes qui ignoraient les langues méridionales de prononcer : *Col d'Obisque*.

Avant la Séance, M. A. MEILLON avait reçu les réponses suivantes :

De M. Ronjat : Le Français prononcera, si on écrit comme le veut M. Schrader, *Caça-ü*, *Arrou-ï*, etc.

De M. Grammont : Non, pas le tréma sur *au*, sur *ouy* et *ey* non plus.

De M. Bourciez : Il est préférable d'écrire *Casau*, *Arrouy*. L e signe ÿ surtout me paraît barbare. Pour *éu*, j'écrirais volontiers suivant le cas *éu* ou *èu*.

De M. Millardet : Oui, pas de tréma.

Aussi, en *Séance*, la conclusion fut-elle la suivante :

> Ainsi, *le tréma n'est pas admis*. Toutefois M. de Saint-Saud, craignant que, sinon *èu*, *éu*, *òu*, du moins *au* ne se lise mal (à cet égard, nous dit vivement M. Ronjat, le Français est « indécrottable »), demande si on ne pourrait pas, du moins, écrire *àu* ou *áu*, en accentuant l'*a*. M. Sarrieu craint que cela ne surcharge les mots d'accents ; certes, on pourrait tolérer cette notation ; mais la petite note en cinq lignes, remarque M. Meillon, suffira pour prévenir ici la confusion (1)

M. Schrader se rangea à l'avis de la *Commission*. Il écrivit sur sa Carte : Pont de Nadau, Ets Casaus, Caussilet, Hourcàu de Palha, Serre dets Tousaus.

Il ne faut pas d'ailleurs oublier que, sur les cartes actuelles, l'orthographe régulière est déjà très fréquemment employée et que, comme nous avons déjà eu l'occasion de le dire, il serait réellement par trop illogique de modifier ces orthographes. Or, à quelques centimètres ou à quelques millimètres de distance, le même son doit être obligatoirement transcrit par la même graphie, lorsque — et c'est le

---

(1) *Procès-verbal de la Réunion*. — Il s'agit de la légende, dont nous avons déjà parlé, et qui doit indiquer les principales différences de prononciation avec le français. Notons aussi que l'accent étant destiné essentiellement à marquer la voyelle tonique, il ne faut l'employer qu'avec une extrême discrétion pour les voyelles qui ne le sont pas. *(Note de* L. Maury).

cas le plus général — on se trouve sur le domaine du même idiome.

Considérons, par exemple, la *Feuille de Luz* du 80.000e (1) ; la triphtongue **au (eu, iu)** y est inscrite 68 fois exactement et 86 fois inexactement (2).

Nous croyons donc qu'il ne peut subsister aucun doute sur la légitimité, la possibilité et la nécessité d'employer l'orthographe régulière.

— OU —

> Cette diphtongue se prononce *o-ou*, qu'on écrira *òu*, pour éviter la confusion avec *ou* (3).

C'est le même cas que précédemment. Il se présente d'ailleurs très rarement en toponymie (4).

> **Ou** sans accent, ni sur l'*o*, ni sur l'*u*, est équivalent du *ou* français (5).
>
> *Ou* atone et non final peut redevenir *o* en français. Exemple : *Pourtèt* ; transcription française : *Portèt* (6).

(1) Révision de 1900.

(2) Le *lh* a moins de chance. Il n'est inscrit que 2 fois exactement contre 51 fois inexactement (dans ce dernier cas, assez fréquemment sous la forme *ilh*). Le *nh* ne se présente qu'une fois, transcrit sous la forme *gn*.

(3) A. MEILLON, *op. cit.* C'est un cas où il est en effet nécessaire d'accentuer la voyelle, même si elle n'est pas tonique. *(Note de L. MAURY).*

(4) Nous n'en avons trouvé aucun exemple sur la *Feuille de Luz*.

(5) Cependant, *ou* tonique, équivalent à *ou* français devra recevoir un accent. Dans ce cas, l'accent sera placé sur l'*u*. *(Note de L. MAURY).*

(6) Nous estimons toutefois **Pourtèt** préférable. *(Note de L. MAURY).*

Mais *ou* tonique doit être conservé. Exemple : Hount,
Soum, Mount.

Si la finale atone est *ou*, il faut accentuer la syllabe précédente. Exemple ; Herèchou (1).

— V (Voir B)

— X —

X se prononçait autrefois *ch*, orthographe qu'il y a aujour-
d'hui tout avantage à adopter. Exemple : *Pix*, cascade, se
prononce et s'écrit Pich.

Nous remplacerons *x* par *ch* quand *x* se prononcera
ch. (2) (3).

Nous avons vu qu'en lorrain, l'*x* se prononce *ch*, et qu'il
en est de même en catalan. On ne peut songer à modifier
la graphie, soit de l'*x* lorrain, qui est employé uniquement
sur les cartes, soit de l'*x* catalan, puisque le catalan est une
véritable langue littéraire. Or, il y a intérêt, pour faciliter la
prononciation des noms de lieux, à ce qu'un même phénomène soit transcrit par les mêmes lettres dans l'aire géographique la plus étendue possible. Sous la réserve que la graphie *x* soit encore employée dans les textes gascons actuels,
nous estimons donc qu'il y a avantage à la conserver sur les
cartes.

(1) A. MEILLON, *op. cit.*

(2) « Aujourd'hui, les *x* des mots français ou savants se prononcent *ts*
« (ou *dʒ*). Ex. : *Edʒemple, Alètsis*. Parfois *x* est réduit à *s* devant certai-
« nes consonnes. Ex. : *Estrèt* « extrait ». *(Note de M. A. MEILLON)*.

(3) A. MEILLON, *op. cit.*

FINALES

Les finales *es, en, os, on,* doivent être considérées comme atones. Si elles sont toniques, on les accentue (1).

Aa, ee, ii, oo pourront être réduits à *une seule* voyelle Exemple : Abéda, et non *abédaa* (2).

Ajoutons que, en béarnais, la finale *aigt* se prononce *atch.* Exemple : la commune de *Baigts* entre Orthès et Puyoo et la *Magnabaigt,* près du Pic du Midi d'Ossau, et ainsi inscrits sur les cartes, se prononcent *Batch* et *Magnabatch* (3).

4° L'article

M. Meillon passe ensuite à l'étude de l'article. Nous rappellerons à ce sujet que nous estimons, comme l'a décidé la *Commission de topographie et de toponymie* de la *Fédération des Sociétés Pyrénéistes,* dans la Séance tenue à Bagnères-de-Bigorre le 1ᵉʳ Août 1909, que, si le nom générique qui précède l'article est un nom français, on doit em-

---

(1) « Les finales en *atch* (Haute Barousse et rive droite de la Garonne), « gardent cette finale, lorsque ces mots ne sont suivis d'aucun autre, ou « bien lorsqu'ils sont suivis d'une voyelle ou d'une diphtongue. Ex. : « **Avatch ; Sarratch-Usclatch ; Et camin dera Vatch.** Dans tous les « autres cas, ces mots font *at.* Ex. : **Br'avat de Sost ; Br'avat de Har-** « **rèra ; Sarrat-Gravé.**

« Ce qui concerne les finales en *atch* est vrai aussi des finales en *etch,* « bref en *tch* dans toutes les régions qui les connaissent.

« Les finales en *tch* se réduisent devant les consonnes sauf *H*, à un *t*, « qui s'assimile lui-même en général. Telle est la règle qu'on peut for- « muler. » *(Note de M.* A. Meillon).

(2) A. Meillon, *op. cit.*

(3) Nous avons déjà signalé ces exemples, mais nous croyons devoir les rappeler ici.

ployer l'article français et que, si ce nom générique appartient au dialecte local, on doit employer l'article du dialecte local.

Il faut ajouter une précision à cette règle. Dans le cas où l'article s'était trouvé agglutiné au nom, il faudra, dans tous les cas lui conserver la forme locale, autrement la dénomination deviendrait méconnaissable. Ainsi on écrira : **Pic de Las Toudes**, et non *Pic des Toudes*, la graphie usuelle étant *Lastoude* (1).

Il existe actuellement en Gascogne trois articles : le premier, le plus répandu, est l'article *lou, la*, le plus général, du reste, dans les pays de langue d'oc.

Le deuxième ne se trouve que dans la région orientale (Bas Comminges, au Nord de Cazères et de Barjac, à partir de la vallée de la Gimone). C'est l'article *le, la*, qui est aussi celui de Toulouse, du Pays de Foix, du Castrais et d'une grande partie de l'Aude.

Le troisième enfin, usité dans toutes les Pyrénées gasconnes, jusqu'au Pays Basque (sauf la vallée d'Ossau, où pourtant les trois villages d'Arudy, Castet et Izeste l'emploient), est l'article *et (etch, eth), era (ero, ere)*.

Entrons dans quelques brefs détails.

— A —

Plaines et Plateaux de Béarn et de Gascogne

Dans ces régions, l'article est généralement *lou, lous, la, las* (variante féminine landaise : *le, les (læ, lœs)*. Exemple : *le hémne*, la femme).

Article élidé : A la place de *lou, la*, on met *l'* devant les mots commençant par une voyelle ou un *h* muet.

Article contracté : Prépositions qui se contractent avec l'article :

(1) Et même, par un pléonasme, *La Lastoude*.

a.......... à, dans ;
de........, de ;
enta, ta.... pour, à (dans), vers, chez, sur ;
sus........ sur, dans ;
per........ par, à travers, de, dans, à cause ;
en......... sur, dans.

D'où les contractions (avec les formes masculines) :

au .... (a lou).... en français : au ;
aus .... (a lous)...   —   aux ;
deu, dou.,...... (de lou)... — du ;
deus, dous..... (de lous).. — des ;
entau, tau...... (enta lou). — pour le ;
entaus, taus.... (enta lous) — pour les ;
sou, seu, suù.... (sus lou).. — sur le ;
sous, seus, suus. (sus lous). — sur les ;
pou, peu....... (per lou). — par le ;
pous, peus...... (per lous). — par les.

— B —

Pyrénées gasconnes

Toutes les Pyrénées gasconnes (à l'exception de la haute vallée d'Ossau) emploient les articles suivants :

	Singulier	Pluriel
Masculin......	*et (etch, eth)*	*ets (es)*
Féminin........	*era (ero, ere)*	*eras (eros, eres)* (1).

Contractions :

  at, ara........ *ats (as), aras ;*
  det, dera...... *dets (des), deras ;*
  (en) tat, tara... *tats, taras.*

On rencontre aussi :

  pet, pera...... *pets (pes), peras ;*
  en, ena......... *ens, enas*

(1) « Dans les vallées de Baretous, d'Aspe, les plus voisines de Pau, à « Arudy, à Nay même, les noms de lieux doivent garder leurs formes « véritables, avec l'article *et, era,* seul autochtone (Ossau excepté) ». *(Note de M. A. Meillon).*

Les formes contractées ne présentent aucune difficulté pour leurs finales. Elles ont des variantes semblables à celles des formes simples. A Lus, on trouve : *d'ra, d'eras*.

Vallée de Cauterets : L'article *el*, anciennement usité, donnait en contraction : *del, dels,* pour le masculin. Aujourd'hui, on ne trouve plus que *deu, deus*. Avec l'article *et, ets, era, eras,* la contraction donne actuellement *det, dets, dera, deras*. Mais les formes *era, eras, dera, deras,* couramment usitées dans le parler, sont très rarement incorporées aux dénominations dans les vallées de Cauterets et de Barège.

On peut cependant les employer en toponymie (1).

Nous n'ajouterons que quelques remarques :

1°) Lorsqu'une ancienne forme d'article est incorporée à la dénomination, il convient de la conserver. Nous en avons donné plus haut un exemple pour la Vallée d'Aure (**Las Toudes**).

2°) Les formes *ets, ats, dets, pets* s'emploient devant un mot commençant par une voyelle ou un *h* muet, les formes *es, as, des, pes* s'emploient devant un mot commençant par une consonne ou un *h* aspiré.

3°) Lorsque l'article masculin pluriel s'est trouvé agglutiné avec le substantif il sera nécessaire de ne pas le contracter. Ainsi, on écrira **Lac d'Es Coubous** (graphie usuelle : *Lac d'Escoubous)* et non *Lac des Coubous* (ce qui aurait l'inconvénient de faire prononcer : *Lac dé Coubous)*.

(1) A. MEILLON, *op. cit.*

CHAPITRE VII

Les noms de lieux de la Corse

ᴇs parlers corses] appartiennent... à la famille italienne [des langues romanes]. Il semble que le fonds primitif était surtout apparenté aux dialectes sardes ; le toscan s'y est superposé et a exercé une profonde action, surtout dans le Nord. Par contre, on n'y relève, autant dire, aucune influence gênoise...

On distingue, en Corse, deux types dialectaux principaux. Le méridional... qui comprend environ le tiers sud de l'île, est étroitement apparenté au sarde...

Le dialecte du centre et du Nord... est, au contraire, étroitement apparenté au toscan... (1).

L'usage s'est établi d'employer, pour les noms de lieux corses, l'orthographe italienne (u = *ou*, j = *y* de yeux, i = *tch*, etc.). Etant données les origines de la langue, il semble qu'il y a lieu de conserver cette graphie, d'autant plus qu'un premier examen, à défaut d'études toponymiques complètes qui n'ont pas encore été faites, ne révèle pas d'erreurs notables dans la transcription actuelle des noms de lieux.

(1) A. Dᴀᴜᴢᴀᴛ. *Les Patois.*

CHAPITRE VIII

Les noms de lieux du Pays Basque

E basque (appelé *euskara* par les Basques), dont les limites sont à peu près stabilisées du côté du gascon..... occupe [en France] la majeure partie des arrondissements de Bayonne (Bayonne et Biarritz exclus) et de Mauléon..... Le basque offre une grande variété dialectale. Les parlers [de] France, étroitement apparentés à ceux du Guipuzcoa et de la Haute-Navarre, offrent trois types principaux, correspondent aux anciennes divisions des pays : *Labourd* (Saint-Jean-de-Luz, Ustaritz, Espelette, Hasparren), *Basse-Navarre* (Saint-Jean-Pied-de-Port, Saint-Etienne de Baïgorry, Ihaldy, Saint-Palais) et *Soule* (Région de Mauléon) (1).

La graphie du basque est actuellement fixée et il ne semble pas que les différences dialectales influent sur la valeur phonétique des lettres, ce qui permet de le traiter, en toponymie, comme un langage homogène.

D'ailleurs, les noms de lieux du Pays Basque ont généralement, sur les cartes, subi assez peu de déformations (2).

---

(1) A. Dauzat, *Les Patois*.

(2) L'une des plus connues d'entre elles est celle qui a été infligée à la montagne que la carte au 80.000ᵉ appelle : *la Rhune*, graphie erronée qu'elle a empruntée à la Carte de Cassini.

« **Larrun** [est un] nom basque, formé de *larr* (terre, pâturage) et de

La tâche à accomplir sera donc relativement facile, en ce qui le concerne.

« *hun, un, on* (bon). [Il] doit se traduire par bonne terre, bon pâturage. « Dans le Labourd, c'est-à-dire dans la région qui nous occupe, l'*u* se « prononce *ou*, et le mot *Larrun* doit se prononcer *Larroun.* » (*Communication de M.* PICHERIT).

Il faut noter que Lt-Colonel PRUDENT, sur la Carte de France au 5oo.oooᵉ, avait déjà rétabli l'orthographe exacte.

CHAPITRE IX

Les noms de lieux de l'Alsace-Lorraine

ES dialectes haut-allemands occupent environ les deux tiers Nord-Est du département actuel de la Moselle, jusques et y compris Thionville, Faulquemont, Sarrebourg et le Donon, borne limite ; le Bas-Rhin, sauf Schirmeck et Saales (détachés du département des Vosges en 1871) ; le Haut-Rhin (sauf les cantons de Sainte-Marie aux Mines, la Poutorye, Orbey, Montreux-Vieux, et quelques villages voisins, et au Sud, Levoncourt et Courtavon...)

Les dialectes d'Alsace se rattachent au groupe souabe, et, plus spécialement, aux parlers du haut pays de Bade et de la Suisse Alémanique ; la subdivision un peu artificielle en *haut* et *bas alsacien* correspond à peu près à la division départementale.

Le *lorrain* fait partie du groupe franconien (les Vosges le séparent de l'Alsacien), se rattachant au franconien rhénan (avec les dialectes du Palatinat, du bas pays de Bade, etc.), sauf dans la région de Thionville, dont le parler est apparenté à celui du Luxembourg, du pays de Trèves, etc. (franconien mosellan). (1).

Nous avons longuement exposé, alors qu'il s'agissait de régions de langue romane, les raisons scientifiques pour

(1) A. Dauzat, *Les Patois*.

lesquelles il y a lieu d'orthographier les noms de lieux suivant les règles de leur dialecte original.

Il est donc inutile d'insister ici sur l'obligation où nous nous trouvons de transcrire la toponymie de l'Alsace-Lorraine en dialecte alsacien ou lorrain et non pas en allemand littéraire.

Les Allemands, surtout dans la dernière période de leur occupation, ne se sont pas fait faute de tomber dans ce travers. Il serait vraiment par trop naïf de notre part de les imiter (1).

(1) Au moment où s'exécute la révision, dans cette région, des Cartes de France au 80.000ᵉ et au 5o.000ᵉ, il y a là une question sur laquelle il semble nécessaire d'attirer l'attention.

CHAPITRE X

Limites linguistiques et limites politiques

§ 1

La graphie des noms de lieux
des régions frontières

Our autant que les limites linguistiques dépendent des limites politiques, ce n'est pas des frontières actuelles, mais bien de celles de l'époque où les diverses langues et les divers dialectes se sont différenciés. Il y aura donc, aujourd'hui, fréquemment désaccord entre les deux. De plus, actuellement, les dialectes locaux ont une tendance à disparaître devant la langue officielle de l'Etat. Quelles conséquences doivent avoir ces deux circonstances sur la manière d'orthographier les noms de lieux ?

Comme nous avons déjà eu l'occasion de l'exposer, la toponymie est une science d'observation. On doit donc rechercher les formes authentiques, dans le dialecte originel, et les transcrire autant que possible telles quelles. Ce n'est qu'ainsi que l'on ne transformera pas les noms de lieux en un assemblage informe de lettres, incompréhensible dans aucune langue et dont il deviendrait impossible de saisir l'étymologie.

Il ne saurait d'ailleurs être question de traduire les toponymes dans la langue officielle de l'Etat ou de substituer une nouvelle toponymie à l'ancienne. De pareilles tentatives, qui n'engendrent que le désordre, finissent toujours par être vouées à un échec complet.

Certes, la substitution d'une langue à une autre, dans une région déterminée, y amène l'introduction de noms de lieux appartenant à la nouvelle langue. Mais cette introduction se fait beaucoup plus par superposition que par substitution.

Lorsque ces nouvelles dénominations seront entrées dans la pratique, le topographe les inscrira sur ses cartes, mais il n'a pas à inventer en ces matières.

§ 2

Les noms de lieux des Vosges et du Jura

Dans les Hautes Vosges et dans la partie septentrionale du Jura, le versant ouest est du domaine de dialectes romans : le lorrain et le bourguignon, qui débordent en plusieurs endroits la ligne de faîte. Au contraire, l'ensemble des Basses Vosges et la majeure partie des versants Est des Hautes Vosges et du Jura septentrional sont du domaine de dialectes germaniques, qu'il faut bien se garder, comme nous l'avons déjà montré, de ramener à l'allemand littéraire.

Dans le Jura méridional, la langue des deux versants appartient aux parlers franco-provençaux et la langue officielle étant le français de part et d'autre de la frontière, les difficultés sont réduites au minimum.

§ 3

Les noms de lieux des Pyrénées

Dans les Pyrénées, à l'Ouest, le domaine de la langue basque, à l'Est, celui du catalan sont à cheval sur la frontière
politique.

Au centre, la limite linguistique coïncide à peu près exactement avec la ligne de faîte. Il s'en suit que le Val d'Aran
parle un dialecte commingeois. Il faut donc bien se garder
de transcrire les noms de lieux de cette région suivant la
graphie aragonaise ou catalane, à plus forte raison suivant
la graphie castillane. Plus à l'Ouest, la vallée de Vénasque
parle un dialecte qui tient à la fois du commingeois, de l'aragonais et du catalan. En 1858, Tonnellé avait relevé, pour le
Pic des Posets, le nom local de *Espoussets*, qui présente,
comme dans toutes les Pyrénées gasconnes, l'article *es* et l'*o*
ancien devenu *ou*.

§ 4

Les noms de lieux des Alpes

Dans les Alpes, les dialectes originaires du versant ouest
ont débordé, depuis le haut Moyen-Age sur le versant est.
Au Nord, le franco-provençal s'est maintenu dans le Val
d'Aoste ; au centre, le provençal est resté, jusqu'à ces derniers temps, l'idiome parlé dans les Vallées Vaudoises. Par
contre, jamais la langue parlée dans le Comté de Nice n'a eu
le moindre rapport avec les dialectes italiens (1).

(1) *Cf*. A. Dauzat, *Les Patois* et Pierre Devoluy, *Les noms de la
Carte dans le Midi*.

Nous allons examiner successivement ces différents points.

Le Val d'Aoste

La langue officielle du *Val d'Aoste* est encore le français et nul ne songe à contester qu'il est du domaine des parlers franco-provençaux. Il n'y a donc pas lieu d'insister à ce sujet (1).

Les Vallées Vaudoises

A la Séance du 28 Janvier 1924 de la *Commission, des Travaux Scientifiques* du *Club Alpin Français*, M. Camille Blanchard présenta la Note suivante « relative aux noms de lieux des hautes vallées de la *Doire Ripuaire*, du *Cluson* et de la *Varaita* » (2).

Dans ce dernier ouvrage, Pierre Devoluy conclut ainsi :
« Oui, on peut dire que, jusque vers la plaine, toute la montagne
« franco-italienne est de langue provençale, c'est-à-dire qu'elle fait
« partie du *patrimoine d'oc*.....
« Voilà ce qu'en toute conscience et sans pensée hostile à l'endroit de
« l'Italie, à laquelle tant de liens moraux et matériels nous unissent,
« nous avons le devoir strict d'enseigner à nos enfants. A la fausse, à
« l'injuste *Niẓẓa irredenta* des gallophobes, opposons donc la véritable
« et légitime *Provence irredenta*, qui maintient la nationalité provençale
« jusqu'aux limites du pays piémontais, lequel ne commence pas à la
« ligne de partage des eaux, mais bien, comme son nom l'indique, aux
« abords de la plaine du Pô, au *pied des monts.*
« En le faisant, nous aurons concience de ne point attirer la haine,
« mais, bien au contraire, de susciter les pacifiques méditations. En
« dissipant au soleil généreux de la vérité le crépuscule des malenten-
« dus, nous avons la certitude de travailler loyalement au triomphe de
« l'idée latine, à l'avènement merveilleux de cet *Empire du Soleil* que
« Mistral prophétise avec magnificence et qui fait la joie de nos rêves
« et la vaillance de nos espoirs. »

(1) Cf A. Dauzat, *Les Patois* et particulièrement la Carte VI.

(2) Assistaient à la Séance : MM. Auzelet, H. Barrère, C. Blan-

Qu'on me pardonne de remonter loin avant dans l'histoire.

Vers l'an 1000, *Bardonnèche* devint le chef-lieu d'une Seigneurie qui embrassait toute la vallée jusqu'à Oulx, et qui avait des droits sur Salbertrand, Césanne et même sur le Montgenèvre. Cependant les Comtes d'Albon, Seigneurs de *Briançon*, revendiquaient Césanne et Oulx. En 1183, le Dauphin, successeur des Comtes d'Albon, était maître de Césanne, d'Oulx, de Salbertrand, d'Exilles et prétendait même exercer un droit de souveraineté sur Bardonnèche. Les Comtes de *Savoie* avaient déjà franchi les Alpes et s'étaient établis à *Suse*, d'où ils s'efforçaient aussi d'attirer les Seigneurs de Bardonnèche dans leur orbite. Ceux-ci, tiraillés entre Savoie et Dauphiné, finirent par reconnaître la suzeraineté du Dauphin, décision qui ne fit qu'étendre et affirmer leur puissance. De même, vers la même époque, les populations des Hautes Vallées du Cluson et de la Varaita, tiraillées entre le Dauphiné et le Marquisat de Saluces, reconnurent la domination des Dauphins. Ainsi fut constitué le *Briançonnais*, et le Dauphin prit les titres de Prince du Briançonnais et de Marquis de Césanne.

Dès lors, et notamment en 1343, lorsque le Dauphin Humbert II concéda aux Briançonnais la grande Charte par laquelle il leur reconnaissait des libertés très étendues, le *Briançonnais* compta 51 communes réparties en cinq districts ou « escartons », trois de ces escartons étant situés sur le versant du Pô, savoir :

Escarton d'Oulx, comprenant 21 communes : *Bardonnèche, Béolar, Bousson, Césanne, Champla du Col, Chaumont, Désertes, Exilles, Fénils, Mélézet, Millaures, Mollières, Oulx, Rochemolle, Rollières, Salbertrand, Sauze de Césanne, Sauze d'Oulx, Savoulx, Solomiac et Thures.*

Escarton de Valcluson, comprenant 7 communes : *Fénestrelles, Granges de Bech, Mantoule, Pragelas, Pourrières, Roure et Usseau.*

Escarton de Château-Dauphin, comprenant 4 communes : *Château-Dauphin, Château du Bois, Bourset et Méane.*

CHARD, DURÈGNE, GENTIL, DE MARGERIE, L. MAURY, M. PAILLON, NOIREL, SCHRADER, DU VERGER.

En 1708, Victor Amédée descendait sur Bardonnèche avec une armée, par le Col de la Roue. L'année suivante, toute la vallée d'Oulx lui prêtait hommage à Suse, entre les mains de son délégué, le Baron de Saint-Rémy, mais la possession de cette vallée resta contestée entre la Savoie et la France, jusqu'au traité d'Utrecht (11 Avril — 13 Juillet 1713). Par ce traité, les trois escartons d'*Oulx*, de *Valcluson* et de *Château-Dauphin* furent cédés au Duc de Savoie et annexés à la Province de *Suse*, qui depuis fort longtemps déjà, faisait partie des Etats de Savoie.

Les 32 communes ainsi perdues par la France n'ont plus fait partie de notre domaine national, sauf en l'année 1802, à l'époque où la France, après l'annexion du Piémont, comptait 108 départements ; elles faisaient alors partie du département du Pô, mais ce rattachement à la mère-patrie a peu duré... Leur population était, [cependant] profondément attachée à la France, sa patrie depuis des siècles.

Ce fut assurément sous la domination française que ces vallées eurent la période la plus brillante et la plus prospère de leur histoire. La vie intellectuelle et sociale y était très active, d'ailleurs comme dans le reste du Briançonnais et du Dauphiné. La prospérité fut surtout marquée dans la seconde moitié du XVe Siècle et dans la première moitié du XVIe. On bâtit alors les églises paroissiales : à Savoulx, en 1451, à Bousson, en 1503, etc. On bâtit encore le beau porche en pierre taillée de l'église de Salbertrand, dont le fronton porte des dauphins sculptés. Les mêmes animaux héraldiques se voient encore sur d'autres édifices, notamment sur les vasques en pierre des larges fontaines construites à la même époque pour donner aux villages une eau potable aussi exquise qu'abondante (1).

Ces anciennes vallées briançonnaises ont donc subi au plus haut point notre influence, si prondément que l'impression

(1) « [C'est dans cette région qu'ont] autrefois surgi les plus anciens « témoignages de la vieille littérature provençale, cet *Evangéli de li qua-* « *tre semènço*, cette *Nobla Leiçoun* et tant d'autres poèmes religieux en « langue des Troubadours qui font la joie des romanistes. » (P. Devoluy, *op. cit.*).

dure encore. Je ne dirai pas les efforts faits par les populations pour redevenir françaises, notamment sous le Premier Empire et, en 1860, lorsque la Savoie nous fut unie. Ce fut en vain, elles ne devaient rester françaises que de souvenir. Non seulement les noms des villages sont français — certes l'admnistration italienne a changé *Bardonnèche* en *Bardonnechia*, *Jaillons* en *Giazione*, *Bussolin* en *Bussoleno*, *Pragelas* en *Pragelato*, etc. — mais les habitants ont euxmêmes des noms français et parlent encore couramment notre langue. Le dialecte populaire est dérivé du provençal, comme les patois des Hautes-Alpes, et non de l'italien. La plupart des habitants, du moins ceux d'un certain âge, sont incapables de s'exprimer dans cette dernière langue, mais parlent couramment le français, sans accent, avec une curieuse persistance d'expression provinçiales ou archaïques. Du temps où ces provinces dépendaient des Ducs de Savoie, puis des Princes de Piémont, tous d'éducation et de langue françaises, notre langue s'est maintenue sans subir aucune rivalité ; il en fut de même sous Victor-Emmanuel, le Roi gentilhomme, qui, lui-même, avait peine à s'exprimer en italien. L'unité italienne une fois accomplie, on songea à rendre plus active l'italianisation de ces vallées, depuis longtemps incorporées à la péninsule, mais dont l'assimilation était à peine commencée : on remplaça les écoles françaises par des écoles italiennes, le service militaire emmena les jeunes gens dans les contrées de langue italienne, on amena dans le pays des troupes d'idiome italique (piémontais, vénitiens, génois et autres dialectes apparentés au toscan), et, ainsi, fut amorcée l'œuvre de nationalisation. Dès maintenant on en constate les effets, surtout depuis la grande guerre : les enseignes italiennes recouvrent ou remplacent les françaises ; les jeunes gens comprennent encore tous notre langue, mais ils hésitent souvent à la parler et, à défaut du patois, aiment mieux faire usage de l'italien.

On comprend donc à quel point les populations des « vallées cédées » — c'est ainsi qu'on appelle encore aujourd'hui ces vallées dans la région — sont la chair de notre chair et le sang de notre sang. La frontière passait un peu au Sud de Suse et de Jaillons, mais le Marquisat de Suse appartenait au

Duc de Savoie, ce qui constituait une autre manière, non moins efficace, de subir l'influence française. Plus au Sud, Pignerol fit, à deux reprises, partie du domaine de la Couronne de France : d'abord de 1536 à 1574, puis de 1630 à 1696. C'était une sorte de prolongement de l'Escarton de Valcluson, qui s'enfonçait, comme un tentacule, dans les Etats du Duc de Savoie et s'étendait jusqu'aux environs de Villefranca, sur la rive gauche du Pô.

Voici l'histoire de ces vallées. Lors de la publication de la carte dite de l' « Etat-Major », l'italianisation de ces vallées n'était pour ainsi dire pas commencée ; les noms de lieux français étaient seuls encore en usage dans le pays ; cette carte les transcrivit comme il convenait (voir particulièrement la feuille d'*Aiguilles*, qui est presque entièrement occupée par des régions au delà de la frontière actuelle). C'est sur la carte italienne au 100.000ᵉ que parurent les noms italianisés, noms qui figurent sur les cartes les plus récentes de ce pays.

Ces noms italianisés, la nouvelle carte de France au 50.000ᵉ semble vouloir les adopter sur les parties des feuilles dépassant la frontière actuelle ; qu'on nous permette de dire que cela nous cause un serrement de cœur. Comme nous l'avons montré ci-dessus, ces vallées sont trop intimement liées à notre passé et à notre histoire ; nous devons en maintenir le souvenir. Conservons aux noms de lieux leur forme française, forme encore employée de nos jours dans le pays. C'est pour émettre ce vœu que nous avons rédigé cet exposé, que nous vous demandons d'accueillir avec bienveillance (1).

La question soulevée par M. Camille Blanchard fut discutée à la *Séance* suivante, tenue le 29 Février 1924 (2). Nous reproduisons ci-après la partie du *Procès-Verbal* qui y est relative :

(1) *Procès-Verbal de la Séance du 28 Janvier 1924.*

(2) Assistaient à la Séance : MM. Auzelet, H. Barrère, C. Blanchard, Durègne, de Margerie, de Martonne, L. Maury, Noirel, M. Paillon, R. Perret, Schrader, du Verger.

Le L‑Colonel Noirel... fait connaître que sur les éditions de leurs cartes officielles, postérieures à 1910, les Italiens ont italianisé [les] noms [de la région considérée]. Cette italianisation ne s'est du reste pas arrêtée à la frontière.

M. de Margerie fait observer qu'il y aurait lieu de distinguer les noms des localités importantes, pour lesquelles la graphie italianisée est comprise par les habitants, des noms de lieux-dits, dont la graphie française est seule en usage dans le pays.

Le L‑Colonel Noirel demande à la *Commission* s'il ne conviendrait pas, pour l'instant, d'écrire, pour tous ces noms, à la fois la graphie française et la graphie italienne.

M. Perret rappelle que la population des « *Vallées cédées* » dont M. Blanchard nous a exposé l'histoire, est d'origine française, aussi bien d'ailleurs que celle du *Val d'Aoste*. En conséquence, seule la graphie française des noms de lieux doit être inscrite sur les cartes, pour ces régions.

M. Paillon dit qu'il ne faut pas oublier que, en fait, le français est encore la langue officielle du *Val d'Aoste*.

M. Maury reprend l'argumentation qu'il a déjà développée à la précédente séance (1).

Etant donné que toutes les cartes françaises, jusqu'à ce jour, y compris la carte au 80.000ᵉ, n'ont employé, pour ces régions, que des noms français, il y a lieu de continuer ces errements, qui sont d'accord à la fois avec l'histoire et avec les usages locaux actuels.

M. de Margerie est d'avis de conserver les noms français. Les cartes françaises n'ont pas à favoriser un recul de notre langue, même en dehors des limites territoriales de notre pays.

M. de Martonne dit que les noms inscrits sur une carte sont faits pour être compris par les habitants. Dans une

(1) « M. Maury rappelle que nous nous efforçons actuellement de « conserver sur les cartes les noms exacts ou de les rétablir lorsqu'ils « ont été déformés ou modifiés. En conséquence, le point de vue de « M. Blanchard lui semble devoir être approuvé. D'ailleurs, il ne s'agit « pas là d'une innovation, puisque la carte au 80.000ᵉ n'avait inscrit que « les noms français, seuls existants à l'époque de sa publication ». *(Procès-Verbal de la Séance du 28 Janvier 1924)*.

région où l'on parle français, il faut inscrire des noms français. La question avait été fort discutée dans les congrès internationaux de géographie. Les représentants des Empires Centraux avaient fait admettre que la langue de l'Etat devait seule être inscrite sur les cartes. Le résultat est qu'actuellement il faut refaire la nomenclature d'une grande partie de l'Europe Centrale, au moins pour les localités importantes, car, pour les hameaux et les lieux-dits, Allemands, Autrichiens et Hongrois avaient été moins intransigeants, faute de pouvoir déformer systématiquement une telle multitude de noms. Mais une telle manière de faire n'est pas scientifique et l'on doit toujours adopter, pour les noms de lieux, la vraie forme locale.

M. PAILLON fait observer qu'un assez grand nombre de points de crête ont été ascensionnés pour la première fois par des alpinistes italiens, qui leur ont donné leur nom. Ces noms ont été adoptés par la littérature alpine et doivent être conservés.

M. PERRET est d'accord avec lui sur ce point, mais le nom commun et l'article qui précédent ce nom propre doivent être français.

Après en avoir délibéré, la *Commission* émet à l'unanimité l'avis suivant :

En ce qui concerne les vallées du versant italien des Alpes dont la langue originelle est le français,

Les noms des communes doivent être inscrits sur les cartes françaises en français, en faisant suivre ce nom du nom officiel italien entre parenthèses.

Les noms de hameaux et lieux-dits doivent être inscrits uniquement en français.

Les points de crête, qui ont reçu des noms d'alpinistes italiens doivent les conserver, mais le nom commun et l'article qui les précèdent doivent être inscrits en français (1).

Nous n'ajouterons qu'un mot : dans toute la discussion

(1) *Procès-Verbal de la Séance du 29 Février 1924.*

qui précède, lorsqu'on parle de *français*, on doit entendre le *dialecte provençal* qui est celui de ces vallées.

Le Comté de Nice

Dans son ouvrage sur *Lés noms de la Carte dans le Midi* et plus récemment, dans une étude intitulée : *La nationalité de Nice*, PIERRE DEVOLUY a établi :

1° Que le dialecte du pays de Nice est purement provençal et n'emprunte rien aux dialectes italiens ;

2° Que ce n'est pas un dialecte particulier, différant du provençal de Provence.

Nous allons résumer son argumentation.

Après avoir reproduit les paroles que prononça CAVOUR au Parlement de Turin, le 26 Mai 1860 (1), rappelé que le plébiscite de 1860 donna 25.743 oui contre 160 non et 30 bulletins blancs et expliqué comment, en acceptant l'acte « de dédition » du 3 Septembre 1388, les Niçois n'avaient pour but que de rester provençaux en cherchant un protecteur temporaire qui les défendrait contre le Duc d'Anjou, considéré par eux comme un usurpateur (2), il passe ensuite à la question de la langue locale.

(1) « Mais quelle est la preuve la plus forte de la nationalité d'un peu-
« ple ? C'est le langage. Or, l'idiome parlé à Nice n'a qu'une analogie
« très éloignée avec l'italien ; c'est le même qu'on emploie à Marseille,
« à Toulon, à Grasse. Celui qui a voyagé en Ligurie trouve que la lan-
« gue italienne se conserve dans ses modifications et ses dialectes
« jusqu'à Vintimille. Au delà, c'est comme un changement de scène,
« c'est un tout autre langage.

« Je ne conteste pas qu'à Nice, les personnes aisées n'aient l'habitude
« d'apprendre l'italien et ne puissent faire usage de cette langue ; mais,
« dans les conversations familières, les Niçois ne se servent pas de l'ita-
« lien ; ils parlent le provençal ou le français.

« Non, Nice n'est pas italienne, je le dis avec une entière conviction ».

(2) Il faut ajouter que cet acte n'était signé que pour une durée de

Il définit alors la *langue naturelle d'oc* et fait sien le principe d'intercompréhension, posé par J. Ronjat (1).

Si l'on s'en tient à cette définition, il ne peut y avoir aucun doute sur la « langue naturelle » de Nice ; tous les Français des pays d'oc, qui savent convenablement leur dialecte local, comprennent sans difficulté « sur les points familiers et d'intérêt commun » les habitants de toutes les parties du Comté de Nice et ils se font comprendre d'eux, chacun parlant dans son propre dialecte.

Au delà, passé San Remo et Valduri, c'est comme a dit Cavour, « un changement de scène » ; ils ne comprennent plus et ne sont plus compris.

. . . .

Tel est le fait *de langue* et, selon le mot de Cavour, « il tombe sous le sens ». Telle est la preuve essentielle et indiscutable de la *provençalité* des parlers niçois et de leur *non-italianité*...

. . . .

D'ailleurs, sans être versé dans l'étude comparative des langues romanes et, pour peu qu'on ait quelque teinte du provençal et de l'italien, on aperçoit du premier coup les signes les plus évidents de la provençalité des parlers du Comté de Nice. En voici quelques-uns :

a) Le mécanisme des conjugaisons des verbes est le même dans les parlers de Nice que dans les autres parlers d'oc ;

b) La vocalisation des dentales placées en latin après *a* et *e*, que l'on constate à Nice :

Patrem > paire, *petrem* > pèira est un caractère commun à tous les parlers de la langue d'oc. Il est étranger aux Italiens : *padre, pietra ;*

c) Les terminaisons *aire, èire :* pescaire, pêcheur, bevèire, buveur ; ces formes issues du cas sujet (piscator) et qui règnent à Nice sont particulières à la langue d'oc, laquelle

trois ans et que le Comte de Savoie, sous la protection duquel les Niçois se mettaient, était, à l'époque, purement un prince français.

(1) Voir *Première Partie, Chapitre II,* § *1.*

admet aussi les formes venant du cas régime : **pescadou**
(piscatorem), alors que l'italien ne connaît que ces dernières : *piscatore ;*

d) La transformation en *ch* (prononcé *ts, tsi, tch, tchi)* des
groupes intervocaux *ct, pt :*

Noctem > **nuech**, *frucham* > **frucha**, *scriptam* > **escri-
cha**, est commune à tous les parlers d'oc, sauf les gascons ;
elle est de règle à Nice.

Le traitement italien est tout différent : *notte, frutta,
scritta ;*

e) Qu et *gu* latins conservent leur élément semi-vocal dans
les parlers génois et piémontais : ils le perdent dans ceux du
parler niçois, comme dans les dialectes d'oc et d'oui. A Nice,
on prononce **guerra**, **quatre** comme en français : *guerre,
quatre*, et non comme en italien : *gouerra, kouatro ;*

f) La vocalisation en *chi, ghi, bi, pi, fi,* de *cl, gl, bl, pl,
fl*, caractéristique des parlers italiens, est inconnue à Nice.
On y dit, comme dans le reste de la Provence, **clar** et non
chiaro, **glas** et non *ghiaccio*, **blanc** et non *bianco*, **plan** et
non *piano*, **flour** et non *fiore ;*

g) Les parlers niçois ont toujours l'*e* fermé provençal, où
les Piémontais ont *eis* : **piemountés** et non *piemounteis ;*

h) Les formes du pluriel à Nice sont identiques aux provençales : **la dona** fait **las donas** dans le Haut Comté
(comme dans les Hautes-Alpes, le Vivarais, l'Auvergne,
le Languedoc), **li dona** à Nice (comme en Avignon) ; **lou
paire** fait **lous paires** dans le Haut Comté, **lu paire** à
Nice. En italien : *la dona, le donne ; il padre, i padri ;*

i) La jonction des pronoms personnels au verbe est purement provençale à Nice :

Se mira, nous mira, au lieu des formes italiennes, *mi-
rarsi, mirarci ;*

j) Le traitement provençal des désinences latines (tout à fait
caractéristique) *anicus, a, uni, enicus, onicus, inicus,* en *argue*
(argua), *ergue, ourgue,* se retrouve à Nice : **mounargue,
piemenargue, coundinargue, camarga** (noms de lieux),
mourgue (moine), **mourga** (nonne), **canourgue** (chanoine), etc.

. . . .

... Les barbarismes français abondent à Nice... ; les apports italiens y sont à peu près inexistants.

. . . .

... Pour moi, je n'en vois qu'un d'à peu près certain, et qui se limite, d'ailleurs, à Nice et à ses environs immédiats ; la montagne ayant gardé, sur ce point, la forme provençale ordinaire. Je veux parler de... la négation impérative au singulier. A Nice, on dit : *noun veni !* (ne viens pas !), comme en italien : *non venire !* La forme provençale ordinaire emprunte le subjonctif : *Vèngues pas !* (comme dans la montagne niçarde).

... Quant à supposer, comme on le fait, que le niçard a gardé la finale féminine *a* (la dona) par suite de l'influence italienne, c'est vouloir ignorer que cette finale en *a* est celle de l'ancien provençal écrit, qu'elle est restée *a* dans un grand nombre de parlers provençaux, ainsi qu'à Montpellier, en Limousin ; que d'ailleurs, le *o* que lui a préféré Mistral, se prononce entre *a* et *o* et que les premiers félibres ont hésité avant d'écrire *o* plutôt que *a*.

... De même, on croit volontiers que c'est par influence italienne qu'on dit à Nice lou miéu, au lieu de *moun* (comme en italien *il mio) ; lou miéu capèu,* au lieu de *moun capèu.* Ce n'est pas évident : le vieux provençal usait indifféremment des deux formes *(E voill saber, lo mieus bel amicgent,* Comtesse de Die), et le provençal moderne emploie aussi *lou mièu,* quoique moins souvent que *moun ; lou mièu paire* et *lou paire mièu,* à côté de *moun paire* (1).

... Quant au vocabulaire, les apports italiens y sont extrêmement peu nombreux : capi, pour *comprendre ;* pitra, pour *prendre (pitra* existe d'ailleurs en provençal, dans le sens de *piller) ;* mais on dit dans le Comté, comme en Provence d'outre-Var : comprendre e coumprene ; prendre et prene *(s'en pren mieja dougena.* Chanson populaire niçoise).

Et c'est à peu près tout, c'est-à-dire rien qui puisse modi-

---

(1) Notons ici que dans le languedocien de l'Espinouse, on disait, il y a peu d'années — et on dit probablement encore — **lou mïu** (*Note de* L. Maury).

fier la constitution de l'idiome, en altérer le génie purement provençal (1).

PIERRE DEVOLUY montre ensuite que le Comté de Nice ne possède pas de dialecte particulier :

> Pour qu'il y eut langue à part, il faudrait que les formes actuelles de cette langue, — tant les archaïques, dans le Haut-Comté, que les plus récentes, sur le littoral, — fussent différentes des formes provençales archaïques et récentes. *Or, elles sont identiques.*
>
> Et non seulement nous les constatons identiques aujourd'hui, mais encore dans le temps ; les documents écrits nous font voir, en effet, qu'elles ont passé des archaïques aux modernes, en suivant, au long des siècles, des transformations identiques aussi bien dans le Comté de Nice que dans les autres pays d'oc.
>
> . . . .
>
> D'une manière générale, les parlers de la Provence du Nord, du Languedoc à l'Ouest de Lunel, de l'Auvergne, du Limousin ont moins changé que les autres, ont mieux gardé les formes de l'ancien provençal. Ainsi, dans ces régions, lou paire (le père) fait en général au pluriel lous pairés, la plana (la plaine), las planas, comme en vieux provençal.
>
> Vers le littoral et le bas Rhône, les formes se sont beaucoup plus usées, les articles ont changé, les *s* du pluriel sont tombés : lou paire fait lei et li paire ; la plana, li plana.
>
> Cette différence frappante existe pareillement en pays niçois. Dans le Haut-Comté, on dit : lou paire, lous paires ; la plana, las planas ; à Nice, lou paire, lu paire ; la plana, li plana.
>
> D'ailleurs, toutes ces particularités qui s'attachent au destin de la langue d'oc se retrouvent fidèlement à Nice. Ainsi, dans la zone la plus septentrionale des pays de langue d'oc, on sait que *e* et *g* latins devant *a* sont devenus *ch (ts, tsi, tch, tchi)* et *j (ds, dsi, dj, dji)* et qu'on dit la chabra (la chèvre), lou jal (le coq) ; alors que, plus au sud, on dit la cabra, lou gal.

(1) PIERRE DEVOLUY. *La nationalité de Nice.*

Or, la frontière qui sépare les deux zones coupe en deux le pays niçois comme le reste de la terre d'oc : dans le Haut Comté, on dit **la chabra, lou jal** ; dans le Bas, **la cabra, lou gal.**

..... Ces simples constatations — et on pourrait en faire d'autres — nous montrent que les parlers des hautes vallées du Comté ressemblent beaucoup plus à ceux des Hautes-Alpes, du Vivarais, du Languedoc, qu'à ceux des environs immédiats de Nice.

[On peut] constater [même]... en tous détails, que le parler d'un hameau de Saint-Martin d'Entrannes (sur le haut Var) ressemble d'une manière étonnante au montpelliérain.....

. . . .

Il n'y a donc pas, pour le Comté, une masse « linguistique », une « langue naturelle » à part, distincte de la langue naturelle d'oc. Il y a comme dans toute la terre d'oc, des parlers locaux, d'aire plus ou moins étendue, et qui ont chacun leurs particularités.

. . . .

Le fait brutal est que le niçard de Nice diffère moins du toulonnais (en Provence) que du parler de Saint-Sauveur de Tinée (dans le Comté) ; et beaucoup moins, d'ailleurs que le toulonnais ne diffère lui-même de l'arlésien (1).

(1) Pierre Devoluy, *La nationalité de Nice.*

Quatrième Partie

LES ÉTUDES TOPONYMIQUES DE DÉTAIL
EFFECTUÉES DEPUIS 1920

CHAPITRE I

Les principes qui ont dirigé ces études

§ 1

La demande du « Service Géographique de l'Armée »

omme nous avons déjà eu l'occasion de le mention-
ner, au début de la *Deuxième Partie* de ce travail,
au moment, où, après la guerre, le *Service Géographique de l'Armée* envisagea la reprise de la publication, pour la région des Alpes, de la nouvelle Carte de
France au 5o.000ᵉ en couleurs, son Directeur, le Colonel
BELLOT, voulant éviter les critiques qui avaient été faites à la
feuille de *Tignes*, parue en 1912, écrivit, en date du 19 Juillet 1921, une lettre au Président du *Club Alpin Français*
pour lui demander d'abord quelles modifications de détail il
paraissait nécessaire d'apporter au dessin des régions élevées
des Alpes, « afin de donner satisfaction aux besoins spéciaux
des alpinistes ». C'est là une question dont nous n'avons pas
à parler ici. Pour celle dont nous nous occupons, cette lettre
s'exprimait ensuite ainsi :

> En ce qui concerne la toponymie de ces mêmes régions,
> je vous demande de vouloir bien me faire connaître si le

Club Alpin serait disposé éventuellement à prêter son concours au *Service Géographique* en vue d'arrêter définitivement les noms qui doivent figurer sur la carte. Les levés au 20.000ᵉ pourraient, à cet effet, lui être communiqués. Il va de soi qu'un travail de ce genre devrait être exécuté avec le plus grand soin et en s'entourant de toutes les garanties possibles et que, de plus, il resterait limité aux sommets et aux zones d'excursion alpine.

Il résulte de ce texte que, à cette époque, le *Service Géographique de l'Armée* n'envisageait que la question de l'*emplacement* des noms et non celle de leur *orthographe*. Le problème posé n'allait pas tarder à s'élargir.

§ 2

L'étude de la question par la « Commission des Travaux Scientifiques » du « Club Alpin Français ».

Dès sa première réunion, le 29 Janvier 1923, la *Sous-Commission de Topographie et de Cartographie Alpines* de la *Commission des Travaux Scientifiques* du *Club Alpin Français* (1) « aborda le question de la nomenclature des feuilles remises au *Club Alpin* par le *Service Géographique de l'Armée* ». Nous reproduisons ci-dessous la partie du Compte-Rendu de la Séance qui y est relative. On va voir que l'on s'aperçut tout de suite qu'il était impossible, dès

(1) Nous rappelons que, au début, la *Commission des Travaux Scientifiques* était scindée en trois Sous-Commissions. Cette division fut supprimée en date du 4 Juin 1924 — Assistaient à la Séance du 29 Janvier 1923 : MM. Auzelet, H. Barrère, Blanchard, Bregeault, Durègne, Gentil, M. Heid, L. Maury, Noirel, M. Paillon, R. Perret, Schrader, Ch. Vallot, du Verger.

que la question de graphie entrait en ligne — et elle ne pouvait pas ne pas y entrer — de laisser à des organes différents
la mission de s'occuper des noms de crêtes et des noms de
vallées. En outre, la divergence des opinions émises à cette
époque prouvera combien il était nécessaire d'entreprendre
une étude d'ensemble de la manière dont il convient d'orthographier les noms de lieux.

Le L.-Colonel Noirel rappelle que [le] *Service [Géographique
de l'Armée]* a envoyé au *Club Alpin*, il y a deux ans, les minutes de quatre feuilles au 50.000ᵉ, établies en 1914 (feuilles
de *Lanslebourg, Mont d'Ambin, Bourg-Saint-Maurice, Petit
Saint-Bernard)* avec prière d'en faire examiner et compléter
la nomenclature par un organisme compétent. Cet organisme existe et fonctionne aujourd'hui. Convient-il de lui
demander de s'occuper uniquement de la nomenclature des
crêtes ou bien doit-il examiner en même temps les noms des
vallées ?

M. Perret fait remarquer que les noms des sommets et des
régions élevés sont en général tirés des noms des chalets
situés à mi-hauteur et même des villages placés dans les
vallées ; ex. *Aiguille d'Argentière.* Si notre *Commission* ne
s'occupe que des noms de sommets, en laissant au *Service
Géographique* le soin de fixer les noms des chalets et des
hameaux, on risque de voir, sur une même feuille, un même
nom avec des orthographes différentes.

M. Ch. Vallot remarque que la nomenclature d'une même
feuille doit être homogène.

Le L.-Colonel Noirel dit que si le *Club Alpin* désire
examiner la nomenclature complète des quatre feuilles qui
lui ont été remises, il faut que son rôle soit clairement
défini. Il devra s'occuper de la densité des noms à inscrire
sur la carte et, par conséquent, classer par ordre d'importance
les noms qu'il proposera, afin de permettre au *Service Géographique* de faire un triage. Il devra ensuite se souvenir que
la carte au 50.000ᵉ est une carte officielle. La toponymie
officielle ne peut être modifiée pour de simples détails d'orthographe. Ces modifications relèvent, non du *Club Alpin,*

mais des services et des ministères compétents (1). Comment
·déjà définir l'orthographe officielle d'une commune? N'est-ce
pas le cachet de la mairie qui fait foi?

La discussion s'engagea alors sur la question de savoir ce
qu'il y avait lieu d'entendre par orthographe officielle. Nous
l'avons déjà traitée, nous n'y reviendrons pas.

Le Procès-Verbal continue ensuite ainsi :

> Le L¹-Colonel NOIREL dit que, en ce qui concerne les lieux-
> dits, le *Club Alpin* aura toute latitude pour procéder à un
> examen critique relativement aux noms nouveaux à inscrire
> sur le 50.000ᵉ, noms ne figurant pas sur l'ancien 80.000ᵉ.
> Mais que, d'une manière générale, sauf le cas d'erreurs gros-
> sières, les noms figurant sur le 80.000ᵉ devraient être con-
> servés.
>
> M. PERRET fait valoir que la décision finale appartiendra au
> *Service Géographique* et non au *Club Alpin* qui ne fournira
> qu'un avis. Il croit devoir faire remarquer cependant que la
> carte au 50.000ᵉ sera un document d'une importance, non
> seulement administrative, mais générale ; qu'elle fixera sans
> doute les noms des villages, hameaux et lieux-dits pour plu-
> sieurs siècles ; que ces noms sont une partie de la langue
> française et forment une richesse de notre patrimoine natio-
> nal. Si l'on se pénètre bien de cette manière de voir, on
> jugera peut-être difficile d'accepter tous les à peu près qui
> fourmillent littéralement sur le 80.000ᵉ.
>
> Le L¹-Colonel NOIREL conclut en disant qu'il s'agit là d'un
> travail de longue haleine, qui demande à être fait avec soin,
> en s'entourant de l'opinion de toutes les personnes autori-
> sées. Il est impossible de trancher ces questions immédiate-
> ment. Il estime pour lui-même que ce qui est imprimé est

(1) On voit, d'après cette opinion particulièrement autorisée, combien
il y avait à faire pour que la question en arrivât à être envisagée au point
de vue scientifique, même par les Administrations les plus éclairées.
Toute la *Deuxième Partie* du présent travail est consacrée à démontrer
que l'orthographe des noms de lieux ne dépend pas plus que les formes
du terrain « des services et des ministères compétents ». *(Note de*
L. MAURY).

acquis. Il est d'ailleurs nécessaire, si l'on veut aboutir à un résultat pratique, faire admettre nos corrections par les Administrations Publiques, de ne pas vouloir tout bouleverser et d'être très prudent dans les modifications à faire subir à la nomenclature existante.

Après une nouvelle discussion dans la Séance du 26 Février 1923, la lettre suivante fut envoyée par le bureau de la *Commission* au Commandant GAILLARD et à M. METTRIER qui avaient accepté de prendre en main la révision toponymique des quatre feuilles du nouveau 50.000ᵉ précités : (1)

Paris, le 12 Mars 1923.

Monsieur et Cher Collègue,

La *Commission de Topographie et de Cartographie alpines* du *Club Alpin Français* a décidé, au cours de la Séance tenue le 26 Février dernier, de vous confier... le soin d'établir la nomenclature des quatres feuilles remises au *Club Alpin* par le *Service Géographique de l'Armée*.

Après avoir indiqué les détails matériels d'exécution graphique, la lettre continuait ainsi :

La *Commission* vous demande également de vouloir bien rédiger un rapport dans lequel vous exposeriez tout d'abord, en termes généraux, les principes qui vous auraient guidés au sujet de la transcription des noms. Cet exposé de méthode serait suivi d'une discussion exclusivement limitée aux noms dont la transcription vous semblerait particulièrement douteuse ; vous limiteriez cette discussion, dans chaque cas particulier, aux proportions d'une fiche.

Nous vous serions également reconnaissants de vouloir bien procéder à un classement en deux catégories, par ordre

(1) A la Séance du 19 Avril 1923, la *Commission* décida de leur demander également de revoir la toponymie de la feuille de *Tignes*, parue antérieurement.

d'importance, des noms proposés,... ce triage permettant au *Service Géographique* d'éliminer de la carte les noms les moins utiles, s'il jugeait les feuilles trop chargées d'écritures.

La *Commission* a décidé que les noms des communes étaient, en principe, intangibles ; leur modification relève de plusieurs Ministères et dépasse notre compétence ; cependant, vous signalerez les erreurs choquantes, en particulier les divergences d'orthographes entre les divers documents ayant un caractère officiel (Carte d'Etat-Major, cachets de la poste et de la mairie, stations des chemins de fer, etc.).

Vous avez, par contre, toute initiative en ce qui concerne les hameaux et les lieux-dits, aussi bien des vallées que des montagnes, la nomenclature d'une feuille devant être homogène. Il vous appartiendra cependant, surtout au point de vue de l'emplacement des dénominations, de vous occuper particulièrement des parties hautes (montagnes, glaciers, cols, pics, etc.).

. . . . ʟ . . . .

§ 3

Sur quels principes a été faite la révision toponymique des cartes des Alpes françaises.

A la Séance de la *Commission* du 28 Novembre 1923, furent présentées les deux Notes suivantes de M. Mettrier, qui exposent la manière dont le Commandant Gaillard et lui-même avaient exécuté la tâche dont ils s'étaient chargés.

Première *Note de M.* H. Mettrier

Les modifications que nous proposons d'apporter à la nomenclature de la Carte résultent, avant tout, de la connaissance approfondie, je pourrais même dire intime, que nous possédons de la *Haute-Tarentaise* et de la *Haute-Maurienne*, par suite d'une fréquentation qui remonte à plus de 25 ans. En ce qui me concerne particulièrement (excusez ces détails personnels) je n'ai pas fait, dans ce laps de temps, moins de onze séjours à *Péisey*, quatre à *Bonneval*, deux à *Bessons* (ceux-ci représentant une durée de deux mois et demi), un à *Val-d'Isère*. Toutes les vallées, presque toutes les cimes, la plupart des cols figurés sur les quatre feuilles que la *Commission* examinera, ont été parcourues, gravies ou traversés, soit par le Commandant GAILLARD, soit par moi, bien souvent aussi par l'un et l'autre. Enfin, les renseignements que nous avions déjà ont été complétés et mis au point par une enquête que j'ai poursuivie, au cours de l'été dernier, sur toute l'étendue de la Feuille *Lans-le-Bourg*, ainsi que sur une partie de celles de *Tignes,* du *Petit-Saint-Bernard*, de *Bourg-Saint-Maurice*, tandis que le Commandant GAILLARD s'occupait plus spécialement du Massif de *Beaufort*, qui doit faire l'objet d'un quatrième volume de son guide, actuellement en cours d'impression.

Dans cette enquête, je ne me suis pas borné à interroger les habitants — avec toutes les précautions qu'il convient d'apporter dans ce genre d'interrogatoire —. Dans la mesure du temps, malheureusement trop restreint, dont je disposais, les archives locales, quand elles existent, ont été mises à contribution. La littérature alpine, les ouvrages anciens ou modernes, de même que les cartes, pouvant être de quelque intérêt pour le sujet, ont été consultés, ainsi que les publications des Sociétés Savantes. Enfin les changements proposés, en ce qui concerne la graphie d'un certain nombre de noms de lieux, ont été soumis au jugement de deux personnes particulièrement autorisées : en *Maurienne*, M. le Chanoine GROS; en *Tarentaise*, M. l'Abbé EMPRIN, originaire de *Sainte-Foy*, actuellement curé de *Valezan*, après avoir desservi les paroisses de *La Gurra* et de *Villaroger*, un des membres les plus érudits de l'*Académie de la Val d'Isère*, qui a bien voulu examiner, de concert avec moi, un très grand nombre des noms inscrits sur la carte.

Notre travail se présente donc, je crois, entouré de garanties sérieuses, ce qui ne veut pas dire que les graphies adoptées soient, dans chaque cas, les meilleures. Dans l'état actuel des études toponymiques, alors que rien ou presque rien n'a été fait dans cet ordre d'idées, en *Tarentaise* et en *Maurienne*, on ne saurait se flatter d'arriver du premier coup à un résultat satisfaisant. Du moins ces recherches constitueront un point de départ pour l'amélioration de la nomenclature de la carte dans une édition future.

En ce qui concerne la densité de cette nomenclature, il ne nous a pas été possible, opérant directement sur les feuilles au 50.000^e, d'y marquer un grand nombre de noms de ravins, couloirs, petits ruisseaux, maisons isolées, pâturages et lieux-dits, qu'il y aurait le plus grand intérêt à voir figurer sur la reproduction des levés au 20.000^e. Entre autres avantages, une nomenclature abondante, par les rapprochements et les comparaisons qu'elle permet, contribue beaucoup au progrès des études toponymiques.....

Deuxième Note de M. H. METTRIER

Les instructions qui nous avaient été données par la *Commission de Topographie* nous laissaient entièrement libres d'apporter aux noms inscrits sur les minutes qui nous étaient communiquées toutes les modifications que nous jugerions utiles, sauf en ce qui concerne les noms de communes, pour lesquels l'orthographe officielle devait être conservée. Toutefois, il nous était recommandé de faire porter le principal de notre effort sur les parties hautes de la montagne, où la nomenclature de la carte laissait à désirer davantage, tant à cause du petit nombre d'indications que fournissent sur ces régions les plans cadastraux, source principale, pour ne pas dire unique à laquelle cette nomenclature a été puisée, que de la difficulté, pour les topographes militaires, ignorants d'ailleurs, pour la plupart, des besoins et des desiderata des alpinistes, d'y suppléer par des enquêtes personnelles pour lesquelles le temps et les moyens leur faisaient également défaut.

Nous nous sommes acquittés de cette tâche de notre mieux dans le court délai qui nous était imparti. En y comprenant la feuille *Bourg-Saint-Maurice*, qui sera soumise à la *Commission* dans sa prochaine séance, le nombre des changements de toute sorte : rectifications, additions ou suppressions que nous proposons d'apporter à la nomenclature des cinq feuilles que nous avions à examiner dépasse certainement 600.

Un certain nombre de ces modifications ont consisté, surtout dans les parties hautes de la montagne, à effacer les dénominations erronées pour les remplacer par d'autres mieux appropriées à l'objet qu'il s'agissait d'indiquer. Ce n'est pas en effet seulement par insuffisance que pêche la nomenclature du cadastre au-dessus de la zone des pâturages, nomenclature que les topographes du *Service Géographique* se sont bornés à reproduire, la plupart du temps telle quelle. Les noms de sommets, même sur les plans cadastraux les plus récents, ne sont pas toujours inscrits à leur place exacte ; des confusions sont intervenues ; le prestige dont jouissent les cartes officielles a conduit parfois les géomètres à préférer aux véritables dénominations locales celles qu'ils trouvaient sur le 80.000ᵉ, alors même qu'elles étaient manifestement entachées d'erreurs. Une révision sérieuse s'imposait pour ces divers motifs. C'est sur ce point que notre attention s'est portée tout d'abord.

Nous avons dû ensuite compléter la nomenclature des hautes crêtes, en y ajoutant un grand nombre de noms de cimes, de cols et de glaciers, qui ne figurent, ni sur les cadastres, ni sur le 80.000ᵉ. Dans cette partie de notre tâche, comme dans la précédente, notre choix s'est fixé, naturellement, sur les noms en usage dans le pays, ou, à défaut de noms donnés par les habitants, sur ceux qui sont adoptés actuellement par la généralité des alpinistes, consignés dans les guides et les publications alpines. Ce n'est que très exceptionnellement que nous avons proposé de nouvelles dénominations, pour quelques sommets et passages d'importance tout à fait secondaire, et parce que celles employées jusqu'ici pour les désigner, ou étaient absolument impropres, ou prêtaient à des confusions qu'il était préférable de préve-

nir en en faisant disparaître la cause. Ces nouvelles dénominations ont été empruntées, conformément aux règles
admises en la matière, aux alpages ou glaciers avoisinants.

L'application des noms aux cols et aux sommets a été faite
sur la carte en s'entourant de tous les renseignements permettant de les identifier avec certitude et notamment en
utilisant les cotes d'altitude des plans directeurs au 20.000ᵉ.
Nous avons d'ailleurs regretté parfois que ces plans ne fournissent pas, pour les crêtes, un plus grand nombre de points
cotés.

Enfin, pour les sommets et les cols de la frontière qui sont
connus sous un nom différent en France et en Italie, il nous
a paru que le procédé le plus pratique, pour résoudre cette
difficulté, consistait à porter le nom italien à la suite du nom
français, en l'inscrivant, bien entendu, entre parenthèses et
en caractères différents. Mais, naturellement, nous n'avons
pas reproduit la dénomination italienne, quand elle était manifestement mauvaise ou erronée *(Col Paré*, au Mont Cenis;
Ouille d'Arbéron, appelée *Pᵗᵉ du Collarin d'Arnas* par les
Italiens; Cime d'Oin, que les cartes italiennes nomment
Cime de la Vache ; etc.).

Restent enfin les modifications apportées à la graphie d'un
assez grand nombre de noms, et cela en vue de rendre, comme
on nous l'avait demandé, la nomenclature de la carte plus
correcte, plus homogène, de faire disparaître les variantes
orthographiques si frappantes sur le 80.000ᵉ, où, dans les
limites d'une seule feuille, on rencontre quelquefois le même
nom écrit de deux ou trois façons différentes. Le temps
restreint dont nous disposions ne nous permettait pas de
soumettre à une critique détaillée, aussi approfondie que
nous l'aurions désirée, des noms dont le total s'élève
(sans compter ceux que nous avons ajoutés) à 1850. Nous
nous sommes donc attachés surtout à unifier les diverses
formes scripturales, en choisissant, dans chaque cas, celle qui
nous a paru être la plus logique, la plus conforme à l'étymologie du mot (lorsque celle-ci a pu être déterminée), parfois
aussi la plus usuelle, la plus répandue dans la région. Nous
avons également porté notre attention sur les lettres doubles

inutiles, sur ce que l'on appelle les lettres étymologiques
(*ph, th, s, y*) qui, à partir du xvi⁰ Siècle, se sont glissées dans
l'orthographe d'un grand nombre de noms de lieux en Savoie.
Nous avons supprimé le ʒ à la fin des mots en *aʒ* et en *oʒ*, où
il n'avait rien à faire, ce qui est conforme à la fois à la prononciation et à l'étymologie. Enfin, nous n'avons pas hésité
à franciser les formes et surtout les finales patoises, chaque
fois que cela ne modifiait pas le mot au point de le rendre
méconnaissable pour les indigènes.

Nous croyons devoir insister tout spécialement sur la suppression du ʒ à la fin des mots. L'un des meilleurs arguments
que l'on puisse invoquer en faveur de cette modification,
c'est la carte au 50.000⁰ elle-même, qui, par la débauche
inconsidérée du ʒ à laquelle se sont livrés ses rédacteurs (1),
imitant l'exemple donné par les géomètres du cadastre (2),
démontre surabondamment qu'il est grand temps de réagir
contre ces déplorables pratiques.

· La question, du reste, ne date pas de hier. Lors du *Congrès
des Sociétés Savantes Savoisiennes,* qui se tint à Aix-les-Bains
en 1882, la suppression du ʒ final était déjà regardée comme
désirable (3). En 1902, Félix Fenouillet écrivait dans son
excellente *Monographie du Patois Savoyard* : « Beaucoup de
« noms locaux ou patronymiques finissent en Savoie par *oʒ* et
« par *aʒ*, avec ʒ nul. Les uns ont la dernière syllabe forte,
« comme *Semnoʒ, Servoʒ, de Praʒ, Vétraʒ,* etc.; d'autre sont la
« dernière syllabe faible et presque muette, comme dans les

(1) Sur la première édition de la feuille de *Tignes* et sur les minutes
de la « lettre » des quatre autres feuilles envisagées, minutes qui avaient
été communiquées à MM. Gaillard et Mettrier. *(Note de* L. Maury).

(2) « Fait digne de remarque, les rédacteurs des anciens cadastres se
« sont montrés souvent plus réservés que leurs modernes successeurs,
« dans l'emploi des ʒ suivant la voyelle atone. On sait, du reste, que
« cette singulière graphie ne s'est introduite qu'assez tardivement. Son
« efflorescence, depuis la fin du xviii⁰ Siècle, n'est donc pas un retour
« aux formes primitives, mais une corruption de ces dernières qui est
« allée en s'accentuant. » *(Note de M.* H. Mettrier).

(3) « *Congrès des Sociétés Savantes Savoisiennes — 5⁰ Session 1882.*
« Aix-les-Bains, 1883, pp. 165-175. » *(Note de M.* H. Mettrier.)

« langues du Midi, tels sont *Aviernoz, Marlioz, La Clusaz, La*
« *Forclaz, La Muraz,* etc. Cette confusion entre l'écriture des
« noms en *oz* et *az* forts et ceux en *oz* et *az* faibles entraîne
« souvent les étrangers, et notamment les fonctionnaires ve-
« nus des autres départements français, à estropier absolu-
« ment ces derniers. Ainsi il n'est pas rare d'entendre pro-
« noncer : *La Vernasse, Chappassè* ou *Chappaze, Marliosse,*
« ce qui est tout à fait erroné et rend ces mots méconnais-
« sables. La vraie manière d'écrire ces noms (ceux à dési-
« nence faible) eut été de les *franciser,* en remplaçant l'*a* et
« l'*o* atones par l'*e* muet français, qui est leur correspondant.
« On aurait eu ainsi *La Forcle, La Cluze, La Mure, Cha-*
« *vanne, Motte,* etc., comme on l'a fait pour d'autres noms
« qui se trouvaient dans le même cas : *Bonneville, Sallenôve,*
« *Thones, Boëge, Contamine.* » Voir également l'étude sur les
noms de famille en Savoie, publiée par Fenouillet, dans les
Mémoires de l'Académie Chablaisienne (1920). La réforme,
jugée opportune il y a déjà quarante ans, est devenue plus
nécessaire que jamais avec le développement du tourisme (1),
avec les progrès de l'instruction qui font que, dans toutes
les classes sociales, la prononciation tend à se modeler sur
l'écriture. Si l'on ne tente rien pour y parer, avant peu un
très grand nombre de noms de lieux savoyards seront, dans
le langage oral, complètement défigurés.

Aussi, l'initiative que nous avons prise de supprimer le *z* à
la fin des mots où il ne se justifie pas a-t-elle reçu le meilleur accueil des érudits et des linguistes de la Savoie que
nous avions cru devoir consulter à ce sujet. « Oui, je suis
« d'avis d'éliminer les *z* à la fin des mots en *az* ou *oz*, où
« généralement ils n'ont rien à faire », nous écrivait le Chanoine Gros, Président de la *Société d'Histoire et d'Archéolo-*
gie de Maurienne. « En Maurienne, jusqu'à ces derniers

(1) « Les *guides* à l'usage des touristes, à de rares exceptions près (par
« exemple les *Guides Bricet)* n'ont malheureusement pas pris la précau-
« tion de mettre les étrangers en garde contre la prononciation défec-
« tueuse des noms de lieux et de personnes terminés en *az* ou en *oz*.
« Faut-il s'en étonner, quand on voit le *Dictionnaire Savoyard* de Cons-
« tantin et Désormaux, lui-même, rester complètement muet sur ce
« point. » *(Note de M. H. Mettrier).*

« temps, on accentuait sur l'avant-dernière syllabe tous les
« noms de personnes en *oʒ* ou *aʒ*, tels que *Rosa(ʒ)*,
« *Charvo(ʒ)*, *Franco(ʒ)*, *Falco(ʒ)*, le *ʒ* étant absolument
« aphone et muet. De même pour les noms de lieux. Aujour-
« d'hui, dans les bourgs, on fait sentir le *ʒ* et l'accent se
« trouve reporté sur la finale. Mais les gens de la campagne
« ont gardé l'ancienne prononciation. C'est un courant con-
« tre lequel il sera difficile de lutter. Peut-être la carte de
« l'Etat-Major contribuera-t-elle grandement au résultat
« désiré ».

La question n'est d'ailleurs pas spéciale à la Savoie. Elle se
pose, et elle devait forcément se poser, puisque l'évolution
du langage y avait suivi une marche analogue, dans la Suisse
romande. Dès 1909, M. E. Muret demandait la « suppression
« des *ʒ* muets et autres consonnes parasites dont on s'est plu
« à hérisser tant de noms de lieux des pays de langue fran-
« çaise ». Et, dans son *Essai de Toponymie*, H. Jaccard
déclarait qu'il serait « temps de modifier l'orthographe de
« nos noms de localités pour éviter de voir ces noms défor-
« més par un déplacement de l'accent. On entend déjà trop
« prononcer *Riondàt, Anʒeindàt* ou *Riondàʒe, Anʒeindàʒe*,
« les mots *Riondaʒ, Anʒeindaʒ*, que nos pères prononçaient
« *Rionde, Anʒeinde*, comme nos montagnards le font encore
« aujourd'hui. Nous devrions imiter les Valaisans qui ont
« abandonné les formes surannées d'*Evolenaʒ, Iserabloʒ*,
« écrites aujourd'hui *Evolène, Iserable* ». Diverses tentatives
ont été faites d'ailleurs pour modifier, conformément à ces
vues, la nomenclature de l'*Atlas topographique de la Suisse*
(comparer par exemple, l'ancienne feuille *485*, au 50.000ᵉ,
avec la feuille *484*, au 25.000ᵉ ; l'édition originale de la
feuille *529* avec la même feuille révisée par Ch. Jacot-
Guillarmod). En supprimant les *ʒ* parasites et en remplaçant
par l'*e* muet français l'*a* ou l'*o* savoyard dans les noms de
lieux où la dernière syllabe est atone, nous n'avons donc
fait que nous conformer à un mouvement d'opinion qui a
pour principaux tenants les personnes les plus compétentes
dans ces délicats problèmes de linguistique et de toponymie.
La réforme ne pourra manquer d'être approuvée, puisque
chacun se rend compte de la nécessité de faire quelque chose

pour lutter contre les habitudes vicieuses et essayer de conserver aux vieux noms savoyards leur véritable physionomie.

§ 4

Conclusion de la « Commission des Travaux Scientifiques » du « Club Alpin Français ».

Les deux Notes de M. H. Mettrier furent unanimement approuvées par la *Commission*. En particulier, pour ce qui concerne la suppression des ƶ finaux, le *Procès-Verbal de la Séance* s'exprime ainsi :

> ..... MM. Blanchard et Perret sont tout à fait d'accord avec MM. Gaillard et Mettrier pour la suppression des ƶ finaux parasites, dans les noms de lieux savoyards.
>
> Il y a là une réforme urgente à accomplir.
>
> M. Maury fait observer que ces ƶ parasites ont déjà disparu sur certains documents officiels relatifs à la région des Alpes.
>
> Etant donné, en outre, l'exemple donné par la carte suisse, il semble que ce soit là une question définitivement tranchée (1).

(1) Assistaient à la Séance : MM. Bernard, Blanchard, Durègne, Gaurier, L. Maury, Noirel, M. Paillon, R. Perret, Schrader, du Verger.

CHAPITRE II

La question des z finaux
dans les noms de lieux de la Savoie

§ 1

Observations de M. le Général LEBRUN

LA *Commission* avait donc fait sienne l'opinion de MM. GAILLARD et METTRIER relativement à la suppression des z finaux dans les noms de lieux de la Savoie et, plus généralement, de la région franco-provençale. Nous avons reproduit déjà, dans la *Troisième Partie*, l'argumentation de M. E. MURET, à cet sujet (1).

Au mois de Novembre 1924, M. le Général LEBRUN, ayant examiné l'étude toponymique de la feuille de *Modane*, faite par le Commandant GAILLARD, communiqua à la *Commission* une note dans laquelle il « s'élevait » contre « la suppression radicale » de ces z. Il considérait qu'il s'agissait là d'une question intéressant toutes les administrations publi-

____

(1) *Troisième Partie, Chapitre II*, § 4. M. METTRIER, dans sa *Deuxième Note,* a rappelé cette argumentation.

ques et même les particuliers, dont les noms se terminent
par cette lettre, et que, par suite, elle ne pouvait être résolue
que par « une commission mixte interministérielle, où seront
« entendues, non seulement les Académies locales, mais
« toutes les compétences régionales ».

Sans y attacher autrement d'importance, M. le Général
Lebrun envisageait l'hypothèse que ces terminaisons seraient
« un legs de l'ancienne occupation espagnole ou, plus
« exactement, du passage des troupes espagnoles emprun-
« tant le territoire des ducs de Savoie pour se rendre en
« Franche-Comté et dans les Flandres ». Il ajoutait que « la
« carte Sarde, qui doit nous servir de base en la matière,
« doit être respectée ».

Nous ferons tout de suite une remarque. Comme nous
avons eu déjà l'occasion de le dire, les problèmes de la toponymie relèvent des méthodes des sciences d'observation et
nous ne voyons pas bien une Commission, comprenant des
représentants des Administrations des Postes, des Ponts et
Chaussées et des Chemins de Fer, dont la compétence indiscutable est d'un tout autre ordre, voter, sur ce sujet, à la
majorité des voix. Certes, en toponymie, il faut tenir compte
de l'usage, mais, lorsque, comme dans le cas présent, on a
à faire à une langue qui n'a jamais été une langue écrite,
l'usage parlé a plus d'importance que l'usage écrit.

En tout état de cause, il faut considérer avant tout l'usage
local et non celui d'administrations dont les représentants
ignorent généralement l'idiome du pays (1).

Nous ajouterons qu'il est fort peu sûr que les scribes qui,
au xvii⁰ et au xviii⁰ Siècles, ont enjolivé de ce que l'on prend
aujourd'hui pour des *z* finaux les noms de lieux de la Savoie
aient eu l'intention d'écrire une lettre supplémentaire.

(1) Quant à la carte de l'Etat-Major Sarde, nous avons reproduit plus
haut *(Première Partie, Chapitre I, § 4)* l'opinion du Lt-Colonel Borson,
qui avait les meilleures raisons possibles pour être au courant.

Lorsque l'on consulte des documents manuscrits de cette époque, on s'aperçoit que, surtout lorsqu'il s'agit d'écriture calligraphiée, il était d'usage d'ajouter, à la fin des mots, une petite fioriture que l'on peut d'ailleurs aussi bien prendre pour un *s* que pour un *ȥ* (1) (2).

Ceci posé, nous allons reproduire l'essentiel des réponses du Commandant GAILLARD et de M. METTRIER, auxquels furent communiquées les observations de M. le Général LEBRUN.

Elles nous paraissent résoudre définitivement la question.

§ 2

Note du Commandant GAILLARD

En dehors des noms de communes, il n'y a pas d'orthographe officielle pour les noms de lieux ; pas même, bien souvent, d'orthographe unique. C'est ainsi que, dans la vallée de Peisey, *Nantcroit* s'écrit actuellement de trois façons différentes, avec un *t*, un *x*, un *y* final.

Pour le moment, nous n'avons touché à aucun nom de commune se terminant en *oȥ* ou en *aȥ*. Il faudra cependant y venir, car on ne peut continuer à écrire *Servoȥ* ce qui se prononce **Serve** (voir DE SAUSSURE et BOURRIT), ou *Viuȥ la Chiésaȥ* ce qui se prononce **Viu la Quièse**, c'est-à-dire *la Rue de l'Eglise*. Si le *Service Géographique* approuve les changements proposés dans mon rapport sur la feuille de *Modane*

---

(1) C'est ce qui explique la présence actuelle de l'*s* final parasite de *Tarbes* et de *Lourdes*, qui, comme nous l'avons déjà dit, date précisément de la fin du xviiie Siècle.

(2) Nous avons eu récemment l'occasion de le constater en étudiant aux *Archives de la Guerre*, un certain nombre de documents relatifs aux Pyrénées, datant de la fin du xviiie Siècle.

et dans nos rapports (M. Mettrier et moi) sur les autres feuilles, il y aura lieu évidemment, d'ici un certain nombre d'années, d'instituer une procédure pour aboutir à la réforme orthographique, par voie de Décret, de tout ou partie de ces noms de communes et croyez bien que celles-ci seront les premières à la réclamer (1). Mais ce sont des considérations dans lesquelles nous n'avons pas à entrer pour le moment.

Comme précisément il n'y a pas de noms de communes en *oʒ* ou *aʒ* dans les feuilles que nous avons révisées, il semble que la suppression des *oʒ* et des *aʒ* sur ces feuilles pourrait être réalisée sans inconvénients et à titre d'essai ; ce serait une initiative à prendre et qui ne passerait probablement pas inaperçue. L'accueil qu'elle aurait reçu serait la meilleure manière de juger de son opportunité. Attendre pour agir la réunion d'une Commission interministérielle (composée comment ?), ce serait se condamner à ne jamais aboutir.

Examinons maintenant les arguments soulevés contre cette suppression :

1° D'abord, les noms patronymiques sont hors de cause ; une procédure spéciale existe, qui permet à chaque intéressé de faire modifier son nom, dont il est seul propriétaire, s'il a de bonnes raisons pour cela. Et cela n'a rien à voir dans la question qui nous occupe. Notons seulement au passage que des noms qui s'écrivent *Falcoʒ* ou *Anxionnaʒ* ne se prononcent pas *Falcôsse* et *Anxionnâsse*, mais bien Falque et Anxionne, et que seules les personnes étrangères à la Savoie ou aux questions de linguistique savoyarde adoptent la prononciation défectueuse.

2° Les terminaisons *oʒ* ou *aʒ* ne sont pas un legs de l'ancienne occupation espagnole... Ces terminaisons n'ont rien d'espagnol d'abord et, ensuite, l'influence espagnole n'aurait pu être que phonétique ; or, précisément, *tous les savoyards* prononcent *oʒ* et *aʒ* comme *e* muet.

3° Cette orthographe n'a pénétré ni les mœurs, ni les habitudes savoyardes. Les Savoyards s'élèvent au contraire avec véhémence contre cette graphie absurde, qui est venue

(1) C'est ainsi que, en 1926, *Alais* est devenu *Alès (Note de* L. Maury).

déformer la physionomie de leurs noms et qui met dans la bouche des étrangers au pays des prononciations ridicules.

Voici ce que m'écrit à ce sujet le Marquis DE LANNOY DE BISSY, savoyard de vieille souche, Président du *Syndicat d'initiative de la Savoie* et auteur de nombreuses cartes touristiques savoisiennes :

« Ce qu'il faut retenir, c'est qu'on a toujours prononcé « **Crouse** et **Cules** dans le pays, malgré la terminaison « *Crousaʒ* (près de Chexbres), qui date du xiiie Siècle, et « *Culoʒ*, qui date du 1er Empire.

« Il n'y avait aucun inconvénient, jusqu'en 1860, à ces ter- « minaisons, car on prononçait ces noms à l'italienne, mais, « depuis que nous sommes français, nous nous apercevons « que nos frères de l'autre côté du Rhône ne veulent pas « parler comme nous, bien qu'ils exigent que l'on dise *Le* « *Grand Linse* pour *Le Grand Lemps*. Alors, nous en avons « assez de voir écorcher nos noms et de les voir ridiculiser. « Tout le monde sait que les mots de deux syllabes sont la « majorité dans le langage français. Si l'on prononce les *oʒ* et « *aʒ*, on transforme tous nos jolis noms de deux syllabes en « mots très lourds de trois. Est-ce logique ? De quel droit « veut-on salir notre vocabulaire ? De quel droit veut-on me « forcer à appeler *d'Aviernôsse* mes parents *d'Avierne*, dont « le nom est une des plus pures gloires de chez nous. J'aime « mieux écrire désormais *d'Avierne* et garder à ce nom toute « sa saveur. En Italie, on continuera à écrire *d'Aviernoʒ*, « parce que chez eux on a le bon goût de prononcer *d'A-* « *vierne* quand même ».

Et voilà pourquoi M. le Général LEBRUN peut relever autant de terminaisons en *oʒ* ou *aʒ* sur la carte italienne ; c'est que, de l'autre côté, cela n'a pas d'importance parce que l'on ne les prononce pas, ce qui est d'autant plus piquant que, en italien, toutes les lettres se prononcent. Mais on semble, en Italie, plus respectueux de la tradition.

« Il est à noter », continue M. DE BISSY, « que la pronon- « ciation des *oʒ* et des *aʒ* déplace l'accent tonique qui se « trouve en général sur l'antépénultième, de sorte que l'on « arrive ainsi à changer le sens des mots. Exemple : que « devient *l'Arcluse*, prononcée *l'Arclusâsse?* Est-il possible

« de retrouver dans ce mot barbare *l'Ar(rière) Cluse ?* De
« grâce, écrivons *Arcluse, Armène, Pêcle.* C'est au moins plus
« joli et plus vrai.

« Il s'agit de parler la langue du pays où l'on se trouve ; il
« ne s'agit pas d'autre chose et si le Français ne peut laisser
« tomber les *oz* et les *az*, supprimons-les puisqu'ils ne ser-
« vent à rien.

« On gênera le P. L. M. ? Mais cette Compagnie a depuis
« longtemps une géographie à elle. Elle écrit *Pomblière* ce
« qui s'appelle *Plombière ;* elle écrit *Saint-Béron* ce que nous
« appelons *Saint-B(e)ron* (comme à Lyon) ; elle dépose ses
« voyageurs à *Pont de Beauvoisin* et à *Viviers,* alors qu'ils se
« rendent au *Pont* et au *Vivier* (qu'il faut écrire sans *s,* de
« *Vivarium).* Ce serait une excellente chose que d'avoir une
« occasion de prier le P. L. M. de parler et d'écrire comme
« tout le monde.

« D'ailleurs, on fera ce que l'on voudra ; je suis encore
« assez jeune pour produire quelques cartes et je vous
« affirme que les noms y figureront comme ils doivent se
« prononcer et, s'il le faut, nous mènerons une campagne,
« car nous en avons assez et entendons ne plus voir démolir
« notre glossaire. »

Voilà ce que pense des *oz* et des *az* la Savoie d'aujour-
d'hui, par la bouche de l'un des plus autorisés de ses enfants.
(Voir en outre l'opinion du Chanoine Gros, Président de la
Société d'Histoire et d'Archéologie de Maurienne, in Rapport
Mettrier).

La *Commission* excusera cette longue citation. Les Savoyards d'il y a quarante et soixante ans ne pensaient pas
autrement. Je vous adresse copie du rapport paru dans le
Compte rendu du Congrès des Sociétés Savantes de Savoie, tenu
à Aix-les-Bains en 1882, dont il a été fait mention dans le rapport de M. Mettrier sur la méthode suivie dans notre révision.
On verra que, dans ce rapport, on reprend la thèse soutenue
par M. Louis Pillet, Président de l'*Académie de Savoie,* au
*XXX*e *Congrès Scientifique de France,* tenu à Chambéry
en 1863.

1863 ; il faut retenir cette date. Ainsi, dix ans après la publication de la Carte Sarde, des protestations s'élevaient en

Savoie contre l'orthographe défectueuse donnée par ce document à certains noms savoyards et, en particulier, contre cette terminaison *oχ* et *aχ*, qui offusquait les habitants.

La Carte sarde, dit M. le Général Lebrun, doit nous servir de base en la matière et doit être respectée.

En réalité, la Carte sarde n'est qu'un document au milieu de cent autres et ce serait, en vérité, très commode si elle pouvait nous servir de base. Ce document doit être traité comme tous les autres. Il doit faire l'objet d'une sérieuse étude critique, si l'on veut l'utiliser.

La Carte sarde doit être respectée dans ses parties respectables, négligée dans ses parties négligeables et délibérément combattue dans ses parties fausses. Si l'on ne passe pas ce document, chaque fois qu'on l'utilise, au crible d'une critique approfondie, on risque de laisser ce qui est bon et de prendre le mauvais. C'est la mésaventure qui est arrivée en 1924, à la Direction des Postes de la Savoie qui, dans sa carte officielle du Département, jointe au calendrier qu'elle distribue dans toutes les familles de Savoie, n'a porté qu'un seul sommet à l'intérieur du Département et a malheureusement choisi le plus élevé... sur la Carte sarde : le Mont Iseran, auquel elle a généreusement attribué les quatre mille et quelques mètres qu'on avait eu tant de mal à lui enlever. Ne voilà-t-il pas une Administation qui a poussé le respect de la Carte sarde un peu haut ?

J'ai fini d'examiner les divers arguments invoqués par M. le Général Lebrun contre la suppression des *oχ* et des *aχ* dans la Carte de Savoie au 50.000. Aussi bien, la *Commission de Topographie* a-t-elle définitivement tranché la question dans une de ses dernières séances.

La question ayant par ailleurs son intérêt, je me permets de rapporter ici, pour les personnes qui désireraient une documentation plus complète, l'avis de M. Pérouse, Archiviste du Département de la Savoie, dont la très grande compétence en matière de paléographie est unanimement reconnue, et j'ajouterai, pour finir, mon humble avis sur cette même question des terminaisons *oχ* et *aχ*, avis résultant de l'examen fréquent et approfondi des documents cadastraux du xviiie Siècle en Savoie.

Nos avis, à M. Pérouse et à moi, s'accordent en ceci qu'ils mettent à l'aise les linguistes et les étymologistes, le ʒ parasite contre lequel ou pour lequel on s'évertue n'étant en réalité pas un ʒ et n'ayant plus aujourd'hui aucune valeur.

M. Perouse m'écrit :

« Quant au ʒ parasite, ce n'est même pas en réalité un ʒ.
« C'est seulement ce qu'on appelle, en jargon de paléogra-
« phe, un signe graphique. M. Prou, dont le *Manuel de*
« *Paléographie* fait autorité, dit (page 69) qu'aux xve et
« xvie Siècles, ce signe est usité pour *m ;* aussi, on écrivait
« *taʒ* pour *tam*, *bonuʒ* pour *bonum*, *iteʒ* pour *item*. Je ren-
« contre cela constamment dans les textes que j'ai ici quand
« il s'agit de l'*m* final.

« Voici, à peu près, ce qui est arrivé :
« 1° *Epoque mérovingienne :* les noms de lieux gardent leur
« forme latine, mais l'accusatif est seul employé, ils se ter-
« minent tous en *um, am ;*

« 2° *Epoque carolingienne :* selon les lois générales de la
« phonétique française, ces deux finales se confondent et ne
« se prononcent plus ; *e* muet les remplace dans la pronon-
« ciation et, pratiquement, c'est une époque où personne
« n'écrit les noms de lieux ;

« 3° *Moyen-Age :* on se met à les écrire, surtout dans des
« actes notariés, tous en latin ; là, les notaires rendent à ces
« noms leurs finales latines, *um* et *am*, en écrivant *uʒ* ou *oʒ* et
« *aʒ* (inutile d'insister sur l'équivalence de *o* et de *u)* ;

« 4° *XVIe Siècle :* on oblige les notaires à écrire en fran-
« çais, ce qui les contrarie ; ils conservent du moins aux
« noms de lieux les formes qu'ils leur avaient données ; ils
« écrivent *oʒ* ou *aʒ*, mais ce sont de pures graphies qui n'ont
« aucun rapport avec la prononciation ;

« 5° *Commencement du XIXe Siècle :* on se met à imprimer
« ces noms de lieux, d'après les documents écrits, avec les
« finales *oʒ, aʒ*, mais il n'y a guère dans le pays que des gens
« du pays et ces finales ne se prononcent toujours pas.

« 6° *Seconde moitié du XIXe Siècle :* des fonctionnaires, des
« touristes étrangers, viennent dans le pays ; ils prononcent

« les noms comme on les écrit, comme on ne les a jamais
« prononcés et cela revient à créer arbitrairement des noms
« nouveaux ».

Comme on le voit, M. Pérouse traite la question d'un point
de vue très général, dans le temps et dans l'espace. J'arrive-
rai aux mêmes conclusions en la traitant du point de vue particulier des noms savoyards et en me limitant à ce qui s'est
passé en Savoie au moment où ces désinences ont été introduites.

Le premier document important, relatif aux noms de lieux,
qui ait été établi en Savoie, est le premier cadastre des Etats
Sardes, qui date de 1730. C'est dans ce document que nous
voyons surgir en grand nombre les terminaisons en *oʒ* ou *aʒ*,
bien que moins fréquentes que dans les cartes qui ont suivi.
Les noms en *oʒ* ou *aʒ* antérieurs à cette époque, comme
La Crousaʒ au xiii⁰ Siècle, que cite M. de Bissy, sont, comme
l'indique M. Pérouse, écrits pour *um* et *am* et, ici, *Crousam* se
prononce *Crouse*. Et cela n'est pas particulièrement savoyard;
c'est ce qui se passe à cette époque dans toute la France.

En 1730, nous voyons arriver en Savoie, pour y dresser le
cadastre, des ingénieurs et des géomètres *italiens*. Naturellement, ils ne recourent à aucun texte. Il n'y en a d'ailleurs
pas. Dans chaque commune — le rapport annexé pour chacune d'elles à la liste des numéros correspondant aux parcelles de la mappe en fait foi — ils s'adressent aux notables qui
indiquent les noms verbalement. Ceux-ci disent *la Ture* ou *le
Tougne*, et les Italiens écrivent sous leur dictée, *la Tura*,
parce que la terminaison féminine italienne est *a*, et *le Tou-
gno*, parce que la terminaison masculine italienne est *o*. Ces
Italiens ne peuvent pas transcrire autrement la terminaison
e muet, qui n'existe pas dans leur langue.

Rien de plus normal d'ailleurs ; cet *o* et cet *a* italiens, *sur
lesquels ne porte jamais l'accent tonique*, se confondent presque avec l'*e* muet français, parce que l'accent tonique italien
étant sur la première syllabe de ces noms, *Tu* ou *Tou*, la
deuxième syllabe devient si adoucie qu'elle en parait muette.

Mais le *ʒ* ? C'est ici qu'il faut regarder les documents et
l'on voit bien vite qu'il s'agit d'une simple fioriture calligra-

phique terminant gracieusement ces mots (1), survivance
peut-être du signe graphique de M. Prou, parce que, autrefois, les noms géographiques italiens avaient la désinence
accusative *um* ou *am*.

Cette fioriture a été prise pour un *χ* par la suite, lorsque,
plus d'un siècle plus tard, on s'est mis à imprimer ces noms
sur les cartes. Et à ce moment, par besoin d'unification, on
a mis un *χ* là même où les géomètres calligraphes italiens
avaient, par suite de la rapidité de la dictée, omis cet enjoli-
vement.

Annexe à la Note du Commandant GAILLARD

Extrait

du Compte-Rendu de la cinquième Session du Congrès des
Sociétés Savantes de Savoie, *tenu à Aix-les-Bains les 25 et
26 Septembre 1882. Propositions présentées par M.* JULES
CARRET, *au nom de la* Société Savoisienne d'Histoire et d'Archéologie, *relativement à l'Orthographe des noms géographiques de Savoie.*

Au nom de la *Société Savoisienne d'Histoire et d'Archéologie,*
j'ai l'honneur de vous soumettre les considérations qui suivent : l'emploi grandissant de l'imprimerie et de la lecture
tend à fixer invariablement l'écriture des noms propres. Bon
nombre de noms propres géographiques appartenant à la
Savoie sont actuellement écrits d'une manière fautive et
choquante. La prononciation, guidée par l'écriture, tombe
dans les mêmes erreurs.

Si nous ne nous y opposons pas, la génération qui nous
succédera, au lieu de dire, comme ont dit nos ancêtres :
Aïen, [Montpacal, Mô, Tessin, le Bourget-en-Hulhe (2),
dira : *Ainne, Montpascal, Motχe, Tessan* et *Bourget-en-Huile.*

---

(1) C'est ce que nous disions plus haut *(Note de* L. MAURY).

(2) On voit que, même en dialecte franco-provençal, les linguistes, dès
la deuxième moitié du xix⁰ Siècle, considéraient que l'*l* mouillée doit

Les vieux noms, les vrais, seront perdus ; ces « monuments nationaux » seront détruits. J'emprunte cette expression fort juste à M. Louis PILLET ; il s'en est servi, à l'appui de la même thèse, au *XXXe Congrès Scientifique de France*, tenu à Chambéry en 1863. Je lui emprunte encore ce passage : « Tout change dans un pays, les hommes, leurs chétives « constructions ; leur langage même s'altère avec le temps. « Une seule chose persiste et brave les siècles, c'est le nom « assigné à la montagne, au cours d'eau, au moindre groupe « d'habitations. Cette parole, jetée au vent par le premier « colon, se transmet d'âge en âge, répétée par les générations « qui n'en comprennent plus le sens. Elle devient un monu- « ment plus durable que le marbre et le bronze. »

Prenons y garde. Ce qui nous choque, dans vingt ans ne blessera plus aucune oreille savoyarde. Déjà, pour la plupart, nous disons : les eaux de *Marliôs,* près d'Aix, le village de *Servôs*, près du Mont-Blanc. Dans quelques années, si nous n'avisons pas à orthographier autrement les mots, on dira : *Drumettâs* et *La Forclâs.*

L'écriture aurait du représenter la prononciation. Elle a été fort infidèle, fort variable ; elle a été ce qu'elle pouvait être avec des scribes peu lettrés et livrés chacun à sa propre inspiration.

Le Commandant GAILLARD continue ainsi :

Comme conclusion, une *Commission*, dite *du questionnaire*, fut formée avec MM. Louis PILLET, FRANÇOIS MOLLARD et JULES CARRET.

Parmi les « questions proposées », les plus importantes étaient les suivantes :

2° Les noms en *yeu* ou en *eu*, tout à fait particuliers à la partie de la Savoie ayant appartenu autrefois au Bugey, s'écrivent abusivement avec un *x*, et cela seulement en Savoie. Faut-il garder l'*x ?*

s'écrire *lh* et on remarque un nouvel exemple de la faute de prononciation amenée par la graphie *il* (ou *ill*, ou *ilh). (Note de* L. MAURY).

11° Doit-on laisser le *z* final aux mots tels que : *Barberaz*, *Genebroz*, *Viuz*, *Sciez*, qui se prononcent : **Barberà**, **Genebrô**, **Viû**, **Scié** ?

12° Doit-on laisser le *z* final aux mots tels que : *Drumettaz*, *Lovettaz*, *l'Alpettaz*, *Aviernoz*, *le Sierroz*, où la dernière syllabe se prononce à l'italienne ? Faut-il les écrire : **Drumette, Lovette, l'Alpette, Avierne, la Sierre** ?

14° Déjà l'Administration écrit au Maire *de Montcel, de Bourg Saint Maurice*, etc.; encore quelque temps, elle écrira de même aux Maires *de Biolle, de Rochette, de Chambre*, parce que, en dressant les listes alphabétiques des noms de communes, on ne tient pas compte des articles qui précèdent ces noms. Les Administrations ne pourraient-elles pas ranger ces noms à la lettre *l*, comme elles rangent à la lettre *s* les noms qui commencent par le mot *Saint* ?

15° Pourquoi : *Villard-Léger* et *Villard-Sallet*, pourquoi *Villarembert* (**Villard-Envers**) ou *Villargondran* ?

18° Comment faut-il orthographier : *Ayn* que l'on prononce **Aïen** ; *Motz*, que l'on prononce **Mô**, *Le Bourget-en-Huile* ? Faut-il écrire *Leschraines* ou *l'Esqueraine* ?

Nous n'étonnerons personne en disant que ces questions ne reçurent aucune réponse. Cependant elles étaient posées d'une façon assez claire pour que celle-ci fut facile. Mais à cette époque, bien peu de personnes, en dehors de quelques érudits locaux, se rendaient compte de l'intérêt et de l'importance des études toponymiques. Des vœux, si légitimes qu'ils fussent, perdus dans les pages d'une Revue régionale, étaient destinés à rester ignorés pendant de longues années.

Le Commandant GAILLARD termine ainsi :

Au *Congrès des Sociétés Savantes Savoisiennes*, tenu à Albertville, le 21 et 22 Août 1883, eut lieu une intéressante discussion sur la prononciation de certains noms propres entre MM. DUCIS, VALLIER, MUNIER, CARRET et CONSTANTIN. Ils remarquent que, depuis l'annexion de la Savoie à la France, on perdait la prononciation qui convenait le mieux par l'accent, par le ton italien, qui appuient sur la pénultième au lieu de forcer la note sur la dernière. M. le Chanoine Ducis déclara qu'il était temps d'enrayer cette mauvaise prononciation, faute de quoi il ne serait plus possible d'écrire sous la dictée.

La même année, dans le Recueil publié par ces Sociétés, M. le Chanoine Miédan-Gros donna une liste de noms de lieux avec leur prononciation, pour les arrondissements de Moutiers et d'Albertville. Il s'éleva, en particulier, à la page 116, contre les prononciations : *La Gurasse, Allondasse, Rognaisse, Séesse, Tessanse,* etc.

§ 3

Note de M. H. METTRIER

M. H. Mettier examine d'abord « la question de procédure » soulevée par M. le Général Lebrun. « Je passe condam-
« nation », dit-il, « sur la *Commission de Topographie* qui
« n'a évidemment à jouer dans cette affaire qu'un rôle
« purement consultatif, mais, si le *Service Géographique*
« se considère comme suffisamment éclairé, pourquoi ne
« prendrait-il pas l'initiative de la réforme, pourquoi ne
« l'amorcerait-il pas dès à présent sur sa carte ? Il en serait
« différemment s'il s'agissait de noms de communes, pour
« lesquels il existe une orthographe officielle. Mais, même
« quand il s'agit de les modifier, la question est exclusive-
« ment du ressort du Ministère de l'Intérieur..... Seuls, le
« Conseil Municipal et le Conseil Général sont appelés à
« donner leur avis. En fait de fonctionnaires, on ne consulte,
« d'ailleurs obligatoirement, que l'archiviste départemental. »

Aussi M. H. Mettrier estime-t-il — et c'est également notre avis — qu'une Commission interministérielle, dans laquelle entreraient forcément de nombreuses incompétences, ne permettrait pas d'aboutir. Il ajoute que, si le P. L. M. était

amené à modifier les noms de quelques gares, cela ne pourrait pas beaucoup le gêner, car il n'a guère témoigné jusqu'à
présent de « respect pour l'orthographe officielle des noms
« de communes, quand il créait, il y a quelques années, le
« barbarisme de *Royannais* (au lieu de **Royans**), ou, quand,
« inaugurant une nouvelle halte entre Aix-les-Bains et Cham-
« béry, il la baptisait : *Viviers*, alors que la commune inté·
« ressée s'appelle, en réalité, **Le Viviers.** »

M. H. Mettrier continue ainsi :

Dnns l'étendue des six feuilles au 50.000ᵉ que nous avons
examinées, le Commandant Gaillard et moi, il n'y a d'ailleurs qu'une gare, celle de *La Praʒ*, sur la ligne du Mont-
Cenis, dont le nom rentre dans [cette] catégorie. Mais la
localité, qui a donné son nom à cette gare, n'est qu'un
hameau qui dépend de la commune de Saint-André. [Comme
les noms de communes ont seuls une orthographe officielle],
rien ne serait... plus facile que de changer l'orthographe de
ce nom, de même que celle de tous les noms de hameaux,
bois, torrents ou montagnes, compris dans l'étendue des
mêmes feuilles, et qui se terminent en *aʒ* ou en *oʒ*. Précisément, parce que les six feuilles dont il s'agit ne renferment
aucun nom de commune qui se trouve dans ce cas, elles
constituent un excellent point de départ pour amorcer la
réforme.

Evidemment, si cette modification orthographique devait
se généraliser par la suite, il y aurait lieu d'y adapter certains noms de communes, ce qui ne pourrait se faire sans
l'intervention de l'autorité administrative. Mais je ne crois
pas que les Conseils municipaux, dûment éclairés, résiste-
raient aux sollicitations préfectorales. D'ailleurs, la réforme
n'aurait pas un caractère aussi radical que le suppose M. le
Général Lebrun. Il ne s'agit pas de supprimer la lettre *ʒ* dans
tous les noms de lieux savoyards à la fin desquels elle se
rencontre, car alors, pourquoi s'arrêter en si beau chemin ?
Les noms de ce genre ne sont pas limités à la Savoie. La terminaison *oʒ* ou *aʒ* existe notamment dans les Ardennes
(Chooʒ), la Haute-Saône *(Rioʒ)*, dans l'Ain surtout *(Culoʒ,*

Chanoʒ, Marboʒ, Cormoʒ, Lompnaʒ, Seillonnaʒ, etc.), ce qui n'est pas étonnant puisque le Bugey et la Bresse dépendaient autrefois de la Savoie, dans l'Isère *(Oʒ)...* Pourquoi pas, [du reste] ... écrire O.., si l'on y avait intérêt ? En quoi le nom de ce village ainsi orthographié serait-il plus ridicule que celui de *l'Aiguille de l'M*, à Chamonix, du *Château d'O*, dans le département de l'Orne.

· Nous n'ignorons pas cependant qu'il y a des courants qu'on ne remonte pas (1). Si regrettable qu'elle soit, la prononciation *Culôsse* et même *Marliôsse* est tellement entrée dans les usages qu'il est trop tard aujourd'hui pour songer à modifier l'orthographe de ces noms. Du reste, comme l'a fait observer M. Fenouillet, « Marlioz, Saint-Jorioz, Berlioz, « Barioz, Roupioz, ne peuvent s'écrire à la française *Mar-* « *lie, Saint-Jorie, Berlie, Barie*, parce que la prosodie fran- « çaise ferait nécessairement porter la tonique sur *i*, tandis « qu'elle doit porter sur la syllabe précédente et que l'*i* est « très bref et en quelque sorte écrasé, comme dans *violon*, « *pioche* ». (2) Par contre, il n'y aurait que des avantages à écrire La Cluse, La Forcle, La Mure, Chavanne etc., au lieu de *La Clusaʒ, La Forclaʒ, La Muraʒ, Chavannaʒ*, puisque telle est la prononciation courante.

Sans doute, ce n'est pas du jour au lendemain, que ces modifications orthographiques seront adoptées par tout le monde. Il y aurait nécessairement une période de transition, mais, même si le *Service Géographique* n'était pas suivi universellement au début, l'orthographe de sa carte finirait certainement par s'imposer, par triompher de la routine et des habitudes anciennes. En tout cas, nulle occasion ne semble meilleure pour amener l'opinion publique, par elle-même assez indifférente à ces questions, à se prononcer sur l'opportunité de la réforme, que la publication des six feuilles de la

(1) C'est cependant une proposition qui demanderait à être démontrée *(Note de* L. Maury).

(2) C'est pour cela qu'il faut marquer par un accent la voyelle tonique. Il reste que les proparaxytons sont très difficiles à prononcer pour un Français (*Note de* L. Maury).

Carte au 50.000ᵉ qui intéressent la haute Maurienne et la haute Tarentaise. Comme je l'indiquais ci-dessus, elles ne renferment aucun nom de commune qui se termine en *aʒ* ou en *oʒ*, mais seulement des noms de torrents, de hameaux, de bois ou d'alpages. Les changements orthographiques demandés pourraient donc y être introduits à titre d'essai (c'est ainsi, pour ma part, que je l'ai toujours compris) et, d'après l'accueil qu'il rencontrerait dans le public, on verrait si cet essai doit être continué ou non.....

..... M. le Général LEBRUN... est... personnellement... hostile à toute modification orthographique. Les raisons qu'il donne à l'appui de cette manière de voir vont être examinées successivement.

En premier lieu, dit-il, les *ʒ* n'ont pas été supprimées sur la carte italienne (Vallée d'Aoste). Mais, comme je l'ai fait observer ailleurs, la réforme a été commencée, quoique un peu timidement peut-être, sur certaines feuilles de la Carte suisse (Atlas Sigefried). On lit aujourd'hui, par exemple, sur la feuille *529 (Orsières)* : Saleina. La Denva, La Letta, Peta Col, Seilo, etc., au lieu de *Saleinaʒ, Denvaʒ, Lettaʒ, Petaʒ Col, Seiloʒ*, sur les éditions anciennes. Le *ʒ* par une inconséquence que je ne me charge pas d'expliquer, n'a été conservé que dans un certain nombre de noms de hameaux : *Réppaʒ, Praʒ-de-Fort, Som la Praʒ*. Quant à la Carte sarde au 50.000ᵉ, qui représente, pour M. le Général LEBRUN, la base à laquelle il faut se référer, on ne s'explique guère cette partialité à son égard. La Carte sarde, intéressante au point de vue de la nomenclature par le grand nombre de noms quelle renferme (bois, cours d'eau, localités habitées d'une façon temporaire ou permanente), ne paraît guère pouvoir servir de norme en ce qui concerne l'orthographe à adopter pour les noms de lieux. Etablie par des officiers en très grande majorité piémontais, comme en témoignent les termes italiens dont elle est émaillée en pleine Savoie *(Al Colle, Boschi Cultet, R. di Bange, Balmette di Mezzo, Piccolo Chal)*, elle n'est, sous le rapport qui nous occupe, ni meilleure, ni pire que d'autres, offrant l'assemblage le plus discordant de formes scripturales contradictoires (ainsi, suʳ

la seule feuille de *Sallanches*, le mot : **Crêt** est écrit de six
manières différentes : *Cret, Crest, Crey, Cray, Creʒ* et même
Cry [*Le Grand Cry*, chalet, alors que tout à côté le nom de
la montagne est écrit : *Grand Crêt*], avec un luxe exagéré
de finales en *a* ou en *aʒ*, auxquelles la carte française au
80.000ᵉ, levée quelques années plus tard, a apporté de sages
atténuations. Allons-nous, à son exemple revenir en arrière,
écrire : *La Motta*, pour **La Motte** ; *Barma*, pour **Barme** ;
*La Fenestra, La Combaʒ, La Turnaʒ, La Sansa, La Plata,
La Girotta, La Gittaʒ,* pour **La Fenêtre**. **La Combe, La
Tourne, La Sanse, La Plate, La Girotte, La Gitte.** Je
ne parle pas des lapsus *(Grand Carré,* pour **Grand Carre** ;
Meau Martin, pour **Méan Martin,** etc.) dont cette carte est
trop fréquemment parsemée, et je passe aux arguments historiques [de] M. le Général Lebrun.....

On ne [peut pas] soutenir... que l'occupation espagnole
du xviiiᵉ Siècle, qui n'a duré que sept ans, et, à plus forte
raison, le passage des bandes espagnoles, qui empruntaient
le territoire de la Savoie pour se rendre des Etats de Milan
en Franche-Comté, aient eu la moindre influence, ni sur la
prononciation du patois savoyard, ni sur la manière de le
figurer graphiquement. L'invraisemblance de cette supposi-
tion ressort nettement, si l'on remarque que le ʒ a commencé
à s'introduire dans l'orthographe des noms de lieux dès la
fin du Moyen-Age et que, d'autre part, les noms en *aʒ* et en
oʒ, se rencontrent non seulement en Savoie, mais, tout aussi
abondamment, dans les cantons de la Suisse romande, entièrement soustraits à l'influence espagnole.

.....Nous n'entendons nullement effacer les ʒ sur les cartes
anciennes, où ils resteront à titre de monuments historiques,
mais, précisément, parce que ces ʒ ne sont plus qu'une
écriture désuète, un vestige du passé, une survivance, nous
pensons qu'il n'y pas lieu de les maintenir sur les cartes
nouvelles.

Mais, [ajoute M.] le Général Lebrun, cette orthographe est
tellement entrée dans les mœurs, dans les usages savoyards,
qu'un grand nombre de noms de personnes se terminent en
oʒ ou en *aʒ*. Allons-nous obliger aussi les habitants à modifier
l'orthographe de leurs noms..... Si cela pouvait se faire sans

formalités et sans dépenses, beaucoup, je crois, ne s'y refuseraient pas. On m'a cité le cas de personnes savoyardes, italiennes, de la région de Modane, qui, fatigués de voir leur nom perpétuellement écorché par la façon dont on le prononce maintenant, à la française, avaient cherché à s'éviter cette continuelle blessure de l'oreille en modifiant d'eux-mêmes la finale malencontreuse. Mais l'orthographe des noms de personnes est fixée actuellement, *ne varietur*, par les actes de l'état-civil. Il n'en est pas de même en ce qui concerne les noms de lieux savoyards, pour lesquels plusieurs formes sont souvent en concurrence. Depuis le commencement du xixe Siècle, il n'y a presque pas deux cartes sur lesquelles le nom de *Jaffa*, dans la vallée du Ribon, soit écrit de la même façon, et, dans la vallée de Peisey, il existe quatre manières différentes d'orthographier celui de *Nancroit*, avec un *t*, un *x*, un *χ* ou un *y*.

M. le Général Lebrun parait croire que tous les noms qui sont affublés d'un *χ* sur les cartes contemporaines s'écrivaient ainsi depuis une date très ancienne et qu'ils représentent une tradition d'autant plus respectable qu'elle remonte à une date plus reculée. S'il avait étudié les anciens cadastres, il aurait vu que les finales en *oχ* et en *aχ* n'ont jamais été employées d'une manière constante, qu'elles alternent avec l'*a* et l'*o* simples, parfois même avec l'*e* muet français, souvent à quelques lignes de distance, sous la plume du même individu, et qu'enfin un grand nombre de ces graphies, soi-disant traditionnelles, ont été introduites à une date extrêmement récente par les géomètres du cadastre, depuis la seconde annexion de la Savoie à la France.

Et d'ailleurs, si tradition il y a, ne peut-on opposer une tradition à une autre, la tradition orale à la tradition graphique ? Le dialecte savoyard n'a jamais été qu'un patois, c'est-à-dire une langue parlée. C'est donc aux formes verbales qu'il convient de s'attacher de préférence et non aux signes représentatifs qui en sont la traduction visuelle, traduction qui a d'autant moins de chances d'être exacte que le patois savoyard, dans la suite des âges, n'a jamais été assujetti à un système orthographique régulier. Inexact, le signe qui nous occupe l'est, sans contestation possible, puisque, d'une part, même dans les finales accentuées, le ʒ ne s'est jamais prononcé et que, d'autre part, les terminaisons en aʒ ou en oʒ correspondent très souvent à un son atone, de sorte que, si l'on veut rendre en français par l'écriture ce son le plus exactement possible, c'est par l'*e* muet qu'il convient de l'exprimer. Sur ce point, tous les linguistes sont d'accord, je crois. « Il y a lieu », écrivait ERNEST MURET en 1909, « de substi-« tuer à l'*a, o, i,* parfois très assourdis, l'*e* féminin qui en est « l'exact équivalent en français ». Le même mode de traduction est proposé par les félibres pyrénéens : « On remplacera « par *e* muet les finales gasconnes en *a, o, é* ou *e (œ)* muets ». (B. SARRIEU. *Rapport sur la possibilité d'établir quelques principes généraux de transcription toponymique. Bulletin Pyrénéen,* 1912, p. 320.)

Quelle que soit la façon dont le ʒ a pénétré en Savoie dans les mots à désinence forte (je juge inutile de rappeler ici les hypothèses émises par FENOUILLET, VUARMET et d'autres), il est certain que c'est abusivement que cette lettre a été introduite dans les noms en oʒ et en aʒ faibles, « par « imitation et aussi par ignorance ou incertitude de leur « véritable prononciation de la part des scribes, magistrats, « notaires et gens de la ville ne parlant pas habituellement « le patois » (FENOUILLET). Ce mode de rédaction, aussi singulier que défectueux, n'avait pas grand inconvénient tant qu'il ne réagissait pas sur la prononciation locale, à une époque où la plupart des habitants ne sachant ni lire ni écrire, c'était surtout par la tradition orale que se transmettaient les noms de lieux. Mais aujourd'hui, suivant l'expression si juste d'ERNEST MURET, dans son étude sur *l'orthographe des noms de lieux de la Suisse Romande,* « c'est comme un chiffre dont « on aurait perdu la clef ». Non seulement les patois sont en voie de régression constante, mais l'afflux d'éléments étrangers jusque dans les coins les plus reculés de la Savoie amène les personnes ignorantes du parler local et, à leur suite, les naturels du pays à prononcer les noms de lieux tels qu'ils sont écrits dans les livres et sur les cartes, conformément aux sons que les signes représentatifs des diverses articulations ont dans la langue qu'elles parlent habituellement. Contre ce mal point de remède, sinon de modifier l'orthographe de ces noms. N'est-il pas bizarre et choquant de lire sur les dernières cartes du *Service Géographique de l'Armée : Arsellaz, Arpettaz, Nazondaz* etc., alors que la prononciation locale a toujours été : **Arselle, Arpette, Nazonde ?** Je le répète encore : en patois, la véritable tradition, celle qu'il faut essayer de défendre, s'efforcer de maintenir, est la tradition orale et, si des formes orthographiques arbitraires et inexactes, dues presque toujours à l'ignorance et aux fantaisies individuelles et qui n'ont jamais eu d'ailleurs la régularité et la constance que l'on semble supposer, tendent à corrompre actuellement la prononciation des noms de lieux, il ne faut pas hésiter à faire le sacrifice de ces formes, et cela en vue d'éviter un mal plus grand. Si, en effet, on n'adapte pas l'écriture à la prononciation, ce sera la prononciation qui se modèlera sur l'écriture, comme elle a déjà commencé à le faire. On écrit bien aujourd'hui : **Genève, Sierre, Evolène, Payerne, Saint Nicolas de Véroce ;** pourquoi n'écrirait-on pas également **La Cluse** et **La Forcle ?** La modification proposée est conforme à cette règle générale qui veut que, dans la mesure du possible (car il y a souvent des sons, des combinaisons vocales, qui n'ont pas d'équivalent dans une autre langue), les noms de lieux soient, sur les cartes, écrits comme on les prononce. Notre carte nationale doit être claire, intelligible à tous les Français ; ceux qui sont appelés à se servir des feuilles de la Savoie ne sont pas seulement les indigènes ou les étrangers initiés à leur langage. D'où la nécessité d'en écarter les orthographes archaïques et inexactes qui prêtent à confusion sur la véritable prononciation de certains noms.

En terminant, je ferai observer... qu'il y a bien d'autres lettres parasites que le *z* qui se sont glissées dans les noms de lieux savoyards et que, si l'on devait accepter toutes les graphies, même les plus mauvaises, par cela seul qu'elles ont deux ou trois siècles d'existence, il n'en est guère qui ne puissent justifier, pour être maintenues, d'une suffisante possession d'état. Sans doute il y a, sur ce terrain comme sur tous les autres, des ménagements à observer pour ne pas heurter trop violemment les habitudes contractées. *Est modus in rebus.* Mais comment se réfugier dans l'abstention, si l'on veut astreindre la nomenclature des cartes à une orthographe systématique ? Comme, actuellement, l'anarchie y règne en souveraine, que l'on y rencontre, par exemple, et quelquefois sur la même feuille, *Pra* et *Praʒ, Arsellaʒ* et *Arselle, Ronna* et *Ronnaʒ, L'Ile* et *L'Ilaʒ, Novaʒ* et *Nova, Sausse et Saussaʒ, Carro* et *Carroʒ,* il faudra, pour unifier cette nomenclature, si l'on ne supprime pas le ʒ final dans les mots où il se trouve, l'ajouter à ceux où il ne figure pas. Il faudra écrire *Praʒlognan, Praʒriond,* au lieu de **Pralognan, Prariond,** de même que la Carte sarde écrivait *Praʒpacot* pour **Prapacot.** Ce dilemme, si l'on veut être logique et conséquent avec soi-même, s'impose et l'on ne saurait y échapper. Entre les deux partis qui s'offraient dans cette circonstance, nous croyons, le Commandant GAILLARD et moi, avoir choisi le meilleur.....

§ 4

Observations et Conclusions

Des divers exposés que l'on vient de lire, on doit conclure que, quelle que soit l'origine que l'on doive attribuer aux ʒ finaux des noms de lieux de la région franco-provençale, il s'agit là uniquement d'une lettre sans valeur, ni étymologique, ni phonétique et dont l'existence résulte d'habitudes vicieuses de scribes, mal interprétées. Conformément à l'avis de l'unanimité des linguistes, sa suppression s'impose donc (1).

Mais il y a une partie de l'argumentation de M. H. MET-

(1) Considérant qu'elle avait déjà antérieurement tranché cette question, la *Commission des Travaux Scientifiques* du *Club Alpin Français* ne la discuta pas à nouveau en Séance et M. le Général LEBRUN se rangea à sa manière de voir.

TRIER qui appelle de notre part certaines réserves, ou tout au moins, une mise au point.

Il écrit, en effet : « En patois, la véritable tradition, celle « qu'il faut essayer de défendre, s'efforcer de maintenir, est « la tradition orale. » Et plus loin : « Si... on n'adapte pas « l'écriture à la prononciation, ce sera la prononciation qui se « modèlera sur l'écriture... Dans la mesure du possible,... « les noms de lieux, sur les cartes, [doivent être] écrits « comme on les prononce. »

Il nous paraît superflu de reprendre toute l'argumentation que nous avons développée dans la *Deuxième Partie,* pour combattre les orthographes dites phonétiques. M. H. METTRIER prend soin, d'ailleurs de rappeler une impossibilité, car, après les mots : « dans la mesure du possible », il intercale entre parenthèses : « car il y a souvent des sons, des combinaisons vocales, qui n'ont pas d'équivalent dans une autre langue ». Nous ajouterons que le traitement des toponymes, préconisé par M. H. METTRIER, ne peut s'appliquer qu'aux « patois », c'est-à-dire aux dialectes qui, n'ayant jamais été écrits d'une manière suivie, n'ont pas d'orthographe régulière.

Moyennant ces deux restrictions — ou explications — nous sommes entièrement d'accord avec M. H. METTRIER.

M. H. METTRIER vise du reste spécialement les diverses lettres parasites — le χ n'est qu'une d'entre elles — qui se sont glissées dans les noms de lieux savoyards. Le franco-provençal, en tant qu'il a été écrit, n'est pas seul à en renfermer un grand nombre. Le français ne lui cède en rien à cet égard. On sait que ces lettres ont pour origine des réformes, que l'on peut estimer regrettables, dues pour la plupart à des grammairiens de la Renaissance. La langue d'oc, qui a échappé à leur influence, a une orthographe beaucoup plus simple et beaucoup plus rationnelle, ce qui rend bien plus facile le problème de la transcription des noms de lieux du Midi de la France.

CHAPITRE III

Les diverses feuilles étudiées

§ 1

Liste des travaux effectués

LES diverses feuilles des nouvelles cartes des Alpes, publiées par le *Service Géographique de l'Armée*, et dont la toponymie a été étudiée par les membres de la *Commission des Travaux Scientifiques* du *Club Alpin Français*, depuis 1923, sont les suivantes :

Feuille *Bourg-Saint-Maurice*, au 5o.000ᵉ, étudiée par le Commandant GAILLARD ;

Feuille *Petit-Saint-Bernard*, au 5o.000ᵉ, étudiée par le Commandant GAILLARD ;

Feuille *La Rochette* (Nᵒˢ 7a, 7b, 7c, 7d, 8a), au 20.000ᵉ, étudiée par le Commandant GAILLARD ;

Feuille de *Tignes*, au 5o.000ᵉ, étudiée par M. H. METTRIER ;

Feuille de *Modane*, au 5o.000ᵉ, étudiée par le Commandant GAILLARD ;

Feuille *Lans-le-Bourg*, au 5o.000ᵉ, étudiée par M. H. METTRIER ;

Feuille *La Grave*, au 20.000ᶜ : Nᵒ 4, étudiée par le Commandant GAILLARD ; Nᵒˢ 5, 6, 7, 8, étudiées par M. C. BLANCHARD (1) ;

Feuille *Mont Thabor*, au 5o.000ᵉ, étudiée par le Commandant GAILLARD, pour la partie savoyarde, et par M. C. BLANCHARD, pour la partie dauphinoise et la partie italienne (2) ;

Feuille *Mont d'Ambin*, au 5o.000ᵉ, étudiée par le Commandant GAILLARD, pour la partie française, et par M. C. BLANCHARD, pour la partie italienne ;

Feuille *Saint-Christophe-en-Oisans*, au 20.000ᵉ, étudiée par M. C. BLANCHARD (3) ;

Feuilles *Briançon* et *Col Saint-Martin*, au 20.000ᵉ et au 5o.000ᵉ, étudiées par M. C. BLANCHARD (4).

Dans les *Rapports sur les travaux exécutés en 1922 et 1923 et en 1924 et 1925*, le *Service Géographique de l'Armée* a bien voulu rendre hommage à l'œuvre accomplie par la *Commission des Travaux Scientifiques du Club Alpin Français* pour la révision de la Toponymie de ces diverses feuilles.

En fait, il a adopté presque intégralement la nomenclature établie par nos collègues, avec les graphies qu'ils proposaient (5).

(1) Seul, le Nᵒ 7 est actuellement publié.

(2) Non encore publiée.

(3) Aucun fragment n'en est encore publié.

(4) Non encore publiées, soit au 20.000ᵉ révisé, soit au 5o.000ᵉ.

(5) Les quelques exceptions que l'on peut remarquer semblent prove-

Il ne faudrait pas croire cependant que la toponymie de
cette partie des Alpes, telle qu'elle vient d'être ainsi établie,
puisse être considérée comme étant à l'abri de toute critique
et ne soit pas appelée à être l'objet de retouches et de corrections ultérieures. Comme l'a remarqué M. METTRIER,
l'œuvre réalisée jusqu'à présent ne peut être considérée que
comme une première approximation. Etant donné la complexité et la nouveauté de ces études, il ne saurait en être
autrement. Toutefois, le progrès accompli est considérable.
Au point de vue des emplacements, on a pu arriver à un
résultat presque entièrement définitif et au point de vue
orthographe, à l'inscription de graphies homogènes et rationnelles (1).

La principale des réformes orthographiques accomplies
a été, comme il a été dit plus haut, le remplacement des *oz*
et *az* finaux, soit par un *e* muet lorsque la dernière syllabe
était faible, soit par un *o* ou un *a* lorsque la dernière syllabe
était forte.

Nous terminerons en disant quelques mots des corrections
faites par MM. C. BLANCHARD, le Commandant GAILLARD,
H. METTRIER, à la toponymie de chacune des feuilles étudiées (2).

nir uniquement d'inadvertances inévitables dans un travail de ce genre.
On rencontre des fautes d'impression dans les ouvrages les plus soigneusement imprimés et il est bien plus difficile de les éviter sur une carte
géographique où l'on n'est pas guidé par le sens. (Cf. le 25ᵉ *Cahier du
Service Géographique*, où le Général BERTHAUT cite un exemple caractéristique.)

(1) On doit rappeler, à ce sujet, que les régions considérées jusqu'à
présent sont en immense majorité franco-provençales, et que, par suite,
il n'est possible pour les orthographes que d'en arriver à une approximation moyenne.

(2) Par rapport à celle qui figurait sur les minutes de la « lettre »,
communiquées par le *Service Géographique* (par rapport à la première
édition pour la feuille de *Tignes)*. Nous ne nous occuperons que des
feuilles actuellement publiées.

§ 2

Feuille de Bourg-Saint-Maurice

Les corrections faites par le Commandant GAILLARD ont été les suivantes :

Noms ajoutés : 71 ; noms supprimés : 1 ; dénominations remplacées par d'autres : 5 ; noms dont le point d'application a été modifié : 2 ; orthographes corrigées : 124. Total des corrections, additions ou suppressions : 203.

En dehors des modifications aux finales, les principales corrections orthographiques faites par le Commandant GAILLARD ont consisté d'abord à rétablir des graphies se rapprochant de la forme étymologique (Le Franien — de *franio*, frêne — au lieu de *Le Fragnais* ; L'Aulp (l'Alpe) de Tours, au lieu de *L'Eau de Tours* ; La Carre, au lieu de *Le Coard* ; Veraret — de *Veraro* — au lieu de *Vrarey* ; Gotard — de *gota*, goutte — au lieu de *Gothard*, etc.), ensuite à supprimer des lettres parasites (Le Clou, au lieu de *Le Cloud* ; Biolay, au lieu de *Biollay* ; La Tuile, au lieu de *La Thuile* ; Vararo, au lieu de *Varraro* ; La Plate, au lieu de *La Platte* ; Le Nivolet, au lieu de *Le Nivollet* ; etc.), ainsi que des agglutinations d'articles (La Dray, au lieu de *Ladray* ; La Chat, au lieu de *Lachat* ; La Val, au lieu de *Laval* ; etc.), enfin à corriger certaines erreurs qui étaient de simples fautes d'orthographe (Grand Nant, au lieu de *Grand Nand* ; Col de la Grande Combe, au lieu de *C. de la Grande Courbe* ; Le Fruit, au lieu de *Le Fruil*, etc.).

Il nous paraît néessaire de faire une remarque relativement aux graphies adoptées par le Commandant GAILLARD. Il écrit : *Les Moillettes*, *Les Combettes*, *L'Arpette*, etc., ce qui a pour effet de faire prononcer ces diminutifs avec un *è* ouvert. Or, bien que nous soyons ici sur le domaine franco-provençal, cela nous étonnerait beaucoup que la pronociation locale ne fasse pas entendre, comme en langue d'oc, un *é* fermé. Dans ce cas, il vaudrait mieux écrire : *Les Moíllétes, Les Combétes, L'Arpéte*. Nous reparlerons dans un instant de l'*l* mouillé (1).

§ 3

Feuille Petit-Saint-Bernard

Le Commandant GAILLARD a fait les corrections suivantes : Noms ajoutés : 14 ; noms supprimés : 10 ; dénominations remplacées par d'autres : 10 ; noms dont le point d'application a été modifié : 3 ; orthographes corrigées : 48. Total : 85.

La plus grande partie des changements aux dénominations se rapporte à la chaîne frontière et aux régions avoisinantes. Les modifications aux orthographes sont de même nature que précédemment.

§ 4

Feuille de Tignes

Les rectifications apportées par M. H. METTRIER, à la nomenclature de la première édition de la *Feuille de Tignes* sont au nombre de 143 ; soit : 33 noms ajoutés, 18 noms supprimés, 25 dénominations remplacées par d'autres, 8 dénominations dont le point d'application a été modifié, 59 orthographes corrigées.

(1) En admettant que *Moillettes* correspond à **Molhétes** et non à *Moi-llétes*.

Grâce au travail fait par M. H. Mettrier, en complet accord avec le Commandant Gaillard, la nomenclature du massif des sources de l'Isère et de l'Arc, longtemps restée indécise, se trouve enfin fixée.

Les corrections orthographiques de M. H. Mettrier sont du même ordre que celles faites par le Commandant Gaillard sur les feuilles dont nous venons de parler (Gaix, au lieu de *Jaïs* ; Ponturin, au lieu de *Ponthurin*, Barque, au lieu de *Bacque* ; Grataleu, au lieu de *Gretaleu ;* Leisse, au lieu de *Leysse*, Cret, au lieu de *Crey*, Lognan, au lieu de *Lognant ;* Naronde, au lieu de *Narondaʒ ;* L'Ile, au lieu de *L'Ilaʒ ;* Prariond, au lieu de *Pariond ;* Fresse, au lieu de *Fresses ;* Combe, au lieu de *Combaʒ ;* Recula, au lieu de *Reculaʒ ;* Calabourdan, au lieu de *Callabourdan ;* L'Arcelle, au lieu de *L'Arsellaʒ ;* etc.). Il a, en outre, supprimé, sur l'arête frontière, un certain nombre de graphies italiennes qui s'y étaient abusivement glissées.

L'une des corrections est intéressante à relever, au point de vue linguistique. La première édition de la carte portait : *Lac de l'Ouglietta*. M. H. Mettrier écrit :

> *Ougliette* signifie : *petite ouille* (1). L'articulation *gli* étant mouillée, le mot se prononce *ouillette* et il me semble qu'il serait préférable de remplacer par cette forme, plus légitime au point de vue phonétique, comme au point de vue étymologique, la graphie *ougliette*, qui doit être d'importation piémontaise (de même à Ste-Foy : *Foglietta*, que l'on écrivait jadis *Folliet*).

Nous voyons ici un exemple frappant des notations embarrassées auxquelles on a été conduit lorsqu'on a voulu trans-

______

(1) *Ouille* est la forme régionale du mot français *aiguille*. *(Noté de* L. Maury).

crire l'*l* mouillée, alors qu'il ne s'agissait pas d'une langue
écrite possédant, pour ce phonème, une graphie traditionnelle. Les graphies *gli*, *lli*, *ill*, prêtent également à confusion. Il en résulte qu'il vaudrait mieux adopter, d'une
manière uniforme en franco-provençal, la graphie *lh* déjà
usitée en langue d'oc. C'était d'ailleurs, dès 1882, l'opinion
de M. Jules Carret (1).

§ 5

Feuille de Modane

Sur le territoire de cette feuille, le Commandant Gaillard
a ajouté 46 noms, en a supprimé 3, en a changé 11, en a
déplacé 4 et a modifié l'orthographe de 53 ; soit au total,
117 corrections.

Les suppressions de *z* parasites sont en nombre particulièrement important.

§ 6

Feuille de Lans-le-Bourg

Les corrections faites par M. H. Mettrier à la minute de
la lettre de la *Feuille de Lans-le-Bourg* comprennent :
84 noms ajoutés, 24 noms supprimés, 24 noms remplacés
par d'autres, 4 noms dont l'emplacement a été modifié, 92
rectifications d'orthographe ; soit au total, 228 rectifications.

M. H. Mettrier écrit : *Pelaou Rous.* Il nous semble, et

(1) Voir plus haut, *Chapitre II*, § 2.

nous aurons à revenir sur cette question, qu'il vaudrait mieux orthographier *Pelau Rous*, comme en langue d'oc.

§ 7

Feuille Mont d'Ambin

Pour la partie française, le Commandant GAILLARD a ajouté 9 dénominations, en a changé 9 et a corrigé l'orthographe de 4 ; soit au total, 22 rectifications.

§ 8

Feuille La Grave, n° 7 (au 20.000ᵉ)

La première édition, parue en 1926, de la feuille *La Grave*, *N° 7* (au 20.000ᵉ) est particulièrement intéressante à examiner, car le *Service Géographique de l'Armée* a du la publier avant d'avoir pu recevoir l'étude toponymique faite par M. C. BLANCHARD.

Alors que M. C. BLANCHARD a relevé 245 noms, la carte publiée n'en porte que 115. Il faut remarquer que tous les noms indiqués par M. C. BLANCHABD ne pourront pas être inscrits sur la carte, particulièrement pour les environs de la Meidje, où les alpinistes ont dénommé les moindres accidents de terrain. Il n'en reste pas moins que la nomenclature relevée par les officiers qui ont fait le levé est généralement insuffisante. En particulier, presque tous les noms de quartiers de montagne (c'est-à-dire de surfaces) manquent.

Il n'y a là rien qui doive nous étonner.

A la Séance du 11 Janvier 1927 de la *Commission des Travaux Scientifiques* du *Club Alpin Français*, dans laquelle fut examinée la feuille en question, nous faisions les observations suivantes :

> Comme nous l'avons déjà remarqué autrefois à propos de la feuille au 50.000ᵉ de *Tignes* (1), le topographe qui exécute le levé ne peut pas relever une nomenclature complète. Nous ajouterons qu'il est généralement incompétent pour fixer exactement les orthographes. Toutefois, il faut qu'il profite de son séjour prolongé sur le terrain pour faire tous ses efforts afin de rechercher le plus de noms possible et leur emplacement exact.

Il semble qu'il y ait encore à ce sujet des progrès à accomplir. L'irrégularité des résultats obtenus, si l'on compare la carte publiée avec l'étude de M. C. BLANCHARD en est une preuve.

Ajoutons que sur les 115 noms portés sur cette feuille, le travail de M. C. BLANCHARD en corrige 35.

Les divers rapports établis par M. C. BLANCHARD nous amènent à traiter un dernier point.

Il s'agit de l'orthographe à adopter, dans la zone franco-provençale, pour les diphtongue *au, iu*, etc.

Dans son étude sur la *Feuille du Mont-Thabor*, M. C. BLANCHARD, donnant le nom d'un affluent de gauche de la Clarée, écrit : *Le Riou Sec.* Mais, dans celle relative à la *Feuille de la Grave Nᵒ 7*, à propos du *Maurian*, affluent de droite de la Romanche, il écrit : « Son nom est une « déformation de *Mau Riau*, le mauvais ruisseau ».

Nous nous trouvons ici à la limite septentrionale des par-

(1) Voir *Première Partie, Chapitre IV*, § 5.

lers d'oc. Il n'est pas douteux que l'orthographe rationnelle est *au, iu*. Mais, dans tous les cas, il faut l'uniformiser. *Dans le même dialecte, le même phonème doit être toujours transcrit au moyen du même assemblage de lettres.* M. C. BLANCHARD conserve très judicieusement *Maurian* — et pour notre compte, nous préférerions voir rétablir l'appellation exacte : *Mau Riau* (1) (2) —, il écrit de même Sagne Clause, il aurait donc dû écrire *Le Riu Sec* (2) et, aussi, Torrent de Las Béus.

Remontons jusque dans la région proprement franco-provençale. Dans son étude sur la *Feuille de Lans-le-Bourg*, à propos des châlets que la minute de la « lettre » appelait *Saussier*, M. H. METTRIER écrit :

> Il existe un grand nombre de noms de lieux qui sont de la même famille..... Il s'agit, dans tous les cas, d'un lieu planté de saules, en latin, *salicetum*. La forme *saulce* ou *saulcier* qui a l'avantage de rappeler l'étymologie, parait devoir être adoptée...

La diphtongue *au* était à peu près la seule du latin classique. Elle a généralement disparu en passant à *ò* dans toute la région française, dès la phase romane primitive.

Le deuxième élément de l'immense majorité des diphtongues d'oc actuelles provient de la vocalisation de l'*l* latin suivant une voyelle. Dès le VIIe Siècle, on trouve la forme *saocitho*, provenant de *salicetum*, dans le Nord de la France. Cette vocalisation s'est généralisée à partir du XIe Siècle, mais, tandis que dans le Nord elle s'est produite dans tous

____

(1) Si tant est que la déformation n'est pas entrée dans les habitudes locales. Quant à la question de savoir si l'on doit conserver *Riau*, forme dauphinoise de *Riu*, elle ne peut se résoudre que si l'on connait parfaitement le dialecte local. On dit, d'ailleurs, aussi, dans la même région, *Rif*.

(2) Nous écririons ces deux dénominations, en accentuant : **Le Mâu Rïau, Le Rïu Séc.**

les cas, dans le Midi elle ne s'est appliquée ni à tous les mots (provençal : *caut*, ancien français : *chaut*, de *caldum*, mais : provençal *falsar*, ancien français *fausser*, de *falsare*), ni à toutes les régions *(sal* et *sáu)*. Ultérieurement, de nouvelles différenciations se sont produites. En français moderne, la diphtongue *au*, la plus fréquente, s'est réduite assez rapidement à *ó ;* au contraire, elle s'est conservée dans le Midi (comme les autres diphtongues analogues) (1).

Lorsque plus tard, le Français du Nord s'est trouvé en présence de ce phonème, qui n'existait plus dans sa langue, et si, ce qui a été un cas très fréquent en toponymie, il n'a pas consulté de documents écrits, il n'a eu nullement l'idée de l'écrire *au*, ce qui pour lui représentait le phonème *ó*. Il aurait pu l'écrire *ao* comme au vii\ue Siècle, et ce phonème eut été ainsi à peu près reconnaissable ; il a préféré le transcrire *aou*, puis voyant cette graphie, il l'a décomposé en deux, augmentant ainsi d'une unité le nombre des syllabes du mot.

Nous avons exposé, dans la *Troisième Partie* (2), pourquoi il convenait de revenir à la graphie *au*, qui s'est conservée dans tous les cas où un document écrit a été la base de la graphie du toponyme (3).

Nous voyons ici que, en franco-provençal, on rencontre une notation intermédiaire *aul*, qui conserve le *l* étymologique. Et cette notation s'étend au Nord et au Sud de la zone franco-provençale. En Lorraine on trouve *Saulxures, Saulceau ;* en Dauphiné M. C. Blanchard a relevé le nom des *Chalets de la Saulce* (4).

Mais il resterait à connaître quelle est la prononciation exacte, ce que nous ignorons.

(1) Cf. E. Bourciez. *Eléments de linguistique romane.*

(2) *Troisième Partie, Chapitre VI, § 3.*

(3) Exemple : **Pau,** de *pal*, pieu.

(4) Qu'il fait dériver de *salés,* sel *(Feuille de La Grave N° 7).* Cf. plus au Sud, le nom patronymique de la famille de Freycinet.

Dans tous les cas, partout où la prononciation *áu (aw)* s'est conservée, il convient d'écrire ce phonème **au**, d'abord par mesure d'uniformité et pour faciliter la lecture des cartes, ensuite pour éviter des erreurs dans la décomposition syllabique des toponymes.

CONCLUSION

§ 1

Les trois problèmes de la Toponymie

Appelons les trois problèmes que l'on a à résoudre en toponymie pratique :

Déterminer les noms de lieux,
Les orthographier correctement,
Apprendre à les prononcer.

La résolution du premier de ces problèmes demande surtout du soin, du temps et de la conscience. Nous avons exposé les procédés à employer pour y parvenir. Nous n'y reviendrons pas.

La résolution du troisième exige principalement de la bonne volonté. Il est vrai que cette bonne volonté est demandée à tous les lecteurs de la carte, et c'est là que se trouve la difficulté. Le meilleur procédé à employer pour la lever serait que l'on enseigne cette prononciation dans les classes. Cela ne surchargerait pas beaucoup les programmes, mais nous n'en sommes pas encore là. En attendant, il n'y a qu'à recourir à une légende de quelques lignes. On trouvera facilement pour cela assez de place dans les marges.

Le deuxième problème est le plus controversé. Il est nécessaire de résumer les conclusions auxquelles nous sommes parvenu.

§ 2

Le problème des orthographes

Il convient d'abord d'appliquer un premier principe. Lorsqu'un toponyme existe dans l'idiome local, il ne doit pas être transcrit dans une langue étrangère. C'est ainsi qu'il y a lieu de débarrasser la toponymie du Comté de Nice des mots italiens qui s'y sont introduits et qui ne sont pas employés dans le pays.

Ensuite, il est nécessaire de respecter les formes régulières des toponymes appartenant à une langue écrite. C'est la seule manière d'éviter les imprécisions et les fantaisies individuelles.

Enfin, pour les régions dont l'idiome local n'est pas une langue écrite, il faudra employer la même graphie pour le même phonème dans l'aire géographique la plus étendue possible. C'est le seul procédé qui permette une lecture facile.

Ceci posé, voyons comment ces principes doivent être appliqués aux régions françaises de langue romane, qui forment la presque totalité du territoire national, surtout si l'on ne considère que les pays de montagne.

Il existe en France deux langues romanes écrites, la langue d'oïl, dont la forme littéraire est le français, et la langue d'oc, dont les formes littéraires principales sont le provençal

et le béarnais. Ces deux langues ont des phonétismes différents et irréductibles l'un à l'autre. C'est donc une œuvre
vaine que de vouloir transcrire, dans le phonétisme du français, les toponymes appartenant à la langue d'oc. Ces deux
langues se différencient, en outre, par les règles relatives à la
place de la voyelle tonique.

Le phonétisme des dialectes d'oïl est assez compliqué et sa
transcription est souvent irrégulière. C'est ce qui rend le
français fort difficile à prononcer pour des étrangers. En
revanche, la place de la voyelle tonique est déterminée sans
ambiguïté. Il est donc inutile de la marquer d'une manière
spéciale.

Parmi les dialectes d'oïl, ceux de l'Est présentent une
transcription phonétique un peu particulière. Il y a intérêt
à l'unifier et à la ramener à celle du lorrain, où elle est le
mieux fixée.

Le phonétisme des dialectes d'oc est plus simple et sa
transcription est dans l'ensemble très régulière. Seul le
catalan, qui est une langue à part, présente à ce point de vue
certaines particularités. Ceci ne peut que faciliter leur prononciation par les personnes qui les ignorent, une fois leur
oreille faite au son des phonèmes spéciaux. En revanche,
l'accent tonique est placé tout à fait différemment qu'en français. Il sera donc nécessaire de le marquer spécialement, dans
tous les cas où il pourrait y avoir ambiguïté.

En ce qui concerne les dialectes intermédiaires, dits franco-
provençaux, il conviendra, pour deux motifs de transcrire
suivant la graphie d'oc, les phonèmes qui n'existent pas
ou n'existent plus guère en français et qui se sont conservés
dans le Midi. D'abord ces graphies sont celles qui prêtent le
moins à ambiguïté et, ensuite, la prononciation sera facilitée,
par suite de l'extension de leur zone d'utilisation. En franco-

provençal, comme en langue d'oc, il faudra signaler par un accent, lorsque cela sera nécessaire, la voyelle tonique.

Quels sont donc ces phonèmes, spéciaux à la langue d'oc et au franco-provençal.

Ceux qui appartiennent à la fois à ces deux idiomes peuvent se ranger en deux catégories, suivant qu'ils se rapportent à des consonnes ou à des voyelles diphtonguées.

Pour les consonnes, nous trouvons deux lettres mouillées, l'*l* et l'*n*, qui doivent se noter par *lh* et *nh*. (Par exception, en catalan, l'*l* mouillé se note *ll*). Les notations françaises de l'*l* mouillé, qui a à peu près disparu de la prononciation, sont trop variables et trop imprécises pour pouvoir être acceptées. Quant à l'*n* mouillé, sa transcription française, *gn* ne peut pas être retenue, d'abord par raison de symétrie, ensuite parce qu'elle fausserait la prononciation. Les phonèmes correspondants des mots *montagne* et *mountanhe* sont loin d'être identiques.

Pour les voyelles diphtonguées, nous avons les deux séries *áu, éu* ou *èu, íu, óu* et *áy, éy, íy, óy*. Ici, la transcription dite française amène dans la prononciation, la destruction de la diphtongaison, subdivise le phonème unique en deux distincts et change la décomposition syllabique. Elle est donc inadmissible.

Comme phonème spécial au franco-provençal, nous ne voyons guère que celui que M. Muret note par *ch* et qu'il est d'usage, en Savoie, de transcrire par *ts*. Il est d'autres fois écrit *ȥ* ou *dȥ*. Il serait utile qu'une entente intervienne pour en arriver à une notation uniforme pour toute cette région.

§ 3

Un exemple d'enquête toponymique

Pour terminer, nous indiquerons brièvement comment a été conduite l'enquête toponymique de la région d'*Orédon*. Elle nous paraît satisfaire à peu près aux désiderata que nous avons exposés dans la *Deuxième Partie*.

Bien que l'étude ait porté sur une région plus étendue, nous ne considèrerons que le bassin d'Orédon, c'est-à-dire les versants dont les eaux s'écoulent dans le lac de ce nom et les crêtes qui les limitent. La surface intéressée est d'environ 3o kilomètres carrés.

La carte au 8o.ooo^e (révision de 19oo) porte 36 noms, soit : noms de crêtes : 5 ; noms de sommets et de cols : 14 ; noms de montagnes, de glaciers et de bois : 6 ; noms de cours d'eau : 1 ; noms de lacs : 6 ; noms de lieux habités : 4.

L'enquête toponymique sur place a été faite de 19oo à 19o6 par MM. D. Eydoux, L. Maury, de Saint-Saud. Nous avons interrogé toutes les personnes du pays, d'ailleurs fort peu nombreuses, car à cette époque il était pratiquement inhabité, qui pouvaient nous donner des renseignements. Les cadastres et les archives ont été consultés en 19o6 et 19o9 par M. L. Maury pour ceux de la vallée de Barège, par M. l'Abbé Marsan pour ceux de la vallée d'Aure. Enfin nous avons dépouillé toute la littérature pyrénéiste, qui, nous devons le dire, nous a surtout fourni des indications erronées ou des dénominations arbitraires.

Finalement, nous avons retenu un total de 75 noms se décomposant ainsi : noms de crêtes : 11 ; noms de sommets

et de cols : 34 ; noms de montagnes, de glaciers et de bois :
18 ; noms de cours d'eau : 1 ; noms de lieux habités : 3.

La densité des noms est donc passée de 1 à 2,5 par kilomètre carré. Une pareille nomenclature peut facilement être
inscrite sur une carte au 20.000ᵉ. Cette densité serait certainement plus grande dans une région plus habitée ou dans
une zone de hauts sommets. Mais elle ne nous parait pas
devoir dépasser de 3 à 3,5, sauf pour les très grands massifs. Là, les ascensionnistes attribuant des dénominations
aux plus minimes dentelures, il n'y a pratiquement pas de
limites et le cartographe doit savoir se borner.

Nous n'avons eu à faire que cinq rectifications à la nomenclature du 80.000ᵉ : un nom de crête *(crête de Port-Bieil)*
étendu au delà de ses vraies limites, un nom de glacier *(glacier de Néouvielle)* erroné, un nom de pic *(pic d'Estaragne)*
et un nom de col *(col de Tracens)* déplacés (1) ; enfin il y a
eu à supprimer une construction inexistante *(Maison Fores-
tière)*.

Quant aux noms donnés par des touristes, nous n'avons eu
à en retenir qu'un, celui de la *Brèche de Chausenque,* qui,
proposé il y a déjà trois quarts de siècle par le Comte Rus-
sell, est unanimement adopté aujourd'hui et se trouve du
reste déjà inscrit sur le 80.000ᵉ (2).

Restait à élucider la question des orthographes. Chaque
dénomination a fait l'objet d'une fiche et a été étudiée successivement par MM. L. Maury, E. Belloc, de Saint-Saud,
Rondou, Abbé Marsan, A. Meillon. Les conclusions ont été
mises au point aux réunions de la *Commission de Topographie et de Toponymie* de la *Fédération des Sociétés Pyré-*

---

(1) Encore faut-il remarquer que, pour le premier, ce n'était probablement pas une erreur à l'époque des levés.

(2) Dans la région de *Calhauás,* dont la nomenclature originelle était
beaucoup plus pauvre, nous avons été conduit à en accepter un plus
grand nombre.

néistes de Bagnères-de-Bigorre, le 1er Août 1909, et de Bordeaux, le 21 Mars 1910. C'est à cette occasion qu'ont été formulées les règles que nous avons indiquées dans la *Première Partie* (1).

Nous donnons ci-après un tableau comparatif des orthographes de la carte au 80.000[e] et de celles qui ont été adoptées. On y verra l'application des principes que nous avons formulés :

ORTHOGRAPHE DE LA CARTE AU 80.000[e]	ORTHOGRAPHE ADOPTÉE
Hourquéte d'Aubert . .	Hourquéte d'Aubért.
Pic d'Estibère	Pic de l'Estibère.
Crête d'Estibère . . .	Crête de l'Estibère.
Lac d'Aubert	Lac d'Aubért.
Lac d'Aumar	Lac d'Aumár.
Sapinière de Loste . . .	Sapinière de l'Oste.
Les Laquettes	Las Laquétes.
Aumar, Montagne. . .	Montagne d'Aumár.
Som de Montpelat . . .	Soum det Mount Pélát.
Cap d'Estoudou . . .	Cap d'Es Toúdous.
Pic d'Aubert	Pic d'Aubért.
Crête de Laslaquettes . .	Crête de Las Laquétes.
Turon de Néouvieille . .	Turoun Gran de Néu Biélhe.
Hourquéte de Bugarret .	Hourquéte de Bugarrét,
Lac de Cap de Long . .	Lac de Cap de Long.
Lac de Loustallat . . .	Lac de l'Oustálat.
Sapinière de Baranette .	Sapinière de Baranéte.
Crête de Cap de Long. .	Crête de Cap de Long.
Pic Long.	Pic Long.
Pic Badet	Pic de Badét.
Pic de Cambieil . . .	Pic du Camp Biélh.
Cap de Long, Montagne .	Montagne de Cap de Long.

(1) *Première Partie, Chapitre III,* § *5 et 6.*

Pic d'Estaragne . . .	Pic d'Estarånhe.
Pic Lalastoude	Pic de Las Toúdes.
Pic Méchant	Pic Méchant.
Pic Bugatet.	Pic de Bugatèt.
Pic de Baranette . . .	Sarrát de Baranéte.

§ 4

Les résultats acquis

Il est une chose que l'on doit retenir de l'exemple qui vient d'être donné. C'est le temps et le travail qui sont nécessaires pour faire une enquête toponymique complète. Dans les Pyrénées, une pareille étude n'a pu être faite jusqu'à présent que pour les levés au 20.000ᵉ d'*Orédon*, de *Calhauás*, du *Mont Perdu*, du *Vignemale* et aussi, pour la vallée de *Luchon* (1). Dans les Alpes, on ne peut considérer comme définitives que l'étude de la région de *La Grave*, ainsi que celles des VALLOT et de R. PERRET. Comme l'a fait observer M. H. METTRIER (2) — et nous avons déjà insisté à ce sujet (3) — les enquêtes faites par le Commandant GAILLARD et lui-même pour le nouveau 50.000ᵉ ne doivent être considérées que comme une première approximation. D'abord, la nomenclature doit être établie sur une carte au 20.000ᵉ, pour que l'on puisse inscrire tous les noms, ensuite, le délai qui avait dû être imparti à nos collègues était trop court. Toutefois, les résultats déjà acquis sont considérables.

(1) Etude inédite de M. SARRIEU.

(2) Voir *Quatrième Partie, Chapitre I,* § 3.

(3) *Quatrième Partie, Chapitre III,* § *1*.

Si ces études peuvent être poursuivies systématiquement, on peut espérer arriver à posséder, dans un petit nombre d'années, une toponymie complète et exacte de l'ensemble des montagnes françaises.

Juin 1926 — Décembre 1927.

NOTE ADDITIONNELLE

§ 1

Au sujet des glossaires topographiques

A la Séance du 17 Juillet 1927 de la *Commission de Topographie et de Toponymie* de la *Fédération des Sociétés Pyrénéistes*, tenue à Pau (1), on étudia sous quelle forme pourrait être faite une nouvelle édition de l'*Essai d'un glossaire des noms topographiques de la vallée de Cauterets et de la partie montagneuse des Hautes-Pyrénées*, que M. A. Meillon avait fait paraître en 1911 (2) et qui, comme nous l'avons dit, est actuellement épuisé (3).

Il fut reconnu désirable d'étendre le travail aux Vallées de Barège, de Campan, d'Aure et de Luchon, pour lesquelles on pouvait compter sur la collaboration de MM. Rondou, Rouch, Abbé Marsan, Sarrieu (4).

(1) Assistaient à la Séance : MM. Miquéu de Camélat, Raymond d'Espouy, Docteur Fayon, Docteur Fourment, Chanoine Galindo, P. Lorber, J. Maussier-Dandelot, R. Maussier-Dandelot, A. Meillon, de Saint-Saud.

(2) Cf. *Première Partie, Chapitre III, § 7.*

(3) *Troisième Partie, Chapitre VI, § 3.*

(4) « Le Président [Comte de Saint-Saud] émet le vœu que, également, « des recherches s'étendent à l'examen des noms de lieux espagnols ; « aussitôt, M. le Chanoine Galindo rappelle que son concours est ac- « quis avec celui de ses compatriotes ». *(Procès-Verbal de la Séance).*

Seules des questions d'exécution matérielle retardent actuellement la publication de cette nouvelle édition, ainsi étendue.

Une difficulté se présente pour la mise au point d'une étude de cette nature, lorsque l'on ne dispose, comme base cartographique, que de la carte au 80.000e. En effet, il ne paraît pas à première vue très facile d'indiquer exactement à quel point précis de cette carte se rapportent les noms de lieux qu'elle ne mentionne pas et dont on fait l'énumération — en ne considérant même pas les noms de surface, pour lesquels la solution apparaît encore moins aisée.

Essayant de résoudre cette question, et envisageant un glossaire dans lequel les noms de lieux seraient rangés suivant leur situation topographique (1), M. L. ROUCH avait envoyé à la *Commission* une note dont nous extrayons les lignes suivantes :

> Choisir comme *point de départ* un point précis... de la carte de l'Etat-Major, [de préférence] une *coté d'altitude*. Pour situer le [point dont on donne la dénomination], indiquer, à partir du point de départ, la *distance en mètres* (en projection horizontale)..... [et la] direction, [celle-ci, au moyen d']une des 16 directions principales de la rose des vents : N. ; N.-N.-E. ; N.-E.; E.-N.-E. ; E. ; etc. On obtient ainsi des [emplacements] précisés à quelques millimètres près sur la carte. A cette identification sur la carte, on joint l'identification sur le terrain, grâce à quelques mots indiquant la *nature du lieu*, très brièvement ; par exemple : « Brèche, col herbeux, large col, rocher pointu, rocher arrondi, rocher boisé, rocher noir, rocher rouge », etc. Le lieu en question une fois précisé ainsi, on s'en servira comme point de départ [secondaire] pour les lieux très voisins et moins importants.
>
> Pour préciser ma pensée, voici quelques exemples empruntés au **Moun Né** de Bagnères-de-Bigorre. Je choisis exprès

(1) Alors que, dans l'*Essai de glossaire* de M. MEILLON, ils étaient rangés suivant l'ordre alphabétique des noms communs dont ils dérivent.

cet exemple, en « jouant la difficulté », pour montrer qu'on
peut préciser [les emplacements de] beaucoup [de noms] de
lieux, sur la carte et sur le terrain, en partant d'un seul point
de départ : une cote, la cote 1258, qui est celle du sommet du
Moun Né. [Les parenthèses] indiquent le nom touristique,
incorrect, mais très usité, du Moun Né.

Moun Né (1) *(Monné)* = *Mouné M^{gne}, 1258^m· (E. M.).* —
Courét d'Astè, grand col gazonné à 550^m à l'E.-S.-E. de
la c. 1258. — **Coume d'Es Courtaus,** grand ravin descen-
dant du Courét d'Astè, vers le S.-E. — **Houn d'Et Méy,**
source à 270^m au N.-W. du Courét d'Astè. — **Houn Grane,**
source à 110^m à l'E.-N.-W. de la précédente. — **Houn d'Estiuère,** source à 110^m à l'E.-N.-E. de la précédente. — **Courét d'Et Moun Né,** col gazonné à 350^m au N.-E. de la
c. 1258. — **Coume d'Escharts,** grand ravin boisé descen-
dant du col précédent vers le N.-W. — **Garrôt d'Et Courét,** sommet rocheux, formant le bord N. du col précédent,
— **Cap dé Mile (?) Bigorre,** sommet herbeux et boisé, à
150^m au N.-N.-E. du précédent. — **Cap d'Era Pène d'Eras
Mousquères,** sommet rocheux à 235^m au N.-W. du précédent, etc. (2).

Le procédé indiqué par M. Rouch est appliquable quelle

---

(1) Une *montagne* étant un pâturage et désignant une surface et non
un pic, lequel est un point, nous écririons : **Soum d'Et Moun Né** *(Note
de* L. Maury).

(2) Il n'est question, dans ce paragraphe, que de la détermination de
l'emplacement des dénominations. Plus loin, M. Rouch indique que,
dans le glossaire, on doit, après chaque dénomination, indiquer son
sens, pour autant qu'il est connu : « **Moun Né,** mont noir ; **Courét**
« **d'Astè,** petit col d'Astè ; **Coume d'Es Courtaus,** combe des parcs [à
« bestiaux] ; **Houn d'Et Méy,** source du milieu ; **Houn Grane,** source
« grande ; **Houn d'Estiuère,** source du pâturage d'été ; **Courét d'Et**
« **Moun Né,** petit col du mont noir ; **Coume d'Escharts,** combe des
« essarts ; **Garrôt d'Et Courét,** rocher saillant du petit col ; **Cap dé**
« **Mile (?) Bigorre,** sommet de? Bigorre ; **Cap d'Era Pène d'Eras**
« **Mousquères,** sommet de crête [où il y a des emplacements] à l'abri
» des mouches ». *(Note de* L. Maury).

que soit la carte qui sert de base à l'étude toponymique et permet de rédiger un glossaire sans l'accompagner d'une édition spéciale de cette carte, surchargée de la nouvelle toponymie, ce qui aurait l'inconvénient de rendre sa publication généralement impossible, à cause de la dépense qui en résulterait.

Mais, pour la France, il y a un procédé plus simple et qui a l'avantage, en diminuant la longueur du texte, de réduire les frais d'impression du glossaire. Il existe en effet maintenant, pour tout le territoire, une édition de l'agrandissement au 5o.ooo⁰ de la carte de l'Etat-Major, quadrillée suivant le système Lambert. Il suffira d'indiquer les coordonnées Lambert de chacun des points définis, soit hectométriquement (14-45), soit décamétriquement (14,3-45,2), si l'on recherche plus de précision (1).

§ 2

A propos des noms de lieux de la région franco-provençale

A la Séance du 3 Juin 1927 de la *Commission des Travaux Scientifiques* du *Club Alpin Français*, M. PERRET présenta une note de M. H. METTRIER, intitulée : *Nancroit, Nancroix, Nancruet ; étude du nom d'un village savoyard*, parue dans le *Bulletin de la Section de Géographie* du *Comité des Travaux historiques et scientifiques. (Ministère de l'Instruction Publique).* — Année 1925. (2).

(1) On rappelle que le premier nombre indique les abscisses, le deuxième, les ordonnées, en hectomètres. Dans le deuxième cas, il faut se garder d'écrire 143-459, car, suivant les conventions adoptées, le premier chiffre de ces nombres indiquerait des myriamètres, le dernier représentant toujours des hectomètres.

(2) Assistaient à la Séance : MM. Capitaine BARRÈRE, BLANCHARD,

Le Procès-Verbal de la Séance s'exprime ainsi :

Dans ce travail, notre collègue établit que le sens du nom
de ce hameau est « Nant creux » ; que, par suite d'une attrac-
tion paronymique, ce nom a été compris comme signifiant :
« Nant Croix » et, par suite, écrit, dans les actes administratifs, depuis 1861, *Nancroix*. Toutefois, la graphie *Nancroit*
est celle de la Carte au 80.000ᵉ, levée en 1863-1864. Mais le
Cadastre, qui date de 1870, portant *Nancroix*, les levés au
20.000ᵉ du *Service Géographique* [*de l'Armée*] donnent la
même orthographe.

« Eh bien », dit M. Mettrier, « il est temps de réagir,
« car cette graphie est franchement mauvaise ». Et il propose de rétablir la forme originelle : *Nancruet*, qui était celle
employée par la Carte au 50.000ᵉ [sarde], parue en 1841.

La *Commission* ne peut qu'approuver cette manière de
voir, conforme aux principes qui ont, depuis l'origine, dirigé
ses études. Mais il importe de citer textuellement le début
de l'étude de M. Mettrier qui apporte des précisions dans la
question si controversée de l'orthographe à adopter, sur les
cartes, pour les noms de lieux de la région franco-provençale.

Nous ne reproduirons pas ici en entier ce texte qui ferait,
pour la plus grande partie, double emploi avec une Note de
M. Mettrier que nous avons reproduite plus haut (1).

Mais il est un point sur lequel il insiste particulièrement —
et qui fait, en somme, la base de son argumentation — c'est
sur la déformation causée aux noms de lieux par les erreurs
dans le placement de la voyelle tonique.

H. Brégeault, Durègne, Général Lebrun, E. de Margerie, L. Maury,
Noirel, Paillon, R. Perret, du Verger.

(1) *Quatrième Partie, Chapitre II, § 3.* — M. Mettrier traite, en particulier, la question des lettres parasites et rappelle que la réforme des
orthographes des noms de lieux de la Savoie avait été réclamée en 1882,
au *Congrès des Sociétés Savantes savoisiennes*.

« En Savoie », écrit-il, « on prononce actuellement de plus
« en plus à la française, en faisant porter l'accent tonique
« sur la finale, des noms dont la dernière syllabe, dans la
« langue traditionnelle, était muette ou, tout au moins,
« atone. L'influence de l'école primaire, l'usage universelle-
« ment répandu de la lecture et de l'écriture, l'exemple des
« étrangers ont abouti à ce résultat, qui se fait sentir sur-
« tout dans les villes et dans les bourgs. Non seulement on
« accentue la dernière syllabe, mais on fait sonner les con-
« sonnes finales... [même quand ce sont des] lettres parasi-
« tes... alors que, dans la prononciation patoise, ces lettres
« ne s'articulent jamais... ».

M. Mettrier ne voit qu'un procédé pour éviter cette déformation, c'est le remplacement de la dernière syllabe par un
e muet. Il écrit, en effet, que « le seul moyen de... remédier
« [à cette prononciation défectueuse] serait de rendre l'écri-
« ture conforme à la prononciation ». Pour la région dont il
s'agit, cela n'offre, en effet, qu'assez peu d'inconvénients —
nous avons eu l'occasion de le faire remarquer à plusieurs
reprises et M. Mettrier le signale également : « Cette
« réforme entraînerait sans doute une modification dans
« l'aspect visuel d'un certain nombre de noms de lieux, mais
« le dialecte savoyard n'ayant jamais été qu'un patois, c'est-
« à-dire une langue parlée, c'est au maintien de la forme
« orale de cette langue qu'il convient de s'attacher de préfé-
« rence, si l'on veut rester fidèle aux véritables traditions.
« Ces changements seraient d'ailleurs d'autant plus faciles à
« réaliser que l'orthographe des noms géographiques de Sa-
« voie n'a jamais été astreinte à des règles fixes et que la plus
« grande diversité règne encore dans le mode de transcrip-
« tion de beaucoup d'entre eux. »

Si nous avons fait des réserves relativement à l'emploi de
ce procédé pour les régions de langue d'oc — particulièrement pour la région provençale — nous avons considéré comme légitime qu'il soit largement admis pour la région franco-
provençale. Mais il ne faudrait pas croire qu'il soit suffisant

pour éviter tout déplacement de la voyelle tonique. D'abord il est inopérant pour les proparaxytons. Il est vrai qu'ils sont assez rares. Mais aussi il ne peut être employé pour les paraxytons qui se terminent par une consonne, laquelle est souvent précédée par une voyelle autre qu'un *e* muet. Et ceux-ci sont assez nombreux (1). Le seul procédé utilisable alors est celui que nous avons préconisé : *marquer par un accent la voyelle tonique.*

Il était nécessaire de faire remarquer qu'il sera souvent indispensable d'y avoir recours et que par suite, pour la commodité de la lecture, il vaut mieux l'utiliser systématiquement, lorsque l'on se trouve sur les domaines de la langue d'oc et du franco-provençal.

Nous aurons encore à revenir sur cette question.

<h2 style="text-align:center">§ 3</h2>

Les travaux toponymiques exécutés depuis 1927 dans les Alpes et dans les Pyrénées

Depuis la fin de la rédaction de cet ouvrage (Décembre 1927), les travaux suivants ont été terminés ou entrepris dans les Alpes et dans les Pyrénées :

1°) *Dans les Alpes :*

a) Le Commandant GAILLARD a étudié la toponymie de la feuille *Saint-Gervais* au 20.000ᵉ (Nᵒˢ 5, 6, 7, 8). (2).

---

(1) Il existe d'ailleurs des cas où une voyelle finale, autre que *e*, ne peut pas être remplacée par un *e* muet. Nous en donnerons des exemples.

(2) Rectifications du Commandant GAILLARD : *N° 5* : dénominations ajoutées : 6 ; orthographes changées : 4 ; total 10. — *N° 6* : dénomina-

Il a en plus révisé entièrement la toponymie des régions décrites dans ses *Guides* et qui comprennent actuellement : toutes les Alpes de Savoie, sauf, dans le Massif du Mont-Blanc, la partie au Nord du Col de Talèfre, et, dans les Préalpes, la partie qui se trouve entre l'Arve et le Léman ; dans les Alpes du Dauphiné : les massifs de Belledonne et des Sept Laux, ainsi que toute la rive droite du Vénéon, c'est-à-dire la région comprise entre la coupure Vénéon-Romanche et la Savoie.

« Dans toute [cette] région... », nous écrit-il (1), « j'ai été conduit :

« 1° à nommer un grand nombre de sommets et de cols, « en m'inspirant principalement des anciens documents et « en remettant en honneur des noms d'alpages tombés en « désuétude ;

« 2° à fixer certains noms erratiques, sources de confu-« sions. Exemples : *Pointe Saint-Michel* et *Signal de « Pierre Minie, La Botte, La Bottine, Les Voudêne* ;

« 3° à rectifier des graphies tellement erronées que le nom « réel disparaissait. Exemples : *Pélaou Rous*, au lieu de « *Peillenaroux ; la Pyramide*, au lieu de *La Pierre « Humide* ».

b) Au sujet de ses derniers travaux, M. H. Mettrier nous adresse les renseignements suivants : (2)

« Depuis 1923, je n'ai plus eu à examiner aucune feuille de « la carte au 50.000ᵉ, jusqu'au printemps dernier [1928], où « le *Service Géographique* [*de l'Armée*] m'a adressé les deux « feuilles de *Lanslebourg* et de *Tignes*, en vue d'une nou-

tions ajoutées : 14 ; orthographes changées : 2 ; total : 16. — *N° 7 :* déno-minations ajoutées : 7 ; dénominations changées : 2 ; total : 9. — *N° 8 :* dénominations ajoutées : 7 ; orthographe changée : 1 ; total : 8.

(1) Lettre du 30 Janvier 1929.

(2) Lettre du 2 Février 1929.

« velle édition. Je les lui ai retournées en Juin, après y
« avoir apporté quelques améliorations de détail.

  « Enfin, sur la fin de 1928, j'ai été chargé de corriger et
« de compléter la nomenclature des planchettes au 20.000ᵉ,
« correspondant aux feuilles de *Moutiers* et de *Tignes*, au
« 5o.000ᵉ. Cette révision est actuellement en cours, mais
« comme la nomenclature des planchettes est, dans certaines
« parties, d'une remarquable indigence, elle nécessitera une
« tournée sur les lieux, de sorte que je ne serai certainement
« pas en mesure de livrer le travail avant la fin de l'année
« courante ».

  c) M. C. Blanchard a repris, en vue de l'édition au
20.000ᵉ, l'étude toponymique de la partie dauphinoise de la
feuille de *Névache* (1) et a étudié sur le terrain, en vue
également de l'édition au 20.000ᵉ, la toponymie des feuilles
Aiguilles (en entier) et *Guillestre* (sauf la vallée de la Duran-
ce en aval de Mont-Dauphin). « Il [ne] me reste à [étudier] »,
nous écrit-il (2), « [qu'] une partie de la feuille.... *Saint-*
« *Christophe en Oisans*, non encore entièrement levée, pour
« avoir terminé tout le Briançonnais ».

  d) M. le Dʳ J. Coste a « revu, au point de vue toponymi-
« que, toute la partie de la vallée de l'Ubaye, se trouvant
« sur les plans directeurs actuellement soumis à la révi-
« sion..... [Il en] corrige actuellement les quatre dernières
« planches ». (3).

  2º *Dans les Pyrénées :*

  a) M. A. Meillon a terminé l'étude toponymique de la région du *Vignemale* (hautes vallées de *Gaube*, *d'Estom*,

(1) Précédemment *Mont-Thabor*.
(2) Lettre du 16 Janvier 1929.
(3) Lettre du 3o Janvier 1929.

d'*Aspé*, d'*Aussoue* et du *Rio Ara).* Les résultats obtenus ont été discutés et mis au point avec l'aide des membres de la *Section bigourdane* de la *Commission de topographie et de toponymie* de la *Fédération des Sociétés Pyrénéistes.*

b) M. L. MAURY a achevé, pendant l'été de 1928, la mise en place de la nomenclature de la *Montagne de Clarabide* (Vallée de Louron) (1). Il a commencé le même travail pour les *Montagnes d'Oo* et *de Lis* (Vallée de Luchon).

c) La *Commission de Topographie et de Toponymie* de la *Fédération des Sociétés Pyrénéistes* a revu la nomenclature du *Guide des Pyrénées Centrales* de M. G. LEDORMEUR.

d) Notons enfin que le *Bulletin Pyrénéen* aura bientôt terminé la publication de l'*Essai sur la Toponymie de la Vallée de Barèges,* de M. P. RONDOU, publication entreprise depuis de nombreuses années.

Nous devons mentionner que, dans le *Rapport sur les Travaux exécutés en 1926 et 1927,* le *Service Géographique de l'Armée* a bien voulu, comme dans les rapports précédents (2), rendre hommage à l'aide que lui avait apportée la *Commission des Travaux Scientifiques* du *Club Alpin Français,* pour l'établissement de la toponymie des nouvelles cartes des Alpes (3).

(1) Etude commencée en 1905 et 1906 par M. DE SAINT-SAUD.

(2) Cf. *Quatrième Partie, chapitre III, § 1.*

(3) « Pour les cartes relatives aux Alpes, la *Sous-Commission de Topo-* « *graphie* du *Club Alpin* s'est chargée de réviser la toponymie et la « nomenclature des hautes régions. MM. le Commandant E. GAILLARD « et H. METTRIER ont pris une part très active à ce travail de révision ; « MM. le Commandant MAURY, M. PAILLON et R. PERRET y ont égale- « ment collaboré ». *(Rapport sur les Travaux exécutés en 1922 et 1923).*

« *Carte au 50.000ᵉ en couleurs..... Type 1900.....* Feuille réimpri-

Nous terminerons en disant quelques mots de chacun de ceux des travaux récemment effectués et qu'il n'avait pas été possible d'analyser dans le corps du présent ouvrage (1).

§ 4

Examen de la feuille La Grave N° 8 (La Grave S.-E.) par la « Commission des Travaux Scientifiques » du « Club Alpin Français ».

Cette nouvelle feuille, publiée par le *Service Géographique de l'Armée* fin 1927, a été étudiée par la *Commission des*

« mée : *Tignes*, après révision de la toponymie d'après les indications « de la *Commission scientifique* du *Club Alpin Français* ». *(Rapport sur les Travaux exécutés en 1924 et 1925).*
« La toponymie des feuilles du Dauphiné a été revue avec la plus « grande attention. Dans ces hautes régions, les anciens noms, qui « avaient été relevés en général sur les plans cadastraux, ont du être « modifiés pour la plupart. En effet, les géomètres chargés du cadastre « ne s'étaient occupés qu'incidemment des zones peu accessibles et n'y « avaient pas toujours déterminé les noms des lieux-dits avec la même « précision que dans les vallées. D'autre part, depuis l'achèvement des « plans directeurs, des changements nombreux qu'explique l'extension « du tourisme ont été apportés à la nomenclature primitive. Dans cette « partie si délicate de leur tâche, les brigades ont été fort heureuse-« ment secondées par trois membres de la *Commission des Travaux* « *Scientifiques* du *Club Alpin Français*, dont la gracieuse collaboration « leur a été des plus précieuses, M. le Commandant E. GAILLARD, pour « la région de Modane, M. CAMILLE BLANCHARD, pour les feuilles du « Briançonnais, et M. METTRIER. M. BLANCHARD, quoique connaissant « à fond la région de Briançon, a tenu à se rendre sur place pour étu-« dier chaque appellation avec soin et se documenter aux meilleures « sources ». *(Rapport sur les Travaux effectués en 1926 et 1927).*

(1) *Quatrième Partie, Chapitre III.*

Travaux Scientifiques du *Club Alpin Français* dans la Séance du 7 Février 1928 (1).

Nous extrayons du Procès-Verbal les remarques se rapportant à la toponymie.

M. L. MAURY. — ..... La toponymie établie par M. C. BLANCHARD a été, en somme intégralement adoptée. Pour 70 kilomètres carrés, il y a 134 noms, soit presque deux par kilomètre carré. C'est une densité acceptable. Elle pourrait toutefois être un peu augmentée sans inconvénients pour la lisibilité de la carte. Il y a un progrès sérieux pour les noms de surface, dont le nombre devient raisonnable.

M. C. BLANCHARD. — La nomenclature de cette région, très peu habitée, est fort pauvre. Dans des régions plus basses la densité deviendra plus considérable.

§ 5

Feuille Montaimont-Sud
(La Rochette 7-8) au 20.000e

Cette feuille a été éditée par le *Service Géographique de l'Armée* en 1923 et n'a donc pu jusqu'à présent, profiter de l'étude toponymique effectuée par le Commandant GAILLARD et qui ne date que de Juillet 1924.

Pour une surface d'environ 140 kilomètres carrés, le Commandant GAILLARD modifie les orthographes de 50 dénominations, en change 3 et, bien que la densité des noms paraisse faible, n'en ajoute que 3. En effet, dit-il, dans son *Rapport*, « c'est une région où la toponymie alpine est [très] pauvre ».

(1) Assistaient à la Séance : MM. Capitaine BARRÈRE, H. BARRÈRE, C. BLANCHARD, DURÈGNE, Lt-Colonel GODEFROY, P. HELBRONNER, LUTAUD, E. DE MARGERIE, E. DE MARTONNE, L. MAURY, MOUGIN, NOIREL, PAILLON, DU VERGER.

§ 6

Feuille Freney d'Oisans S.-O. (La Grave N° 5) au 20.000ᵉ

M. C. BLANCHARD n'a pas pu établir complètement la toponymie de cette feuille. Il a écrit en effet, dans son *Rapport* : (1)

« N'ayant pas étudié d'une façon particulière les noms de « lieux du département de l'Isère et n'ayant jamais eu entre « les mains les cadastres [des] diverses communes [dont les « territoires sont représentés sur cette feuille], il ne m'a pas « été possible de revoir et de vérifier, d'une façon absolue, « la nomenclature et la toponymie de cette région.

« J'ai donc borné mon étude à quelques noms de sommets, « de cols ou de torrents, noms que j'avais dans mes notes « prises au cours de courses dans cette région ».

Pour 70 kilomètres carrés, le nombre de dénominations inscrites sur la carte est de 170, soit 2,4 par kilomètre carré. Le nombre des noms ajoutés par M. BLANCHARD n'étant que de 4, on voit que les topographes, qui ont effectué le levé ou la révision, ont particulièrement soigné la recherche des dénominations.

§ 7

Feuille Névache N.-E. (Névache N° 2) au 20.000ᵉ

L'ensemble de la feuille *Névache* a fait l'objet d'une étude

---

(1) En date du 25 Mai 1927. La feuille a été publiée en 1928.

du Commandant Gaillard, d'Avril 1925, pour la partie savoyarde, et de deux études de M. C. Blanchard pour la partie dauphinoise : la première, rédigée en Mars 1925, en vue de l'édition au 50.000ᵉ ; la deuxième, terminée en Février 1928, pour l'édition au 20.000ᵉ (1).

Le nom primitif adopté pour cette feuille était *Mont-Thabor*. Dans son *Rapport* de Février 1928, M. C. Blanchard écrivait :

> Dans les tableaux d'assemblage, cette feuille a reçu jusqu'ici le nom de *Mont-Thabor*. Ce nom me semble ne pas convenir pour être conservé lors de l'édition de la feuille au 50.000ᵉ.
>
> En effet, il a été entendu que les feuilles porteraient le nom de la ville, de la bourgade ou de la commune la plus importante contenue dans [leur] étendue et, au cas seulement où aucune commune ne se trouverait dans une feuille, que l'on prendrait le nom de la montagne la plus importante ou la plus élevée.
>
> Cette règle une fois admise, il importe de remarquer que la commune de Névache couvre de ses territoires une grande partie de la feuille et que tous les hameaux ainsi que le chef-lieu de cette commune sont [compris] dans [son] étendue. En outre, c'est la seule commune française dont les villages [y] soit [contenus].
>
> La feuille XXXV-35 doit donc être nommée *Névache*.

Le *Service Géographique de l'Armée* s'est rangé à cette manière de voir.

La toponymie de la coupure N° 2, située entièrement sur le versant savoyard, a été étudiée par le Commandant Gaillard, mais seulement en vue de l'édition du 50.000ᵉ.

Le Commandant Gaillard avait modifié l'orthographe de

(1) M. C. Blanchard a également étudié la toponymie de la partie italienne.

9 noms de la partie française (dans la majorité des cas pour supprimer des ҳ finaux parasites) et de 7 noms de la partie italienne (pour leur restituer leur graphie française originelle). Il avait changé 1 dénomination et ajouté 2 noms nouveaux. Total des corrections, pour la partie française : 12.

Les rectifications du Commandant GAILLARD ont été adoptées pour la partie française (1). Mais, pour la partie italienne, les graphies italianisées ont été conservées. Nous avons exposé antérieurement (2) les motifs pour lesquels il convient de rétablir, dans cette région et pour le versant italien, les graphies françaises, les graphies italiennes n'étant pas autochtones (3).

§ 8

Feuille Col de Fréjus N.-O. (Névache N° 3) au 20.000ᵉ

Comme la précédente, cette feuille avait été étudiée par le Commandant GAILLARD uniquement en vue de l'édition au 5o.oooᵉ. Aussi la nomenclature est-elle particulièrement pauvre : densité des dénominations : 1,0 au kilomètre carré, pour la partie française.

Le Commandant GAILLARD, dans la partie française, a rectifié 7 orthographes, a changé 1 dénomination, en a supprimé 2, en a déplacé 1. Total des corrections : 11.

---

(1) Sauf que, probablement par suite d'un oubli, deux ҳ finaux ont été conservés et que le changement de dénomination n'a pas été effectué.

(2) *Troisième Partie, Chapitre X, § 4.*

(3) Il en est de même pour tous les fragments de la feuille de Névache au 20.oooᵉ. En revanche, nous verrons que, sur la feuille de Névache au 5o.oooᵉ, le rétablissement des formes autochtones a été effectué.

§ 9

Feuille Névache S.-O. (Névache N° 5) au 20.000ᵉ

Cette feuille a fait l'objet de deux études de M. C. Blanchard, la première pour la carte au 5o.oooᵉ, la deuxième pour la carte au 20.oooᵉ (1).

A propos de cette dernière étude, il écrit dans son *Rapport*:

> Les noms étudiés ci-après ont été tous soigneusement vérifiés. J'ai examiné les cadastres, interrogé les habitants et particulièrement les vieillards, consulté les archives ou les documents anciens donnant les formes de noms autrefois usités, recherché dans la littérature alpine les noms récents employés par les alpinistes. Je crois donc pouvoir dire que le résultat de mon travail répond à la réalité des appellations.

M. Blanchard a relevé 194 noms, soit 2,8 au kilomètre carré. On voit, une fois de plus, qu'une densité de 2,5 à 3 dénominations au kilomètre carré donne toute la toponymie existante, sauf dans des cas exceptionnels. Elle peut donc être inscrite en entier sur une carte au 20.oooᵉ (2).

(1) Le Commandant Georges Mathieu, chef de la brigade de révision, et M. Camille Blanchard ont fait paraître dans le numéro 214 de *La Montagne* (Juillet-Septembre 1928) une étude sur le *Massif de Cerces*, qui en est le massif principal. Cette étude renferme de nombreuses notes toponymiques.

(2) 145 dénominations seulement ont été inscrites sur la feuille publiée, soit 2,1 au kilomètre carré. Il semble que, surtout si l'on voulait diminuer les dimensions de certaines écritures, pour faciliter l'inscription de plus de noms dans les parties chargées, cette densité pourrait facilement être augmentée.

Nous ferons quelques objections aux orthographes adoptées par M. BLANCHARD. Comme nous avons eu l'occasion de le faire observer, il est nécessaire que, quelle que soit la transcription adoptée, le même phonème soit, dans le même dialecte, transcrit toujours par le même assemblage de lettres. Or, si M. BLANCHARD écrit : *les Béraudes* (1), *l'Aupon* (2), *Les Lauʒes* (3), *Baude* (4), *Rieu Sec* (5), il écrit aussi : *les Faous* (6), *Rocher de la Saouma* (7), et cette dernière orthographe est d'autant plus curieuse que, un peu plus bas, il inscrit : *Saume Longue* (8). Il semble que M. BLANCHARD ait employé la graphie *au* quand il y avait tradition écrite et la graphie *aou* lorsqu'il n'y avait que tradition orale. Rien ne saurait mieux montrer que, pour les pays de langue écrite — et ici nous nous trouvons dans le domaine provençal — seule la graphie étymologique (**au**) est légitime.

(1) « Ce nom est dérivé de celui d'une famille de Névache : *Béraud* » *(Rapport de M.* C. BLANCHARD).

(2) « Ce nom signifie : le petit pâturage, la petite Alpe, l'**Aupon**. Le « Cadastre de Névache écrit *Laupon*, par agglutination de l'article au « nom ». *(Rapport de M.* C. BLANCHARD). Ont voit, d'après l'étymologie, que l'on se trouve ici certainement en présence du phonème *au* *(aw* ou *aou).*

(3) « Ainsi nommé à cause des *Lauʒes* (schites ardoisés) qui s'y ren-« contrent » *(Rapport de M.* C. BLANCHARD). Ailleurs, il orthographie *Lauses.*

(4) « Son nom vient du patois *Bàoudi,* qui signifie : herbe folle qui « croît dans les rochers » *(Rapport de M.* C. BLANCHARD). Ici, la graphie *au* est employée sciemment.

(5) On retrouve ici, pour « ruisseau », la forme **Riéu**, usitée dans la Vallée d'Aure.

(6) « *Faou,* en patois signifie : hêtre » *(Rapport de M.* C. BLANCHARD).

(7) « En patois, *la Saouma,* l'ânesse ou la jument » *(Rapport de M.* C. BLANCHARD). Nous avons exposé pourquoi nous écrivons : **La Sáume.**

(8) « *Saume* semble dérivé du patois : *saouma,* l'ânesse. Je ne sais « expliquer exactement ce nom (Cadastre de Névache) ». *(Rapport de M.* C. BLANCHARD).

Nous écririons aussi **Baudéte,** et non *Baudette ;* **Tálha,** et non *Tailla ;* **Les Aigulhers** ou **Les Agulhers,** au lieu de *Les Aiguillers.* Nous avons indiqué pourquoi.

§ 10

Feuille Névache S.-E. (Névache N° 6), au 20.000ᵉ

Comme pour la feuille précédente, M. C. BLANCHARD, après une première étude pour le 5o.oooᵉ, a repris son travail en vue de la publication de la carte au 20.oooᵉ.

Pour la partie française, M. C. BLANCHARD a relevé 142 dénominations, pour 45 kilomètres carrés environ, soit une densité de 3,2 au kilomètre carré, sur lesquels il en a été reproduit 104, soit 2,3 au kilomètre carré.

L'augmentation de la densité, par rapport à la feuille précédente, s'explique, car l'on se trouve ici dans une région plus basse et qui renferme proportionnellement un plus grand nombre de lieux habités.

Les observations que nous aurions à faire, relativement aux orthographes adoptées par M. BLANCHARD, sont de même ordre que ci-dessus.

§ 11

Feuille Col de Fréjus S.-O. (Névache N° 7), au 20.000ᵉ

L'étude toponymique a été faite par M. BLANCHARD dans les mêmes conditions que pour les deux feuilles précédentes.

Pour les 18 kilomètres carrés de la partie française, M. C.

Blanchard a relevé 49 dénominations (2,7 au kilomètre carré),
dont il a été reproduit, sur la carte, 40 (2,2 au kilomètre
carré).

§ 12

Feuille de Névache, au 50.000ᵉ

Nous ne reparlerons pas de la partie française, ayant étudié ci-dessus la plupart des fragments correspondants du
20.000ᵉ, mais il faut signaler que, comme l'avait demandé la
Commission des Travaux Scientifiques du *Club Alpin français* (1), le *Service Géographique de l'Armée* a rétabli pour
la partie italienne les dénominations françaises (ou, si l'on
préfère provençales) originelles. (2).

§ 13

Feuille Col St-Martin S.-O. (Col St-Martin Nᵒ 5) au 20.000ᵉ

L'ensemble de la feuille *Col St-Martin* ne comprend que
deux fragments au 20.000ᵉ ; le reste de la feuille étant situé
en territoire italien.

Sa toponymie a été étudiée par M. C. Blanchard.

Le nombre de dénominations inscrites sur la feuille Nᵒ 5
est 55, soit 2,2 au kilomètre carré.

(1) Voir *Troisième Partie, Chapitre X, § 4.*

(2) Sur cette feuille — et il en sera de même à l'avenir — la partie
italienne a été traitée avec autant de détails que la partie française,
l'*Institut Géographique militaire italien* ayant autorisé l'utilisation de
ses levés.

§ 14

Feuille Col St-Martin S.-E. (Col St-Martin N° 6)
au 20.000ᵉ

Sur cette feuille sont inscrites 49 dénominations, soit 2,3 au kilomètre carré.

§ 15

Feuille d'Aiguilles au 20.000ᵉ

La feuille d'*Aiguilles*, qui comprendra 6 coupures au 20.000ᵉ, n'a pas encore paru et le rapport de M. C. BLAN-CHARD, qui en a étudié la toponymie, n'est pas actuellement complètement rédigé.

Mais nous croyons devoir reproduire la Note suivante, lue par M. C. BLANCHARD à la Séance du 18 Décembre 1928 de la *Commission des Travaux Scientifiques* du *Club Alpin Français* :

.... Au cours de l'été de 1928, j'ai procédé à la révision des noms de lieux de la partie briançonnaise des feuilles *Aiguilles* et *Guillestre*, me limitant, pour cette dernière feuille, à Mont-Dauphin et laissant la révision des noms situés sur les territoires des communes en aval aux soins du Commandant Toussaint, avec lequel je me suis mis préalablement d'accord sur cette délimitation. J'ai pu mener à bien ce travail sur le terrain et achever une enquête auprès des habitants, sauf en ce qui concerne la commune de Ceillac que les orages successifs de Septembre et du début d'Octobre ont isolée pendant plusieurs semaines....

..... Je tiens à remercier ici les personnes compétentes qui ont bien voulu m'aider de leur parfaite connaissance de leur vallée et de leur compétence dans les variations des diffé- rents dialectes locaux. Ce sont : M. Jean Bourcier, Président de l'*Union des Syndicats d'Initiative des Hautes-Alpes,* Maire d'Aiguilles ; M. l'Abbé Berge, Curé-Archiprêtre d'Abriès, originaire de Saint-Véran, commune sur laquelle il vient de publier une remarquable monographie ; M. l'Abbé Bués, originaire de Ristolas et Curé du Roux d'Abriès ; enfin M. J. Tivollier, originaire de Molines-en-Queyras, commune dont il a écrit l'histoire.

Je ne puis entrer ici dans le détail des noms des parcelles, des ruisseaux, des lieux habités, des rochers et des bois. Ceci fera l'objet d'une étude où chaque vocable sera examiné isolément, où j'indiquerai ce à quoi il se rapporte exactement, où je chercherai autant que possible son origine et sa signi- fication. Je compte entreprendre ce travail lorsque j'aurai achevé l'étude analogue que je suis en train de rédiger sur les noms de la feuille de *Briançon....,* que j'ai révisée en 1927, étude qui fait elle même suite à celle que j'ai précédemment faite sur les noms de la feuille de *Névache....*

Je me bornerai donc à quelques remarques d'ensemble.

Tout d'abord, il faut noter l'abondance des noms usités dans cette région et jusque dans les parties élevées des patu- rages, où de petites parcelles ont souvent un nom distinctif. Cela est du, sans aucun doute, à la forte densité du peuple- ment ancien de ces vallées et à la nécessité, à cette époque, d'utiliser les moindres surfaces cultivables. La vallée du Queyras s'est en effet extraordinairement dépeuplée depuis deux siècles. Abriès, par exemple, comptait plus de 2.000 habitants au début du xviie Siècle et n'en a aujourd'hui qu'à peine plus de 500.

On peut remarquer ici, comme dans les vallées voisines, que la densité des noms est fonction de l'exposition des versants de vallées, les noms étant plus nombreux sur les versants ensoleillés et cultivés que sur les pentes à l'envers et boisées. L'usage a créé l'abondance des noms. La presque [totalité] des noms est tirée de la langue locale, dialecte d'o- rigine provençale. Chaque nom [a pour origine] la situation, l'aspect, la nature de l'endroit nommé, et la plupart des noms répondent bien à ce qu'ils veulent désigner. Ceci montre que les habitants, qui ont donné ces noms, l'ont fait avec simplicité, [en dépeignant] ce qu'ils voulaient désigner et sans faire le moins du monde œuvre d'imagination.

Les noms génériques des ruisseaux varient selon les [vallées]. Dans la vallée du Guil et les vallons adjacents, on emploie soit *Torrent*, soit *Ravin ;* dans le haut Guil, le vallon de Peinin et le vallon de Ségure, les ruisseaux, principalement ceux situés à l'envers, sont nommés *Coumbal ;* dans les vallées de l'Aigue Agnelle et de l'Aigue Blanche, (1) on emploie le mot *Rif.* On peut noter encore que, dans la région du bas Guil (qui est hors de la feuille d'*Aiguilles),* on emploie le mot *Riou* (2), tandis que, dans la haute Ubaye, les ruisseaux sont désignés sous le nom de *Béal* (3).

Quant aux noms des montagnes, on rencontre *Serre, Moure, Crête, Tête, Bric, Pointe, Aiguillette.* Le mot *Pic* semble d'un usage récent.

§ 16

Feuille de Barcelonnette au 20.000ᵉ

M. le Dʳ Coste a étudié la toponymie de l'ensemble de la feuille de *Barcelonnette* (les huit fragments), ainsi que celle de la feuille *Aiguille de Chambeyron Nᵒ 1.*

Par rapport aux minutes des levés au 20.000ᵉ, il a fait les corrections suivantes :

(1) Nous avons exposé pourquoi, au moins en haut provençal, nous écririons **Aygue**, et non *Aigue*, bien que la graphie *ai* soit la graphie mistralienne. *(Note de* L. Maury*).*

(2) Nous n'avons pas à répéter pourquoi nous écrivons **Ríu**. *(Note de* L. Maury*).*

(3) Dans l'Espinouse, ce mot signifie « canal d'irrigation », ce que, en Bigorre, on nomme une **Ayguère.** *(Note de* L. Maury*).*

Feuille de Barcelonnette N° 1 : Dénominations ajoutées : 15 ; dénominations changées : 14 ; orthographes modifiées : 11 ; total des corrections : 40.

Feuille de Barcelonnette N° 2 : Dénominations ajoutées : 7 ; dénominations changées : 11 ; orthographes modifiées : 12 ; total des corrections : 30.

Feuille de Barcelonnette N° 3 : Dénominations ajoutées : 30 ; dénominations supprimées : 2 ; dénominations changées : 13 ; orthographes modifiées : 13 ; total des corrections : 58.

Feuille de Barcelonnette N° 4 : Dénominations ajoutées : 22 ; dénomination supprimée : 1 ; dénominations changées : 10 ; orthographes modifiées : 7 ; total des corrections : 40.

Feuille de Barcelonnette N° 5 : Dénominations ajoutées : 3 ; dénomination supprimée : 1 ; dénominations changées : 5 ; orthographes modifiées : 3 ; total des corrections : 12.

Feuille de Barcelonnette N° 6 : Dénominations ajoutées : 17 ; dénominations changées : 9 ; orthographes modifiées : 11 ; total des corrections : 37.

Feuille de Barcellonnette N° 7 : Dénominations ajoutées : 31 ; dénominations changées : 8 ; orthographes modifiées : 13 ; total des corrections : 52.

Feuille de Barcelonnette N° 8 : Dénominations ajoutées : 9 ; dénominations changées : 4 ; orthographes modifiées : 9 ; total des corrections : 22.

Feuille Aiguille de Chambeyron N° 1 : Dénominations

ajoutées : 8 ; dénominations changées : 10 ; orthographes modifiées : 6 ; total des corrections : 24.

On voit, par l'abondance du nombre des dénominations ajoutées ou changées, combien, au point de vue des emplacements, la révision de la nomenclature toponymique de la haute Ubaye était nécessaire. Encore, comme nous allons le voir, M. le Dr Coste, craignant que la place manque pour l'inscription des noms sur le 20.000^e, est loin d'avoir reproduit toute la nomenclature qu'avait relevée autrefois F. Arnaud.

M. le Dr Coste a adopté, avec quelques simplifications en ce qui concerne les accents (1), l'orthographe phonétique de F. Arnaud. Nous avons dit pourquoi ce système de transcription nous paraissait inadmissible et nous n'y reviendrons pas (2), mais il nous paraît utile d'indiquer par quelques exemples en quoi les orthographes que nous préconisons diffèrent des orthographes usuelles, que le *Service Géographique de l'Armée* a empruntées au cadastre, ainsi que des orthographes phonétiques, employées par F. Arnaud et M. le Dr Coste. Cela nous permettra en outre de voir quelles sont les caractéristiques du système de transcription phonétique de F. Arnaud et de déterminer en quoi il diffère de l'orthographe de la langue écrite.

Nous considérerons, sur la rive gauche de l'Ubaye, la vallée du Riéu d'Abriés, en aval de Las Sánhas.

La feuille au 20.000^e *Jausiers Nord (Barcelonnette 3-4)*, qui renferme cette région, a paru en Février 1928, et on n'a pu utiliser pour sa rédaction le rapport de M. le Dr Coste, qui date de la fin de Septembre 1928.

(1) F. Arnaud avait marqué systématiquement d'un accent grâve la voyelle tonique, sauf lorsqu'elle portait sur un *e* fermé. Comme nous l'avons dit, nous la marquons d'un accent aigu, lorsqu'elle est fermée et d'un accent grâve, lorsqu'elle est ouverte. M. le Dr Coste a supprimé l'accentuation spéciale de la tonique.

(2) *Deuxième Partie, Chapitre V, § 4. et Conclusion, § 2.*

Orthographes de la Carte au 20.000ᵉ	Orthographes de F. ARNAUD (1)	Orthographes de M. le Dʳ COSTE (2)	Orthographes rationnelles (3)

Vallée du Riéu d'Abriés

A

Crête Nord

Orthographes de la Carte au 20.000ᵉ	Orthographes de F. ARNAUD (1)	Orthographes de M. le Dʳ COSTE (2)	Orthographes rationnelles (3)
Cime du Vallon de Courrouit.	*Bec de l'Aigla*	*Bec de l'Aigle*	Bec de l'Aigle
	Tèsta das Paléts	. . . . . .	Téste des Paléts
Tête de Font Crése	*Tèsta de Plàta Lôngea*	*Testa de Plata Longea*	Téste de Plàte Longue
	la Bàissa doou Brequilhoùn	. . . . . .	La Bàysse dóu Bréquilhoún
Tête de Rofre	*Tèsta dos Cougnets de l'Ours* ou *Buc de David*	*Testa des Cougnets de l'Ours*	Téste d'Es Cougnéts del Ours
	Lou Pas doou grand Coulóour	. . . . . .	Lou Pas dóu Gran Coulóur
	La Bàissa de la Madeléna	. . . . . .	La Bàysse de la Madaléna
Sommet du Vallon Long	*Testa de la Coùmba Chàva* ou de *Rouchàs Grand*	*Testa dé Siguret*	Téste de Sigu rét
	Bàissa de Coumba Chàva	. . . . . .	Bàysse de Coumbe Chàve

(1) *L'Ubaye et le Haut-Verdon.*

(2) M. le Dʳ COSTE n'a indiqué que les divergences avec les minutes de la Carte au 20.000ᵉ.

(3) D'après les principes de transcription exposés dans le présent ouvrage. Nous ne croyons pas avoir commis d'erreurs notables dans la transcription des phonèmes, mais, ignorant les caractères distinctifs du haut-provençal, il est possible que nous nous soyons quelquefois trompé pour l'établissement de la forme proprement dite des mots.

Orthographes de la Carte au 20.000ᵉ	Orthographes de F. Arnaud	Orthographes de M. le Dʳ Coste	Orthographes rationnelles
Tête de Cuguret	*Tèsta de Cugulét* ou *doou Grand foùns* ou *de Cuguret*	. . . . . .	Téste de Cugurét
	Lou Laous	. . . . . .	Lou Láus
La Condamine (Signal)	*La Poùncha de Couésta Bèlla*	. . . . . .	La Poúnche de Couéste Béle
	La Couésta Bèlla ou *lou Brès*	. . . . . .	La Couéste Béle ou Lou Brés
	Las Buissounàias	. . . . . .	Las Buissounáyes
Les Maynan	*Le Canton*	*Lė Canton*	Le Canton

B

Rive droite

	l'Enclàstra	. . . . . .	L'Enclástra
	la Vermèlha	. . . . . .	La Vermélhe
	lous Jàssés	. . . . . .	Lous Jássés
	la Tèstà des Paléts	. . . . . .	La Téste d'Es Paléts
	las Tourtissas	. . . . . .	Las Tourtissás
	lou Coùgne de la Làousa	. . . . . .	Lou Coúgne de la Láuze
	lou Coumbàl de Segound	. . . . . .	Lou Coumbál de Ségoúnd
	lou Brequilhoùn	. . . . . .	Lou Bréquilhóun
	lou Tournouroùl	. . . . . .	Lou Tournoùroúl
	la Tranchàia	. . . . . .	La Trancháia

Orthographes de la Carte au 20.000ᵉ	Orthographes de F. ARNAUD	Orthographes de M. le Dʳ COSTE	Orthographes rationnelles
Caire	Cab. de Caire	. . . . . .	Cab. de Cåyre
	Cab. de Segoùnd	. . . . . .	Cab. de Ségoúnd
Giraud	Cab. Giraud	. . . . . .	Cab. Giráud
	Coumbà de Bel-loùn	. . . . . .	Coumbe de Bél-loŭn
	Cougnét de l'Ours	. . . . . .	Cougnét del Ours
Bellon	Cab. dè Bellon	. . . . . .	Cab. de Bellón
	Séare de Tiouleta	. . . . . .	Seåre de Tiu-léte
	lou Coumbal de la Gagerià	. . . . . .	Lou Coumbál de la Gageria
	Séare de Meyfred	. . . . . .	Seåre de Mey-fréd
	lous Rouits	. . . . . .	Lous Roúits
	lou Coumbàl de Póla ou Gran Coulòour	. . . . . .	Lou Coumbál de Póle ou Gran Coulóur
	Séare du Coùgne	. . . . . .	Seåre du Coú-gne
	Ristoulas	. . . . . .	Ristoúlas
Sylve	Cab. de Sylve	. . . . . .	Cab. de Sylve
	Coùmba-Chàva	. . . . . .	Coúmbe Chåve
	l'Eissalhiér	. . . . . .	L'Eyssalhér
	Coumbàl das Fountanins	. . . . . .	Coumbál das Fountanins
	Coumbàl de Bran-càssi	. . . . . .	Coumbál de Brancåssi
	Coumbàl doou Màou-Pas	. . . . . .	Coumbál dòu Måu Pás

Orthographes de la Carte au 20.000[e]	Orthographes de F. ARNAUD	Orthographes de M. le Dr COSTE	Orthographes rationnelles
	Lou nin de la Càlha	. . . . . .	Lou Nín de la Cálhe
les Berauds	. . . . . .	*Le Serre*	La Seáre
Matze	. . . . . .	*Les Mâts*	Les Mâtz
Payan	. . . . . .	*Les Magnans*	Les Manháns
Matze	. . . . . .	*Les Payans*	Les Payáns
la Murette	. . . . . .	. . . . . .	. . . . . .

C

Rive gauche

Orthographes de la Carte au 20.000[e]	Orthographes de F. ARNAUD	Orthographes de M. le Dr COSTE	Orthographes rationnelles
	Riéou de la Càira	. . . . . .	Riéu de la Cáyre
	Cabanes de Trouéna	. . . . . .	Cabanes de Trouéne
	Riéou doou Sapét	. . . . . .	Riéu dóu Sapét
	Riéou das Coum-Coumbalàsses	. . . . . .	Riéu das Coum-balásses
	le Grand Bois	*Le Grand Bois*	Le Grand Bois
Beaumont	*Booumoùn*	. . . . . .	Bóumoún
	lou Coumbàl doou Ménoùn	. . . . . .	Lou Coumbàl dou Menoún
l'Hubac	*las Ubacs*	. . . . . .	l'Ubac
Lans	. . . . . .	*La Serre*	La Seáre
Les Fortouls	. . . . . .	*La Murette*	La Muréte

Orthographes de la Carte au 20.000e	Orthographes de F. Arnaud	Orthographes de M. le Dr Coste	Orthographes rationnelles
		D	
		Crête Sud	
Sommet de l'Empeloutier	*Le Gerbier*	*Le Gerbier*	Le Gerbier
	Lous Pràous	*Les prés-hauts*	Lous Práus Auts
Sommet de Serre Bourreau	*Seàre-Bouréou*	*Sommet de Seare Bouréou*	Sommet de la Séare Bouréu
Lans (Signal)	*La Croùs*	*La Crous*	La Crous
	La Camàia	. . . . . .	La Camáya
	Pra Peyràna	. . . . . .	Pra Peyráne
	La Lébratiéra	. . . . . .	La Lébratiére

Il résulte de l'examen que nous venons de faire que le phonétisme employé par F. Arnaud et, à sa suite, par M. le Dr Coste consiste essentiellement dans le traitement des voyelles diphtonguées *(aou, oou,* etc., au lieu de au, óu). En revanche, ils ont employé lh pour *l* mouillée. Il est inutile de revenir une fois de plus sur cette question, mais il est un autre point qu'il convient de préciser encore.

Les orthographes de F. Arnaud paraissent en grande partie étranges, à première vue, à cause de la conservation systématique des voyelles finales autres que *e.* Dans les transcriptions que nous venons de proposer, nous avons généralement adopté l'*e,* suivant les errements admis actuellement dans les Pyrénées, mais cela ne nous a pas toujours paru possible. Comme nous l'avons remarqué ci-dessus (1),

____
(1) *Note additionnelle,* § 2.

l'inconvénient qui résulte de la conservation de ces finales se trouve très atténué si l'on marque la voyelle tonique — et il semble bien plus facile d'enseigner la prononciation de la tonique que celle des phonèmes qui n'existent pas en français.

D'autre part, dans un certain nombre de dialectes méridionaux, les finales *a, o, i,* quoiqu'atones, se font nettement sentir dans la prononciation.

Ceci nous conduit à formuler les deux règles suivantes :

1° Marquer *toujours* d'un accent la voyelle tonique et insérer, dans la *légende* destinée à indiquer la prononciation, la phrase suivante : « *l'accent indique la voyelle tonique et* « *son caractère fermé ou ouvert. Sont en outre accentués :* « *a) les* e *non toniques et non muets sur le caractère desquels on pourrait hésiter ; b) l'*o *de* 6u *triphtongue se prononçant* oou. »

2° Ne remplacer par *e* les voyelles finales autres que *e* muet que dans les dialectes pour lesquels le son de ces voyelles se rapproche suffisamment de celui de l'*e* pour que la distinction ne puisse être faite que par une oreille particulièrement exercée.

§ 17

La Carte du Vignemale au 20.000ᵉ, de M. A. Meillon

La carte au 20.000ᵉ de la région du *Vignemale*, levée par M. Alphonse Meillon et dressée par le Commandant de Larminat, paraîtra au printemps de 1929. A l'occasion de ses travaux, M. A. Meillon a réétudié, dans les plus grands détails, la toponymie de cette région et a consigné les résultats obtenus dans les deux séries d'ouvrages qu'il a consacrés à l'exposé de ses études (1).

Pour se rendre compte de l'importance des résultats acquis, il convient de s'y reporter, mais il est un point sur lequel nous avons encore insisté au paragraphe précédent et au sujet duquel il nous paraît nécessaire de dire un dernier mot, à propos précisément des noms de lieux de la Bigorre, puisque c'est en somme le seul pour lequel la *Commission de Topographie et de Toponymie* de la *Fédération des Sociétés Pyrénéistes* a marqué quelque hésitation.

M. MEILLON a naturellement adopté, dans leur intégralité, les règles posées par cette *Commission* et que nous avons exposés dans le présent ouvrage (2). Il a donc été conduit à remplacer généralement par l'*e* muet les finales atones *a, o, i*, mais, étant donné la prononciation locale, cela ne lui a pas paru toujours possible, comme nous l'avons déjà remarqué. Il ne peut en résulter aucune ambiguité pour la prononciation lorsque la voyelle tonique est accentuée et c'est ce qu'a eu soin de faire M. MEILLON : Artigoulí, Cárdi, Couéylá, Milhá, Arrábi Saussá, Labassá (3). Mais, l'incertitude possible, relativement à la déterminaison de la voyelle tonique, n'existe pas uniquement dans le cas où le mot se termine par une voyelle, car il existe, en bigourdan, des mots termi-

_____

(1) I. ALPHONSE MEILLON. *Excursions topographiques dans la Vallée de Cauterets (Hautes-Pyrénées)* : *1° Partie, Exposé 'chronologique des opérations ; 2° Partie, Extrait des tours d'horizon photographiques des principales stations ; 3° Partie, Tableau des coordonnées géographiques et des altitudes des points trigonométriques.* Cauterets, 1920. — II. ALPHONSE MEILLON : *1° Partie, Autour du Vignemale ; 2° Partie* (en collaboration avec le Commandant DE LARMINAT), *Notice sur la Carte au 20.000° du Vignemale.* Pau, 1928.

(2) *Première Partie, Chapitre III, §§ 3, 4, 5 et 6 ; Troisième Partie, Chapitre VI, § 3.*

(3) Nous prenons les exemples dans la *Notice sur la Carte au 20.000° de Vignemale.*

nés par une consonne et dont c'est la dernière syllabe qui est tonique. On ne peut pas hésiter quand l'on voit écrit : **Cabanòt, Béucor, Carrôt**, mais comment prononcer : **Canau, Labas, Cardal** ? Aussi, croyons-nous devoir insister sur la règle que nous avons formulée au paragraphe précédent : *Marquer* toujours *d'un accent la voyelle tonique.*

Enfin, il nous paraît utile d'indiquer un cas que cite M. MEILLON — et nous savons qu'il y en a d'autres — où l'adoption de l'orthographe dite française entraîne la déformation des toponymes et une erreur dans leur décomposition syllabique :

> Péne d'éras Autous. — *Péne,* rocher. — *Autou,* hauteur. — « Rocher des hauteurs », M. L. ROUCH pense qu'au lieu de *Péne déres Hautous* et de *Soum Haut*, il faut écrire **Péne d'éras Autous** et **Soum Aut.**
>
> « J'insiste », dit-il, « sur la nécessité de ne pas introduire « toujours, dans le mot bigourdan aut, un *h aspiré qui* « *n'existe pas partout dans la prononciation et qui n'est pas* « *réclamé par l'étymologie.*
>
> « 1° — On a tort, en effet, de se laisser influencer par l'or- « thographe du *mot français* haut : celui-ci, qui remonte au « latin *altus,* où il n'y a pas de *h,* doit ce *h aspiré* unique- « ment à une influence germanique (germanique : *hoh,* fran- « cique : *hok,* allemand moderne : *hoch*), qui s'est bien exer- « cée dans l'Ile-de-France, berceau du français, mais non « dans toutes nos contrées méridionales, où l'espagnol, « le portugais et l'italien prononcent et écrivent *alto,* le ca- « talan *alt (Espot de Dalt, Rivesaltes)* et le gascon *aut (Mon-* « *taut, Auterive),* toujours sans aspiration, sauf de rares « exceptions, par exemple, dit M. SARRIEU, en luchonais, où « l'on trouve d'ailleurs aussi le radical *aut,* sans *h.* Il y a « aussi des exceptions dans la Bigorre çà et là, mais peut- « être sont-elles dues à l'influence récente du français,
>
> « 2° — Si l'on met un *h* au bigourdan *aut,* il devient im- « possible de prononcer correctement des mots comme « **Pèyre Aute** et **Estibe Aute. Pèyre Aute** a trois syllabes « et se prononce *Pèy-raw-te* (prononciation très bien remar-

« quée par [la carte de] l'Etat-Major qui la note *Peyraute)*,
« tandis que si l'on écrit *Pèyre Haute*, on est forcé, par le
« H aspiré, venu ici uniquement du français, de prononcer le
« mot en quatre syllabes *(Pey-re-haw-te)*, ce qui est inexact.
« De même Estibe Aute a quatre syllabes et se prononce
« *Es-ti-baw-te* (prononciation très bien remarquée aussi par
« [la carte de] l'Etat-Major qui la note *Estibaoute)*, tandis que
« si l'on écrit *Estibe Haute*, on est forcé de même, par l'aspi-
« ration purement française (et non gasconne) du H, de pro-
« noncer le mot en cinq syllabes *(Es-ti-be-haw-te)*, ce qui est
« encore inexact ».

Résignons nous donc à ne pas vouloir toujours franciser le
gascon *aut* en lui donnant un *H aspiré*, qui n'est voulu, ni
par la prononciation correcte, ni par l'étymologie, et gardons
ce *H aspiré* pour le cas fréquent où il est réellement et fortement prononcé, ce qui n'arrive guère que lorsqu'il remplace
un *f latin*, et qu'on nous excuse si nous avons jusqu'ici commis l'erreur d'écrire *Pèyre haute, Estibe haute*, etc. (1).

§ 18

La toponymie de la Montagne de Clarabide

Terminant, pendant l'été de 1928, le levé des alentours du
Lac de Calhauás et de la vallée de la *Neste de Clarabide*,
entre le *Lac de Pouchérgues* et *La Soulá*, nous avons pu
achever de relever, sur place, la toponymie de l'ensemble
dénommé *Montagne de Clarabide*, qui s'étend en amont du
Pont de Trámes Aygues et est la propriété indivise de quatre
communes de la *Vallée de Louron : Loudenvielle, Génos,
Armental, Pouchergues*.

Nous ne parlerons pas ici des orthographes, leur étude
n'ayant pas pu encore être faite par la *Commission de
Topographie et de Toponymie* de la *Fédération des Socié-*

(1) A. MEILLON. *Notice sur la Carte au 20.000ᵉ du Vignemale.*

tées Pyrénéistes. Nous ne mentionnerons que les résultats auxquels nous sommes parvenu, relativement à la densité des dénominations, lesquels, nous devons le dire, nous ont un peu surpris, étant donné surtout qu'il s'agit d'une région sans aucune habitation permanente,

Compte tenu des appellations données par les alpinistes, qui sont au nombre de 7 et qui paraissent toutes devoir être conservées, nous en avons relevé 110, pour une surface de 3o kilomètres carrés, soit 3,7 par kilomètre carré (1). Si l'on observe que leur répartition sur le terrain est tout à fait irrégulière, on en arrive à se demander s'il sera possible de les faire figurer toutes sur une carte au 20.000ᵉ, même en n'employant pas de caractères de plus de deux millimètres de hauteur. Il y aura là une expérience intéressante, que nous espérons pouvoir faire prochainement.

Ce que l'on doit conclure de cet exemple, c'est que, contrairement à ce que nous estimions antérieurement, dans des régions de montagne très parcourues, à la fois par des bergers et par des chasseurs (2), la densité des dénominations, au lieu d'avoir pour moyenne 2,5 par kilomètre carré, peut arriver à approcher de 4.

17 Février 1929.

(1) Il est vrai qu'ayant compté toutes les dénominations relatives aux crêtes qui limitent le bassin, la densité indiquée ici est un peu supérieure à la densité exacte de l'ensemble de la région. La même remarque serait à faire pour la densité du bassin d'*Orédon (Conclusion, § 3).* Mais cette cause d'erreur, d'une importance relativement minime, ne saurait changer nos conclusions.

(2) Encore ne sommes nous pas sur d'avoir pu relever tous les noms des postes de chasse. En fait, ce n'est pas toujours dans les régions les plus habitées que la nomenclature est la plus dense. Nous nous souvenons que le Lᵗ-Colonel PRUDENT nous disait que c'était dans le *Sahara* qu'il avait trouvé la nomenclature la plus abondante.

ADDENDUM

Il nous paraît nécessaire d'ajouter encore, relativement aux travaux toponymiques récemment effectués, les renseignements complémentaires suivants :

1° M. l'Abbé Pépouey, Président de la *Société Ramond*, a rédigé une étude très complète sur *Les noms de lieux habités dans les Hautes-Pyrénées*. Ce travail, qui porte sur environ 2.000 noms de lieux, n'a pas pu être édité jusqu'à présent, faute d'avoir pu trouver le nombre de souscripteurs ou les subventions nécessaires.

2° M. L. Rouch (1) achève l'étude toponymique de la région du **Moun Né** et de **Castet Moulí** (environ de Bagnères de Bigorre), dont il a effectué le levé. Pour 20 kilomètres carrés, il a relevé environ 55o dénominations, soit 2,75 au kilomètre carré.

Il a, en outre, entrepris l'étude toponymique de la vallée de l'Adour, en amont de Trébons. Dans l'ensemble de cette région, il a déjà relevé environ 1.5oo dénominations, dont il a entrepris l'étude systématique.

3° Dans la préface de son bel ouvrage, qui vient de paraî-

(1) Lettre du 23 Février 1929.

tre, sur *Les panoramas du Mont-Blanc* (1), M. R. Perret a inséré un important paragraphe relatif à la toponymie de ce massif. Nous croyons devoir en reproduire l'essentiel, étant donné l'intérêt qu'il présente, d'abord au point de vue des études toponymiques en général, ensuite relativement à l'orthographe à adopter pour les noms de lieux de la région franco-provençale :

Les noms de sommets et de lieux-dits figurant dans les légendes qui accompagnent chaque planche correspondent dans l'ensemble à ceux qu'a recueillis Henri Vallot et que l'usage des alpinistes a souvent consacrés. Je m'écarte cependant quelquefois de cet usage en matière de transcription orthographique. L'œuvre d'Henri Vallot est inattaquable en ce qui concerne l'emplacement des noms de sa carte ; mais on peut, dans certaine mesure, estimer son orthographe provisoire.

Henri Vallot s'était préoccupé de cette question au moment où il achevait sa triangulation ; on sait que la nomenclature d'un géodésien, surtout attentif à ses chiffres, n'est pas une chose définitive. Il n'y a pas de doute qu'en mettant au point les détails que comporte la rédaction d'une feuille topographique, l'auteur aurait envisagé certaines modifications. De son vivant, il avait accepté de légères corrections relatives à notre frontière commune des Fis et il avait examiné, suivant le vœu exprimé par les Sociétés Savantes de Savoie, la suppression éventuelle des z finaux.

Ce n'est donc pas se mettre en contradiction avec lui que d'aller encore un peu au-delà et cela ne veut point dire que j'approuve les réformes parfois fantaisistes du peintre Coppier. La toponymie n'est pas une affaire d'intuition pure et simple ; c'est une science qu'il faut apprendre, qui suppose la connaissance des origines de nos patois, l'étude du bas latin, et qui exige qu'on ait au moins feuilleté Du Cange.

Même avec cette préparation, il faut être d'une extrême prudence ; les enquêtes toponymiques n'aboutissent pas tou-

(1) Robert Perret. *Les panoramas du Mont-Blanc.* M. Dardel, éditeur, Chambéry, 1929.

jours à des certitudes ; il y a eu, depuis trop longtemps, trop
de négligences accumulées ; dans ce cas, il n'y a qu'à respecter
l'usage lorsqu'il est établi, ou qu'à écrire suivant la phonétique. D'autre part, il y a des erreurs si anciennes qu'elles sont
devenues classiques. Je ne demanderai jamais qu'on aban-
donne *Servoz*, accepté par la prononciation paysanne, pour
ressussiter **Serve**, qui ne serait plus compris. Je ne crois pas
qu'il faille écrire : Glacier des **Chaux**, car l'agglutination
Leschaux est, dans ce cas, une tradition. Je ne suis pas sur
que l'on puisse renoncer à *Tricot ;* il s'agit de **Tré Cos** (trois
pâturages) ; mais qui s'en souvient aujourd'hui ?

Enfin l'on ne peut toucher aux noms de communes, insti-
tués par la loi (1).

Sous ces réserves, certains résultats sont cependant acquis ;
les travaux des MURET, des RONJAT, des GILLIERON, des DAU-
ZAT ne peuvent être négligés par les topographes ; on s'habi-
tue peu à peu à regarder les noms de lieux comme des monuments dignes d'être conservés, parce que leur lente évolution correspond aux étapes de l'histoire.

Je me permets donc de signaler quelques modifications :

1° Il me semble difficile de maintenir, sur une carte ou
dans un livre, les véritables coq-à-l'âne que sont, par exemple : l'*Allée blanche*, au lieu de La **Lée Blanche** (*Lée, lex,
ley, lix* ou *lys*, comme dans **Pra de Lys**, sont des variantes
provenant du celtique *Lech*, pierre, et, par extension, éboulis
gazonné) et *Bel-Achat*, au lieu de **Bella Cha** (la belle prairie ;
cha, qui a encore formé **Mont La Cha**, et ses variantes *sia,
za*, comme dans **Aiguille de la Za**, ou encore *chaux*, vient
du bas latin *calma*, qui veut dire : chaume)...

D'autres erreurs mériteraient également d'être corrigées ;
MARCEL KURZ a eu parfaitement raison de rétablir la forme
Peuterey ou **Peuteret** (marécage) et d'abandonner *Pétéret*.
Il aurait été mieux inspiré en ne conservant pas *Brouil-*

(1) Pas par une loi, mais par un décret, et encore pas pour tous. Sur
une carte *officielle*, on est évidemment obligé de respecter l'orthographe
officielle des communes. Mais sur une carte ou dans un ouvrage *privés*,
la liberté reste entière. Cf. *Deuxième Partie, Chapitre IV. (Note de*
L. MAURY).

lard alors qu'il faut écrire *Brollia* ou *Breuilla* (1) ; ce mot valdotin est l'équivalant des *breuils*, que l'on retrouve d'un bout à l'autre de la France et de l'Italie du Nord. Le nom de *Broglie* est historique. Au XVIIIᵉ Siècle, on écrivait : « Mont Broglia ».

2° On peut hésiter devant d'autres réformes moins importantes et moins urgentes. Il y a bien des orthographes et bien des prononciations vicieuses dans le massif du Mont Blanc, mais, lorsqu'elles, ne constituent pas un véritable coq-à-l'âne on peut s'y résigner, au moins provisoirement. Il y a des obstacles qu'on n'enlève que peu à peu.

J'écris cependant Greppon, et non *Grépon* ; L'Hognan, et non *Lognan* ; Tré-la-Tête (ce sont trois mots distincts), et non *Trélatête*. En ce qui concerne spécialement le Greppon, je tiens à faire observer que cette forme, parente des Greppen de la Suisse et identique au Greppon Blanc du Val Hérémence, vient du romanche *Crap*, qui signifie rocher (2).

3° Déférant au vœu exprimé par la *Commission [des Travaux] Scientifiques* du *Club Alpin [Français]*, qui avait elle-même suivi d'autres exemples, Charles Vallot a consenti, en principe, à supprimer les *χ* finaux, lettres parasites qui entraînent chez les étrangers une prononciation défectueuse. Qu'il soit donc remercié d'avoir restitué au Col de la Forcle sa physionomie primitive et de ne pas avoir écouté, à ce sujet, des protestations qui ne méritent pas d'être entendues. J'aimerais en outre voir tomber le *χ* final de *Sailenaχ* (et même l'*a* qui le précède ; on prononce, en réalité : Saleine), que les Suisses ont abandonné, celui des *Praχ* (Pra, pluriel Pras, signifie pré ; du latin *pratum*), qui ne sont point une commune, et surtout l'*aχ* de *Dioχaχ*, qu'il faut écrire et prononcer : Diose.

(1) Nous avons exposé pourquoi l'*l* mouillée devait être transcrite par **lh**, aussi bien dans la région franco-provençale que dans le domaine de la langue d'oc. Aussi, nous écririons : **Brólha** ou **Brolhe,** ou bien : **Breúlha** ou **Breulhe.** *(Note de* L. Maury).

(2) MM. P. Girardin, R. Perret et C. Blanchad ont présenté à la Séance du 10 Janvier 1928 de la *Commission des Travaux Scientifiques* du *Club Alpin Français,* une très importante note relative à l'étymologie et à l'aire d'extension du mot *Greppon. (Note de* L. Maury).

On doit se pénétrer de la force d'action que possède une carte bien faite. Elle aura sûrement raison, un jour ou l'autre, des habitudes orales qui n'ont rien pour les perpétuer ; elle a plus d'influence qu'un livre. Elle reste et ses contradicteurs passent (1).

Les observations de M. R. PERRET sont conformes, dans l'ensemble, à notre manière de voir. Nous croyons toutefois devoir apporter quelques précisions :

1° Il est vrai que « les enquêtes toponymiques n'aboutis-« sent pas toujours à des certitudes », mais c'est en ce qui concerne les étymologies et, par suite, la forme générale à adopter pour les toponymes, indépendamment de l'ortho-graphe des divers phonèmes qui les composent. C'est au sujet de cette forme générale qu'il y a lieu de « respecter « l'usage, lorsqu'il est établi ». Mais en ce qui concerne la transcription des phonèmes, il n'en est pas de même. Nous croyons avoir suffisamment prouvé que, pour que la prononciation d'un non-autochtone puisse être à peu près correcte, il convient que chaque phonème soit transcrit, pour un ensemble de dialectes aussi grand que possible, par les mêmes lettres. C'est ce qui n'a pas lieu actuellement dans les documents écrits, alors que cette transcription est fixée — sauf sur un point — tout au moins pour l'ensemble des dialectes d'oc. Or, pour la détermination des phonèmes des parlers du Midi de la France, toute enquête faite par une personne connaissant, par l'oreille, l'un des dialectes d'oc permettra d'arriver à un résultat à peu près définitif. Pour nous, *c'est là le résultat essentiel à atteindre tout d'abord*, et l'on voit que c'est, en somme, assez facile (2).

(1) Cf. *Première Partie, Chapitre II,* § *2 ; Deuxième Partie, Chapitre V,* § *5 ; Note additionnelle,* § 2.

(2) Il faut remarquer — et nous avons déjà eu l'occasion de le faire observer — que c'est la transcription régulière dialectale des phonèmes n'existant pas dans le français littéraire qui est, en fait, la meilleure fa-

2° Il peut être vrai — et encore pas toujours — qu' « il y a « des obstacles qu'on n'enlève que peu à peu », mais il faut viser, dès le début, le but final à atteindre et, par suite, dans les publications privées, qui n'engagent que leur auteur, ou, tout au plus, un groupement indépendant, réclamer, dès l'origine, toutes les rectifications que l'on *sait* être justifiées. Ce n'est qu'en cherchant le résultat maximum que l'on obtiendra le résultat minimum.

14 Avril 1929.

çon de permettre leur prononciation exacte. Si l'on réfléchit bien sur cette question, on verra qu'il serait possible de mettre d'accord les partisans de « l'orthographe étymologique » et ceux de « l'orthographe phonétique ».

BIBLIOGRAPHIE

D'Arbois de Jubainville. *Recherches sur l'origine de la propriété foncière et des noms de lieux habités en France.* — Paris, Librairie E. Thorin. — 1890.

F. Arnaud. *L'Ubaye et le Haut Verdon (Essai géographique).* — Barcelonnette. — 1906.

F. Arnaud. *Réponse aux « Erreurs de la Carte de France ».* — Barcelonnette. — 1907.

F. Arnaud et Gabriel Morin. *Le langage de la vallée de Barcelonnette.* — Paris, Librairie Champion. — 1920.

Emile Belloc. *Remarques sur la signification et l'orthographe des noms de lieux* (Comptes rendus du Congrès national des Sociétés françaises de Géographie de 1900. — Paris, Librairie Masson. — 1901).

Emile Belloc. *Observations sur les noms de lieux de la France méridionale* (Bulletin de géographie historique et descriptive. — 1906).

Emile Belloc. *Déformations des noms de lieux pyrénéens* (Bulletin de géographie historique et descriptive. — 1907).

Colonel H. Berthaut. *La Carte de France.* — Paris, Imprimerie du Service Géographique de l'Armée. — 1898-1899.

H.-B. [Général H. Berthaut]. *Les erreurs de la Carte de France (25 cahier du Service Géographique de l'Armée).* — Paris, Imprimerie du Service Géographique de l'Armée. — 1906.

O. Bloch. *Les parlers des Vosges méridionales.* — Paris, Librairie
Champion. — 1917.

O. Bloch. *Atlas linguistique des Vosges méridionales.* — Paris
Librairie Champion. — 1917.

F. Boillot. *Le patois de la commune de la Grand'Combe.* — Paris,
Librairie Champion. — 1910.

E. Bourciez. *Eléments de linguistique romane* (2ᵉ édition). — Paris,
Librairie Klincksieck. — 1923.

Jean Bourdette. *Annales du Labéda* — Argelès. — 1892.

C. Chabaneau. *Grammaire limousine* (Revue des Langues romanes,
Montpellier. — 1876).

Chanoine Chevallier. — *Dictionnaire Topographique du département
de l'Isère.* — Paris. — 1921.

Club Alpin Français. Commission de Topographie. *Procès-verbaux
des Séances.* — 1903 à 1914.

Club Alpin Français. Commission des Travaux Scientifiques. *Procès-
Verbaux des Séances.* — 1923 à 1927.

A. Constantin et F. Désormaux. *Dictionnaire savoyard.* — Annecy.
— 1902.

Eugène Cordier. *Etudes sur le dialecte du Lavedan* (Bulletin de la
Société Ramond. — 1878).

A. Dauzat. *Morphologie du patois de Vinzelles.* — Paris, Librairie
Champion. — 1900.

A. Dauzat. *Géographie phonétique d'une région de la basse Auvergne.*
— Paris, Librairie Champion. — 1907.

A. Dauzat. *Glossaire étymologique du patois de Vinzelles.* — Montpellier, Société des Langues romanes. — 1915.

A. Dauzat. *La géographie linguistique.* — Paris, Librairie Flamma-
rion. — 1922.

A. Dauzat. *Les noms de personnes* (2ᵉ édition). — Paris, Librairie
Delagrave. — 1925.

A. Dauzat. *Les noms de lieux.* — Paris, Librairie Delagrave. — 1926.

A. Dauzat. *Les patois.* — Paris, Librairie Delagrave. — 1927.

Desjardins. *Géographie historique et administrative de la Gaule romaine.* — Paris, Librairie Hachette. — 1893.

J. Désormaux. *Bibliographie méthodique des parlers de Savoie.* — Annecy. — 1923.

Monseigneur Devaux. *De l'étude du patois du Haut Dauphiné.* — Grenoble, Imprimerie Allier. — 1889.

Monseigneur Devaux. *Essai sur la langue vulgaire du Dauphiné septentrional au Moyen-Age.* — Paris, Librairie H. Welter. — 1892.

Monsigneur Devaux. *Les noms de lieux dans la région lyonnaise aux époques celtique et gallo-romaine.* — Lyon, Imprimerie Mougin-Rusand. — 1898.

Pierre Devoluy [Colonel Gros-Long]. *Les noms de la carte dans le Midi (Essai sur les noms du comté de Nice).* — Avignon, Librairie Roumanille. — 1903.

Pierre Devoluy [Colonel Gros-Long]. *La nationalité de Nice.* (La Revue Universelle. — 1927).

Dictionnaire Topographique de la France, comprenant les noms de lieux anciens et modernes, *publié par ordre du Ministère de l'Instruction Publique :*
Département de l'Ain, par Philipon (1911).
Département des Hautes-Alpes, par Roman (1884).
Département de l'Aude, par l'Abbé Sabarthès (1912).
Département du Cantal, par Amé (1897).
Département de la Drôme, par Brun-Durand (1891).
Département du Gard, par Gremer-Durand (1868).
Département de l'Hérault, par Thomas (1865).
Département de la Haute-Loire, par Chassaing et Jacotin (1907).
Département des Basses-Pyrénées, par Raymond (1863).
Département du Haut-Rhin, par Stoffel (1868).
[Est en outre déposé au Ministère de l'Instruction Publique le manuscrit du *Département des Vosges*].

Fédération des Sociétés Pyrénéistes. Commission de Topographie et de Toponymie. *Procès-Verbaux des Séances* (Bulletin Pyrénéen. — 1906 à 1927).

H. Ferrand. *De l'orthographe des noms de lieux* (Annuaire du Club Alpin Français de 1882).

H. Ferrand. *Les noms de montagnes* (Annuaire de la Société des Touristes du Dauphiné de 1898).

H. Ferrand. *De l'orthographe des noms de lieux. Deuxième étude* (Annuaire du Club Alpin Français de 1903).

H. Ferrand. *Recherches sur quelques anciens noms de lieux.* Revue Alpine. — 1908).

H. Ferrand. *La reconstitution des noms de lieux.* — Grenoble, Imprimerie Rey. — 1908.

Gauchat, Jeanjaquet, Tappolet et Muret. *Glossaire des patois de la Suisse romande.* — Neufchâtel, Librairie Attinger [en cours de publication depuis 1924].

J. Gilliéron. *Patois de la commune de Vionnaz (Bas Valais).* — Paris, Librairie Champion.

J. Gilliéron et E. Edmont. *Atlas linguistique de la France.* — Paris, Librairie Champion. — 1902 à 1920.

J. Gilliéron et E. Edmont. *Atlas linguistique de la Corse.* — Paris, Librairie Champion. — 1914 [quatre fascicules parus].

R. Godefroy. *Principes de nomenclature géographique rationelle.* — (La Montagne. — 1910).

Abbé A. Griera. *Atlas linguistique de la Catalogne.* — Paris, Librairie Champion [en cours de publication depuis 1923].

V. Lespy et Raymond. *Dictionnaire béarnais ancien et moderne.* — Montpellier. — 1887.

V. Lespy. *Grammaire béarnaise.* — Montpellier. — 1890.

Auguste Longnon. *Les noms de lieux de la France, leur origine, leur signification, leurs transformations.* Résumé des conférences de toponomastique générale, faites à l'Ecole pratique des Hautes-Etudes, publiées par Paul Maréchal et Léon Mirot. — Paris, Librairie Champion : 1er fascicule (1920) ; 2e fascicule (1922) ; 3e fascicule (1923). [Le 4e fascicule n'a pas encore paru].

Alphonse Meillon. *Esquisse toponymique sur la vallée de Cauterets (Hautes-Pyrénées).* — Cauterets, Librairie Talabot. — 1908.

Alphonse Meillon. *Essai d'un glossaire des noms topographiques de la vallée de Cauterets et de la partie montagneuse des Hautes-Pyrénées.* — Cauterets, Librairie Talabot. — 1911.

Meyer-Lübke. *Grammaire des langues romanes*, traduit par E. Rubiet, A. et G. Doutrepont. — Paris, Librairie Welter. — 1890 à 1896.

G. Millardet. *Petit atlas linguistique d'une région des Landes.* — Paris, Librairie Champion. — 1909.

G. Millardet. *Linguistique et dialectologie romanes.* — Paris, Librairie Champion. — 1923.

F. Mistral. *Lou Trésor dóu Felibrige.* — Paris, Librairie Champion. — 1880 à 1886.

Mourral. *Glossaire des noms topographiques les plus fréquemment employés dans la région des Alpes françaises.* — Grenoble, Librairie Dovret. — S. d.

E. Muret. *Les noms de lieux de la Suisse Romande* (Bulletin de la Société Neufchateloise de Géographie. — 1909-1910).

G. Paris. *Mélanges linguistiques.* — Paris, Librairie Champion. — 1906-1909.

Commandant E. Peiffer. *Recherches sur l'origine et la signification des noms de lieux (France, Corse et Algérie).* — Nice, Imprimerie Eug. Gauthier. — 1894.

R. Perret. *Notice sur la carte au 20.000° de la Vallée de Sales et du Cirque des Fonts (Alpes calcaires du Faucigny).* — Paris, Librairie H. Barrère. — 1922.

A. Praviel et J.-R. de Brousse. *L'anthologie du félibrige.* — Paris, Nouvelle Librairie nationale. — 1909.

E. Ripert. *Le félibrige.* — Paris, Librairie Armand Colin. — 1924.

Colonel de Rochas. *Glossaire Topographique des Alpes* (Revue de Géographie. — 1879).

J. Ronjat. *Les noms de lieux dans les montagnes françaises* (La Montagne. — 1908).

J. Ronjat. *Essai de syntaxe des parlers provençaux modernes.* — Mâcon. — 1915.

Roussel et de la Blottière. *Légende de tous les cols, ports et passages des Pyrénées.* — Tome I, annoté par E. Vergez de Ricaudy ; Perpignan ; 1910. — Tome II, annoté par B. Sarrieu, Abbé Marsan, A. Meillon, Abbé Gaurier, Comte de Saint-Saud ; Pau, Imprimerie Garet ; 1915.

B. Sᴀʀʀɪᴇᴜ. *La Toponymie en général et les grands travaux de toponymie pyrénéenne* (Era bouts dera mountanho. — Saint-Gaudens. — 1909).

H. Sᴛɪʀɴ. *Bibliographie générale des cartulaires français* (Tome IV de la collection des « Manuels de bibliographie historique ».) — Paris, Librairie Alph. Picard. — 1907.

Hᴇɴʀɪ Vᴀʟʟᴏᴛ. *L'attribution des noms de lieux en haute montagne* (La Montagne. — 1909).

Vᴇʀɴɪᴇʀ. *Dictionnaire topographique de la Savoie.* — Paris. — 1896.

Décembre 1927.

Nota. — La quatrième et dernière partie de l'ouvrage de A. Lᴏɴɢɴᴏɴ, *Les noms de lieux de la France*, est à l'impression et doit paraître prochainement.

Mars 1929.

INDEX

DES NOMS DE PERSONNES

Les indications en chiffres droits se rapportent au texte, celles en chiffres penchés se rapportent aux notes.

TABLE DES MATIÈRES

ACHEVÉ D'IMPRIMER

LE 30 JUIN 1929

PAR J. CASTANET

A BERGERAC

~ ~ BERGERAC ~ ~

Imp. Générale du Sud-Ouest

~ ~ (J. CASTANET) ~ ~